本书为云南省学位委员会办公室研究生优质课程《人口经济

An Introduction to
POPULATION ECONOMICS

人口经济学导论

杨润高　李红梅　◎编著

中国财经出版传媒集团

经济科学出版社
Economic Science Press

序

　　人口是社会经济发展的基础性、战略性、长期性和关键性因素，人口与经济关系是一个国家最重要的关系之一，它不仅决定着一个国家的经济发展水平和速度以及发展模式的选择，同时也直接关系着人民的福祉。人口经济学（population economics）作为一门跨经济学和人口学的综合性学科，已经发展为研究人口变量群与经济变量群之间复杂的系统性关系的现代学科研究体系，为研究人口与经济关系提供了方法论、基础理论及各种假说，是人类社会科学思想宝库中的重要内容。

　　人口随社会历史环境发展的变化而变化。不同的社会生产方式有着不同的人口经济关系、人口再生产模式和人口增长规律。中国人口正在发生着重大变化，人口与经济关系正在经历着重要转折。低生育率、老龄化、人口和劳动力减少、城镇化和人口流动等人口因素的趋势性和结构性变化，将使人口与经济关系如何演变？将会给中国社会经济发展和人民生活带来怎样影响？应当如何积极应对这些挑战？人口经济学和人口经济问题研究者应该为回答这些问题和制定应对方略提供科学支持。

　　在中国人口增长的历史性拐点来临之际，杨润高和李红梅编著的《人口经济学导论》的出版恰逢其时。该书紧扣时代人口变化脉搏和人口经济关系变化主题，不仅系统地梳理了古典经济学以来关于人口与经济关系的学术思想和理论发展，特别是马克思、恩格斯的人口经济学思想，考察了人口因素作为经济增长和经济发展要素的内涵及其演变，并且立足中国人口国情，深入探讨了人口与经济关系的热点问题和关键问题，突出体现了人口经济学议题的中国特色和与时俱进的学科特色，是一部研究中国人口经济问题的参考著作。同时，该书作为一部教材，具有内容丰富、概念准确，对人口与经济基本关系及历史演变阐释清楚，对重要理论和流派的评价客观，对人口经济理论发展的脉络梳理清晰，对现实人口经济问题的讨论深入等特点，可为相关专业领域的研究生及其他层级的学生提供学术指引。

李建民

2023 年 1 月

（一）

人是一切社会经济活动的主体，人口是一国经济增长的重要元素之一，保持劳动力人口适量增长，更是一个国家长期发展和延续的关键要素。同时，马克思主义人口理论认为，人口的存在、发展和变动是以物质资料生产为基础的，取决于一定的社会生产条件和社会生产方式，以及生产力、生产方式决定人口。人口的发展变化必然要随社会历史环境的发展变化而发展变化。① 经济学界有一个说法：判断一个国家的经济，短期看金融，中期看土地，长期看人口。② 因此，人口是一切社会经济活动的基础，也是结果。

在社会经济运行中，总是存在诸多问题，诸如，人口是资源还是负担？人口与经济之间的关系怎样？人口数量变化影响因素和人口数量控制的经济手段有哪些？人口经济目标是什么？如何预测人口经济发展情况？如何借鉴各种人口经济理论的合理内容以评价或指导人口政策制定？

---

① 中共中央党校教务部、国家计划生育委员会宣教司编：《人口理论概要》，中共中央党校出版社 2001 年版，第 1 页。

② 占绍香：《从根本上提高我国生育率》，载于《联合早报》2021 年 6 月 7 日。

等等。这些问题如果依然局限在学术界和决策阶层，就会出现个体理性行为合成集体谬误的各种各样的人口压力问题。因此，应如市场经济学理论知识不断扩展成为普通大众的生活常识一般，大力推广人口经济学理论知识学习和普及。

人口经济学作为一门科学，就因为它看来很简单而实际却非常复杂，并不时遭受非难。美国经济学家朱利安·L. 西蒙（1977）曾明确指出，必须有勇气承认：人口经济学是一门复杂的科学，这个领域里一个人的问题往往就是另一个人的答案，而且，大概最符合多数人长远利益的正是理智的谦虚和非教条的政策。对于用人口、自然资源加上资本和经济福利的最简单模式所作的种种回答，应该不予承认。所得出的那些简单而耸人听闻的答案，可能是极其错误的，并能对文明和人类造成严重危害。

人口经济学对人口—经济关系的研究有个发展历程，马尔萨斯人口均衡论奠定了人口经济学研究的统一性初始问题，在这个公理性问题基础上，随着研究者视角不同，人口—经济关系问题呈现出众多情形。首先，对人口数量多少的评价，呈现出人口少好、人口多好、适度人口三种思想论点；随后，在经济适度人口，或人口适度增长取得较多认可后，如何控制人口总量，也就是政府层面的计划生育政策和家庭生育计划成为主题；总和生育率下降，众多经济发达国家出现人口转变后，人口—经济关系研究进入第三个阶段，鼓励生育，应对老龄化，成为迫切的命题，在这两个命题下，以人口结构视角探讨各类亚人口群体的具体问题也发展起来。

在人口经济学阶段性发展中，还出现人口空间和问题的统一与分离变化。第二次世界大战结束后，随着世界各地殖民地、半殖民地纷纷独立，建立发展中现代国家，呈现出与发达国家不一样的人口增长态势，发展中国家停留在马尔萨斯人口命题阶段，而发达国家面临人口衰减困扰。

关于人口经济问题的科学研究也出现两个方面的学科性解释的竞争

或否定：一个是社会主义学说者的解释。社会主义学说者认为，人类的命运是由其社会制度，而不是由马尔萨斯理论的不可改变的法则所决定的。只是在资本主义制度下，人口才有可能过剩。① 另一个是生物学方面在人口承载力方面的发展。

就中国而言，自计划生育政策实施以来，中国妇女生育水平开始快速下降，总和生育率从 1970 年的 5.81 降到 2000 年的 1.30 左右，这个数字甚至低于某些发达国家。中国用了不到 30 年的时间就完成了发达国家上百年才能完成的现代人口增长模式转变过程，从而使中国面临着人口数量与人口结构的双重压力。这种局面的出现，一方面是对人口基本理论的研究不够重视，研究得不深入；另一方面是新的人口问题的出现，导致改革中出现了一些短视现象。探讨中国人口经济问题，设计和论证人口经济政策，可以从西方经济学的人口理论演变中得到启示。第一，中国的人口理论研究应扩展视野，不应只注重单一的、具体的人口问题，应该从经济学、社会学、资源环境学等学科探讨中国的人口问题，把人口政策的改革与可持续发展联系起来，深入探索人口与其他相关因素的本质关系、技术关系及自身规律；第二，创建有中国特色的经济学人口理论。②

目前，在中国高校专业教育中，本科没有设置人口经济学专业，只在研究生培养层面设置有人口社会学、人口资源与环境经济学等少量学科，受课时限制，还要锻炼研究生学术能力，教学内容主要依赖授课老师收集的文献，人口经济学教材介入比较少。受此影响，与其他经济学分支学科、管理学分支学科的教材相比，体系化的人口经济学教材数量相对较少。面向政策制定、管理决策与行政管理群体的人口经济理论普及性教材也不多。相比之下，日本甚至已将人口结构教育纳入中学课本，让国民充分认识人口老龄化社会的新常态，指导个人与时俱进地建立个

① ［美］朱利安·L. 西蒙著：《人口增长经济学》，彭松建等译，北京大学出版社 1984 年版，第 17 页。

② 张爱婷：《西方经济学的主要人口理论评述》，载于《生产力研究》2006 年第 2 期，第 251～254 页。

人求学、就业的发展规划。①

作者结合十多年讲授人口经济学研究生课程体会，以及指导研究生撰写人口经济学方向学位论文经验，从教材和专题著述结合角度，立足学习者角度，尝试按照经济学研究范式，结合中国情况，从基本概念起始，梳理主要的人口经济学理论内容，在专业知识铺陈后，讨论当前人口经济热点问题。当然，本书不是一本人口经济理论史，书中的人口经济理论引用和总结，只是围绕人口经济关系问题，进行逻辑性梳理。

（二）

近年来，在教学和文献阅读中，经常看到一些当今的主流经济学家论述中涉及人口变量时，往往将论点起源上溯至马尔萨斯，但是，文字叙述被设定为一般前提，具体内容往往是语焉不详。公正地讲，人口经济学科发展至今，依然以西方经济学相关研究为主导。因此，本书尝试从马尔萨斯人口原理出发，梳理从古典经济学至今新增长理论中的人口经济视角发展演变情况。

马尔萨斯人口论中人口数量既是外生（积极抑制），也是内生（消极抑制），从长远来看，还是外生主导。古典经济学认为，人口增长率是由劳动报酬率这个内生性因素决定的。劳动就业报酬有一种总是趋向于生存水平的持续趋势。② 马克思主义的"两种生产"理论，强调内生性，认为人口相对过剩，是社会制度造成的。新古典增长模型将其处理为技术性内生，与资本积累和生产率提高紧密相连。因此，可将西方人口经济学发展概括地分为四个阶段：第一阶段是古典经济学中人口经济思想发展时期。该阶段认可人口与经济问题是人类社会长期关注的问题之一，

---

① 杨燕绥：《中国如何应对中度、重度老龄化?》，载于《中国新闻周刊》总第 1063 期，2022 年 10 月 3 日。

② ［英］罗伊·哈罗德著：《动态经济学》，黄范章译，商务印书馆 2013 年版，第 30 页。

许多古典经济学家讨论了人口与其他财富（价值）形态之间的关系。第二阶段是马尔萨斯人口原理提出及争议性发展。马尔萨斯人口理论引入了数量分析方法，讨论人口数量与经济增长之间的因果关系，确立了人口经济学科基础，并阶段性地引发适度人口论、可持续发展论等。第三阶段是新古典经济学和新增长理论阶段，从人口数量向人口结构、人口质量角度研究人口经济关系。宏观上继续发展了凯恩斯的有效需求论、刘易斯二元经济结构论（刘易斯拐点）；微观上也有突破，形成了家庭生育经济论和人力资本论。第四阶段是人口结构转型后老龄化社会，完全颠覆马尔萨斯人口原理推论性预测，是第一阶段和第二阶段研究者未曾见过及想象过的，社会面临生育率长期下降趋势和老龄化人口结构问题。

因此，如果泛泛地以人口对象界定人口经济学，将含混人口经济学与劳动经济学、人口社会学、人力资源管理等学科的差异。保持原来的人口与经济关系为研究对象，又会偏失在"人口爆炸"舆论宣扬以来人口与资源—环境—经济之间复合关系引致的可持续发展研究中，停滞在经济适度人口研究范畴，不能本质上区别于生态学的承载力研究。家庭生育行为分析虽然研究人口增长问题，其分析视角是微观尺度的，是以家庭为研究对象。因此，突出人口增长经济学视角，应该是人口经济研究发展的主线。

（三）

古典经济学中，社会经济发展需要考虑人口、土地（代表自然资源）和资本，称之为生产力三要素。自哈罗德—多马模型起，生产函数中不再包含土地，而将自然资源纳入资本范畴，表明新古典经济学及其后经济学科的发展，基本忽略了土地等自然资源的约束，也就是没有考虑马尔萨斯人口论中土地生产力边际递减约束问题，似乎不再存在马尔萨斯提出的人类发展中人口增加与粮食资源之间对抗关系的最基本的问题。

新古典增长理论，更是收缩到人口中的技术进步参数。但是，20 世纪 70 年代以后，受《增长的极限》影响，又在联合国倡导的可持续发展战略影响下，越来越多的其他领域研究者将社会发展、经济增长、人口增长与资源枯竭、环境污染和生态破坏等问题联系。在这种形势下，人口经济学研究范围是否变化？如何变化？存在众多疑问。

但是，回归人口经济学交叉学科性质，回归人口经济学紧扣现实人口问题，还是能够勾画出当前人口经济学研究的两个主题。一个就是如何以经济学理论和措施解答生育率下降长期趋势，包括国家和社会层面的计划生育政策调整，以及家庭生育经济分析与决策。目前出现的出生率与收入关系的几条经验性规律，对理论解释提出了严峻的挑战。一是存在着生育率下降与收入上升的两者反向变化的长期趋势。这种趋势在产业革命以后首先在工业化和城市化推进社会发展的发达国家出现，进入 20 世纪后半叶，进一步在经济发展起来的其他国家出现。这种趋势否定了马尔萨斯预言。二是一个国家的人口出生率和收入之间的关系是变化的，难以定态描述。另一个就是伴随总和生育率降至替代水平以下而出现的人口老龄化问题。

进入 21 世纪，中国人口经济问题呈现出既具有发展中国家人口过多与经济欠发达之间紧张矛盾问题，又在短时期内叠加爆发了发达国家 200 多年内逐步体现并消化的人口转变、城市化、老龄化等问题。因此，中国人口经济学研究既面临时代机遇，也具有极大的挑战性和艰巨性。

基于以上认识，本书将从人口增长变化的经济学分析视角，概括地比较梳理和介绍马尔萨斯《人口原理》出版以来主要的人口经济理论发展和演变情况，希望能向读者呈现人口经济学概貌。

Contents 目 录

第一章

人口经济学性质与研究对象

人口经济学的性质比较明确，是一门人口学和经济学的交叉学科。但是，人口经济学的研究对象则是众说纷纭，各有主张。有的学者认为人口经济学是应用人口学和经济学理论研究家庭、生育、死亡和健康、迁移、老龄化与经济发展的学科。另有学者提出，人口经济学是研究在不同历史时期，以及在同一历史时期的不同国家里，人口的变化对经济发展影响的学科。还有学者紧扣人口经济学的应用性，指出在现代西方国家，主要是研究在人口增长率不断下降、人口年龄不断老化的背景下，人口与经济发展的关系。例如，如何保持原有人口规模并解决人口老龄化引起的各种问题，如何解决劳动力不足的问题，等等；在发展中国家，主要是如何控制人口过快增长、怎样提高人口素质、如何实现充分就业和工业化等问题。在技术层面上，人口经济学还要预测人口与经济两者的发展趋势和增长速度，提出人口和经济发展模式，实现人口与经济的长期协调发展，解决各种具体而现实的人口经济问题。人口经济学定义的多样理解实际上表明，这门学科依然还在形成发展过程，依然还是从人口学和经济学的发展中不断汲取交叉域以形成自身的学科疆域。

第一节　人口经济学的形成与发展

一、人口经济学的渊源

人口经济学作为一门边缘学科或交叉学科，本身是在经济学和人口学的发展过程中相互渗透、相互结合的。

其中，人口学虽然是一门兴起较早的学科[①]，早期人口学分支学科不多，内容比较贫乏，不是很发达。人口学在全球崭露头角是在第二次世界大战后，由于世界人口激增，在联合国推动下，许多国家需要制定人口政策以影响一些人口变量才蓬勃发展起来的。到了20世纪70年代前后，人口学学科体系才受到关注。西方学者对人口学学科体系的观点基本上是一致的，大多数人把人口学分为两个部分：一部分是"人口学"（或称纯人口学，或正规人口学），是研究传统的人口变量，即人口规模、结构、发展、分布等及各变量间的相互关系；另一部分称"人口研究"，是研究人口变量与其他非人口变量的关系，主要是同经济和社会变量的关系。[②] 人口学对人口经济学的基础学科支撑架构作用，也在第二次世界大战后才逐步呈现。

相比之下，由于人口经济问题的历史久远性，一些后来构成人口经济学的论点和研究内容，作为有机组成部分一直在经济学科发展中随行。古典经济学派可谓自发地提出过人口经济研究正确方向。从17世纪中叶起，古典经济学派以劳动价值论和土地收益递减规律为基础，阐述了人口与经济发展之间的关系，其中重点论述了人口与财富、人口与收入之间的关系。到18世纪下半叶，古典经济学派集大成者亚当·斯密（Adam Smith，1776）提出，经济发展的动因是人口绝对数量的增长。他在《国

[①] 1662年英国人约翰·格兰特（John Grant）发表《关于死亡表的自然的和政治的观察》，奠定了人口学的基础，格兰特也被称为人口学的创始人。见吴忠观编著：《人口经济学概说》，四川人民出版社1985年版，第13页。

[②] 邬沧萍：《对人口学学科体系的重新认识》，载于《人口学刊》2002年第5期，第3-12页。

富论》中明确地指出，一国的繁荣而言，最明确的标识是居民人数的增长。人口增长是经济发展的重要因素，通过"分工的利益"影响劳动生产率。即经济发展又导致人口增长和必要劳动力雇用增大，而人口与劳动力的增长促进生产量的增产，与此同时扩大了对增加的生产物需要量，其结果又扩大了"分工的利益"，使劳动生产率提高。古典经济学派的代表人物大卫·李嘉图（David Ricardo）在《政治经济学及赋税原理》中论说，人口增长对经济发展而言，以收益递减法则（law of decreasing return）的作用为前提，随着投入一定土地的人口增加，由土地集约的耕作和优良地向劣等地的移转，因而增加资本并不能提高生产率，反而使报酬呈现减退的倾向。即使说生产超过人口的增长，也是不能永远持续稳定地增长。这是因为人口增长常常是持续的，而土地的数量有限，质量又有差异，在土地上按照比例关系投入资本的各种增加部分使生产率减退，从而产生了人口压力。总之，亚当·斯密和大卫·李嘉图等经济学家，从经济学的角度来研究人口问题，从而使人口论在经济学中开始获得一定地位。古典经济学家中体系化研究人口经济关系的是另一个代表人物托马斯·罗伯特·马尔萨斯（Thomas Robert Malthus）。他在 1798 年发表的《人口原理》中，把人口与经济的关系归结为人口与生活资料之间的关系，提出了人口增长和生活资料增长的两个级数的假说，把人口过剩的原因归结为食物增长赶不上人口增长，而食物增长落后于人口增长是由于收益递减规律的作用，主张对人口增殖加以抑制，引人注目，对后来的人口经济学产生了极大的影响。

马尔萨斯之后，人口经济问题在古典经济学派消沉了大约一个世纪，经济学一直没有提出说明人口增长的经济理论。[①] 这一时期，马尔萨斯所

---

① ［日］大渊宽：《人口经济学的现状》，曹南译，载于《人口与经济》1980 年第 1 期，第 63－67 页。阿弗里德·马歇尔（《经济学原理》，1890 年）虽然在 19 世纪末就人口对经济发展的作用进行了颇引人注目的研究，指出人口增加与产业组织发达，会促成大规模生产，并随总生产量的增加促进外部经济（产业的全面发展）和内部经济（这些从事个别企业的资源及其组织和经营效率）的发展。在人口与经济的关系上人口有积极作用的一面。该论点虽说是对马尔萨斯人口增长效应否定论的否定，但是缺乏马尔萨斯那样的体系论证。

描绘的农业社会的规律性被认为与 19 世纪上半叶工业革命及急剧的经济变化的事实不符。[①] 直到 19 世纪末到 20 世纪 20 年代间的几十年，才又出现《人口原理》出版传播以后新的人口经济学兴盛时代，其标志是坎南（Cannan, 1928）、道尔顿（Dalton, 1928）、威克泽尔（Wicksell, 1928）及其他人所作出的杰出贡献。[②] 总体而言，到 1939 年为止，人口分析与已有的经济（增长）理论之间，形成了三条或多或少清晰的联系：最优人口观、人口转变以及在正式的经济增长模型中引入人口—劳动力变量。[③] 但是，总结历史现象性规律的人口转变理论，主要经社会学者和人口学者的努力而获得发展，并未被有理论造诣的现代经济学者所共同承认。[④]

二、当代人口经济学的形成

人口经济学作为一门新兴边缘学科是随着古典经济学派的人口经济思想发展而逐渐形成的，把人口经济学作为专门课题和独立学科提出来进行系统研究，则是 20 世纪三四十年代的事。1939 年，英国经济学家 W. 布赖恩·雷德韦（W. Brian Reddaway）在《减少人口经济学》一书中，首先提出人口经济学这一学科命题，对降低人口增长率所产生的经济效果进行了分析。1947 年美国经济学家约瑟夫·J. 斯彭格勒（Joseph John Spengler）发表《人口增长经济学概论》一文，正式使用人口经济学这一名称，论述了人口经济学的内容、梗概。此后，一批专门研究人口与经济之间关系的学术论文和论著相继问世。

---

① ［俄］C. 涅菲奥多夫：《历史的经济规律》，张广翔、回云崎译，载于《北方论丛》2014 年第 6 期，第 50 - 56 页。

② ［美］朱利安·L. 西蒙：《人口增长经济学》，彭松建等译，北京大学出版社 1984 年版，第 18 页。

③ ［美］W. W. 罗斯托：《经济增长理论史：从大卫·休谟至今》，陈春良等译，浙江大学出版社 2016 年版，第 295 页。

④ ［日］大渊宽：《人口经济学的现状》，曹南译，载于《人口与经济》1980 年第 1 期，第 63 - 67 页。

20 世纪 70 年代初到 80 年代是人口经济学的体系化时期。1972 年，斯彭格勒出版《人口经济学》一书，全面系统地论述了人口经济学的概念和内容，使其成为一个较为完整的理论体系，标志着人口经济学作为一门独立学科的诞生。1977 年，朱利安·L. 西蒙（Julian L. Simon）出版《人口增长经济学》一书，从宏观和微观的角度阐述了人口经济学的理论和方法，分析了发达国家和发展中国家人口与经济诸方面的关系，对人口与工农业的发展、人口与国民收入、人口与自然资源等关系进行了定量分析，并说明了发展中国家节制生育计划的成本—收益的决策问题。1981 年，保罗·舒尔茨（Paul Schultz）发表了《人口经济学》一书，使人口经济学领域进一步趋向体系化。此外，国际人口学会在 1973 年的列日大会和 1978 年的赫尔辛基专门会议上设置了以人口经济学命名的部门会议，进行了专业性学术交流，人口经济学作为体系化的新兴学科正式被认可。除著述以外，20 世纪 60 年代，特别是 70 年代，美国、英国、法国、日本、苏联等许多国家，还在一些大学里开设了有关人口经济学方面的课程。①

按照研究问题的层次划分，西方人口经济学从 20 世纪 50 年代中后期开始逐渐形成宏观人口经济学（macro - economics of population）与微观人口经济学（micro - economics of population）两大分支。宏观人口经济学考察人口和经济的相互关系。西蒙·库兹涅茨（Simon Kuznets）1952 年发表《人口增长及有关经济变量的长期波动》一文，把人口变动和经济增长的波动关系联系起来加以考察，通过对美国经济增长波动和人口变动长期趋势的分析中，提出美国经济增长波动的节律是由人口变动中的国外移民迁入引起的。理查德·A. 伊斯特林（Richard A. Easterlin）依据库兹涅茨的经济增长长波理论以研究美国的人口经济增长长波，在分析人口增长与经济增长长波时，研究了非农业人口变动与国内生产总值、建筑业总产值以及劳动市场条件等变量之间呈现出的时间周期性关系，

---

① 李仲生：《人口经济学的形成与发展》，载于《首都经济贸易大学学报》2002 年第 6 期，第 17 - 20 页。

通过分析人口总量和经济总量变动的长期趋势，寻找人口波动的经济根据源。此外，一些经济学者从人口增长以外的其他因素对经济发展的影响进行分析，如西奥多·W. 舒尔茨（Theodore W. Schultz, 1961）发表了《人力资本投资》一文，提出人力资本的投资就是人的知识、能力、健康等人口质量的投资，人力资本的提高对经济增长的贡献远比物资资本、劳动力数量的增加重要，开创了人力资本领域的研究。爱德华·富尔顿·丹尼森（Edward Fulton Denison, 1962）发表的《经济增长的源泉和人们面临的选择》，则从劳动力素质的提高对经济发展的影响来考查问题。[1] 这一时期的著述，对人口经济学的发展具有较大的影响。

在较早的人口学和经济学文献中，关于人口与经济发展的关系，人们主要着眼于人口总量或人口增长率与经济增长率之间的关系；关于人口转变的讨论，也仅仅停留在生育率、出生率、死亡率和人口总量的层面上。在这些研究中，人们忽略了经济发展与人口结构之间的关系，以及人口转变最重要的一个结果是人口结构及劳动力供给特征的变化。随着大多数发达国家和许多新兴工业化国家及地区相继完成了人口转变，人口学家开始观察到这个转变所导致的人口老龄化的后果。进而，经济学家观察到伴随着人口转变而发生的劳动年龄人口的变化，及其对经济增长源泉的影响。[2]

进入 21 世纪，开始有主流经济学家综合马尔萨斯和新增长理论研究，建立模型为研究 19 世纪以前世界各大经济体和现代工业化经济体的时间序列长期趋势（或称"增长"）提供统一的理论。[3]

微观人口经济学主要从家庭生育层面，分析人口再生产情况。第二次世界大战结束以后，在引领经济学研究的发达国家，由于死亡率稳定

---

① 李仲生：《人口经济学的形成与发展》，载于《首都经济贸易大学学报》2002 年第 6 期，第 17 - 20 页。

② Jeffrey Williamson. *Growth, Distribution and Demography: Some Lessons from History*. NBER Working Paper, No. 6244. 1997.

③ ［美］加里·汉森、爱德华·普雷斯科特：《从马尔萨斯到索洛》，载于《比较》2012 年第 2 期，第 26 - 43 页。

在低水平上，研究者更加关心出生率，引进微观经济理论研究其经济决定因素。其基本思想是，人类的再生产活动是每对夫妇的小型人口活动，它与消费和就业一样，是决定家庭经济意志的一种重要形态。① 该领域研究奠基者哈维·莱宾斯坦（Harvey Leibenstein）在 1957 年发表的《经济落后和经济增长》一书，首先提出了家庭规模的成本—效益理论，建立了生育的微观经济模型，并考察了家庭的生育决策，为人口经济学的研究开辟了一条途径。此后，代表性学者加里·斯坦利·贝克尔（Gary Stanley Becker）在 1960 年发表了一篇见解独到的论文《生育率的经济分析》。在该文中，他从传统的微观经济学视野出发，运用消费者选择理论来分析家庭的生育决策，把孩子看作耐用消费品，并论证了孩子的数量成本与质量成本的可替代性，以及家庭收入和父母行为对生育子女数量的影响。这一理论就其研究方法而言并不新颖，而是因为它被用于生育率的分析，引起许多经济学者的关注。1965 年，贝克尔发表《时间分配理论》论文，提出不同于传统观念的另一种家庭经济行为选择的理论，它开辟了生育率研究的新领域。贝克尔的这些理论在近 30 多年间被广泛运用于经济理论的研究和实践，作为人口经济学下一领域的生育率经济学（the economics of fertility），在理论和实证两方面积累了大量的研究成果。②

在日本人口学家大渊宽看来，就分析方法和理论结构而论，西方人口经济学主要已发展为三个重要方面的理论，即生育率经济理论、人口效果理论、适度人口理论。③ 生育率经济理论是把人口出生率的决定因素置于微观经济学理论结构的分析中，莱宾斯坦（1957）最先采用这种分析研究方法。人口效果理论是凯恩斯首先提出的，他在 1937 年发表的《人口下降的经济后果》一文，断定人口下降将引起投资机会不足，从而会使经济趋于停滞。④ 凯恩斯总需求分析研究推导形成的刺激消费和投

① ③　[日]大渊宽：《人口经济学的现状》，曹南译，载于《人口与经济》1980 年第 1 期，第 63－67 页。

②　李仲生：《人口经济学的形成与发展》，载于《首都经济贸易大学学报》2002 年第 6 期，第 17－20 页。

④　胡代光：《人口经济学》序，见张文贤：《人口经济学》，上海人民出版社 1987 年版。

资，已成为驱动现代国民经济发展的宏观政策"三驾马车"中的两匹马，且这两者都是以人口数量确定投资及消费规模和指向。适度人口理论在20世纪70年代，更是以"人口爆炸"的鼓宣表现和环境污染、资源枯竭、粮食短缺、生态破坏等，汇入可持续发展体系中。

三、当代中国人口经济学发展

近代中国人口论的勃兴，是以马尔萨斯人口理论引入中国为前提的，部分学者认为，近代中国衰落的病症在于人口过剩导致的社会危机和各类灾害，因此提出通过移民实边、节制人口增长、改良人种等举措，以摆脱中国人口过剩的沉重包袱。然而，自20世纪20年代起，中国人口问题讨论出现了一次转向。1924年，孙中山发表民族主义讲话表示："从前有一位美国公使乐克里耳（又译名柔克义，W. W. Rockhill），到中国各处调查，说中国的人口最多不过三万万。我们的人口到底有多少呢？在乾隆的时候已经有了四万万，若照美国公使的调查，则已减少四分之一。"受此刺激，孙中山表示："到一百年以后，如果我们的人口不增加，他们（英美等列强）的人口增加到很多，他们便用多数来征服少数，一定要吞并中国。到了那个时候，中国不但是失去主权，要亡国，中国人并且要被他们民族所消化，还要灭种。"受孙中山的影响，当时知识界为民族主义情绪和爱国话语所激发，泛起一股中国人口不增就要亡国灭种的论调，认为中国地大物博，平均人口密度并不高，不存在人口过剩问题。出于兴国保种之需要，中国应该增加人口而非节制。当时的学术界还研究提出，中国内陆地狭人稠，"人无地耕"；边疆则土旷人稀，"地无人耕"。既如此，移民殖边可缓解内地人口过剩之压力，可开发边疆空旷之荒地，可巩固边防以灭列强觊觎之心，可谓一举而三善备。移民殖边成为当时社会各界的普遍呼声。①

---

① 张轲风：《历史情境中的"胡焕庸线"》，载于《读书》2021年第1期，第151-159页。

与国外发展情况一样，中国对于人口经济的研究要滞后于人口学研究与经济形势和经济理论发展。1957 年以后一段时期，中国人口学研究几乎处于停滞阶段，无论是人口理论基础，还是人口研究方法，基本是一片空白。批判马寅初①后，人口经济学研究陷于停顿。

20 世纪 70 年代后期改革开放启动，与计划生育政策全面推行及全国人口普查回归呼应，中国人口科学进入一个蓬勃发展时期。从经济角度探讨人口的著述越来越多，也渐成规模。按照陆杰华观点，20 世纪改革开放以后步入正轨的中国人口经济学研究可以分为三个阶段。② 1979～1986 年，在改革初期的短短七年里，以研究中国人口经济问题为重点的中国人口学迅速从沉寂走向复苏时期。因此，这一时期的研究成果具有明显的开创性，其中包括延续性的"两种生产理论"③、人口经济理论综述④、适度人口与经济发展研究⑤、最优人口增长率⑥等。这一时期的绝大多数研究主题均为经济发展中存在的现实问题，如社会主义有计划控制人口的

① 马寅初 1957 年 7 月提出了著名的"新人口论"。但是，1958 年，掀起了全国性的对马寅初经济理论和人口学说的批判。见郑晓瑛：《马寅初与中国人口科学》，载于《市场与人口分析》2005 年第 1 期，第 29－41 页。简述批判情形的见张荣久：《马寅初与〈新人口论〉》，载于《文史月刊》2003 年第 5 期，第 36－37 页。

② 陆杰华：《改革开放以来中国人口与经济关系问题研究的回顾与展望》，载于《人口与经济》1999 年第 6 期，第 3－10 页。

③ 梁文达：《马克思主义的"两种生产"观是计划生育工作的理论基础》，载于《人口研究》1980 年第 3 期，第 35－41 页；曹明国：《略谈两种生产》，载于《人口研究》1982 年第 1 期，第 26－28 页；李竞能、吴国存、李新建：《关于两种生产的几个理论问题》，载于《人口研究》1982 年第 3 期，第 18－22 页；章理：《两种生产理论的讨论综述》，载于《人口研究》1982 年第 5 期，第 2－5 页；刘洪康：《再论两种生产》，载于《人口研究》1983 年第 2 期，第 15－21 页；李竞能：《关于人口和生活资料的关系》，载于《人口研究》1984 年第 1 期，第 8－14 页。

④ 张纯元：《人口经济学》，北京大学出版社 1983 年版。该书系统地阐述了人口经济的基本理论，论述了人口与生产和消费的相互关系及其规律性，考察人口和经济增长的比例关系、人口和环境与资源以及人口转变和经济发展等宏观人口经济学的主要内容，创造性地提出了"最优人口经济效益"的概念，以此来探讨人口增长与经济发展相适应的问题，该书还紧密追踪国外当时最新相关研究，对人口投资做了比较系统和科学的论述，从微观上探讨了家庭人口投资的含义和内容以及其特有的经济效益，是中国人口经济学研究的经典论著之一。

⑤ 田雪原、陈玉光：《经济发展和理想适度人口》，载于《人口与经济》1981 年第 3 期，第 12－18 页。

⑥ 许涤新：《论人口增长与社会经济发展的关系》，载于《人口研究》1983 年第 2 期，第 2－6 页。

理论依据、人口增长与人口投资关系①、人口过快增长与就业之间矛盾、人口目标与经济目标之间关系等问题。上述问题均是改革初期国家急需人口学界予以回答的涉及国家社会经济发展的重大问题。1987～1993年，是中国人口科学研究不断走向发展和繁荣的时期。这一时期的研究方式以实证研究为主，即从现实问题出发和以理论框架为先导，充分利用现有数据资料对中国人口与经济关系进行深入的探讨。② 关于农村人口增长与经济运行研究、区域人口增长与经济增长研究、人口投资与人力资源素质研究③、人口与经济—资源承载力研究等都是实证研究的典型代表。这从一个侧面也反映出中国人口科学研究正走向成熟和规范。这一时期的人口经济问题也出现了一些新情况，如人口增长与经济运行机制问题④、农村劳动力剩余问题⑤、人口质量提高⑥在经济发展中的作用等，上述问题推动了研究层次向纵深发展。进入20世纪80年代中后期，中国人口的过快增长趋势得到了有效抑制，中国人口转变过程发生了新的变化，学术界也开始思考导致人口转变的因素究竟是什么？⑦ 这一时期学术界对中国人口与经济关系研究的另一个特点是开始融入了资源环境的因素⑧，开

---

① 于旺：《人口与经济、人口与教育的关系》，载于《人口研究》1981年第2期，第4-10页。

② 胡鞍钢：《人口与发展：中国人口经济问题的系统研究》，浙江人民出版社1989年版。

③ 冯立天、王树新、孟浩涵：《新生劳动力培养费用调查研究》，载于《中国人口科学》1987年第1期，第47-55页；刘铮、段成荣：《人口投资与人口素质》，载于《人口研究》1989年第6期，第9-13页；许金声：《中国人口素质与经济发展》，载于《人口研究》1991年第4期，第10-16页。

④ 张志刚：《人口增长与经济运行之关系研究》，载于《人口与经济》1988年第5期，第7-11，23页；张世晴：《中国人口增长在经济增长过程中的作用》，载于《中国人口科学》1992年第4期，第1-8页。

⑤ 翟振武：《中国农村人口增长的经济机制（1949-1979）》，载于《人口研究》1991年第4期，第2-10页。

⑥ 冯立天：《中国人口生活质量研究》，北京经济学院出版社1992年版。

⑦ 顾宝昌：《论社会经济发展和计划生育在我国生育率下降中的作用》，载于《中国人口科学》1987年第2期，第2-11页；Peng Xizhe（彭希哲），1991. *Demographic Transition in China*, Oxford：Clarendon Press；蒋正华等：《中国家庭生育行为转变的经济学解释理论模型》，载于《人口与经济》1993年第2期，第3-13页。

⑧ 中国科学院国情分析小组：《制约我国社会经济发展的核心问题：人口与资源的矛盾》，载于《中国国情国力》1992年第4期，第32-38页。

展人口与经济—资源承载力研究①。市场经济时期的研究成果回顾与评述
（1994～1999 年）。开始注重有关市场经济下中国人口与经济关系的研究，
如中国人口与经济增长宏观运行模式研究②、人口质量的经济分析③、人
口、经济与可持续发展研究④等。这一时期，人口经济学也开始对以老年
人口为例的亚人口群体变化对经济发展的影响给予了充分的重视⑤。与前
两个时期相比，这一时期的研究视角更加强调学科之间的交叉，如对适
度人口的研究将人口学、经济学和系统工程学等学科有机结合起来，特
别突出跨学科的研究特点；人口质量对经济增长的研究也不局限于简单
地探讨人口与经济增长的关系，而是将人口学、经济学、教育学、政策
学等学科的研究成果科学地结合起来，并对此有所创新、有所发展。

总的来说，在 20 世纪，综合宏观和微观的比较系统的人口经济学的
学科体系、内容和相关理论的研究，在中国还处于初创阶段，与日益趋
向成熟化的西方人口经济学的理论体系相比尚有差距⑥。

进入 21 世纪，随着中国城市化进程加快，从传统农村社会为主的发展
阶段进入城市社会发展阶段，老龄化形势出现，以农村劳动力转移和劳动力
投入型经济发展开始向技术型、资本型经济发展，人口迁移、人口转变⑦、

---

① 朱宝树：《人口与经济—资源承载力区域匹配模式探讨》，载于《中国人口科学》1993
年第 6 期，第 8－13 页。
② 张世晴：《人口—经济增长的理论研究》，陕西人民出版社 1994 年版；李竞能：《现阶
段中国人口经济问题研究》，中国人口出版社 1999 年版。
③ 朱国宏：《人口质量的经济分析》，上海人民出版社 1994 年版；周天勇：《劳动与经济
增长》，上海三联书店和上海人民出版社 1994 年版；叶文振：《孩子需求论：中国孩子的成本和
效用》，复旦大学出版社 1998 年版；李建民：《生育率下降与经济发展内生性要素的形成》，载
于《人口研究》1999 年第 2 期，第 10－17 页；陆杰华：《人力资源开发与缓解贫困》，中国人口
出版社 1999 年版。
④ 蒋正华：《人口与可持续发展》，载于《中国人口·资源与环境》1995 年第 2 期，第
12－17 页；蔡昉：《人口、资源与环境：中国可持续发展的经济分析》，载于《中国人口科学》
1996 年第 6 期，第 1－10 页。
⑤ 于学军：《中国人口老化的经济学研究》，中国人口出版社 1995 年版。
⑥ 李仲生：《人口经济学的形成与发展》，载于《首都经济贸易大学学报》2002 年第 6 期，
第 17－20 页。
⑦ 蔡昉：《人口转变、人口红利与刘易斯转折点》，载于《经济研究》2010 年第 4 期，第
4－13 页。

人口红利[①]、生育率下降经济分析[②]、老龄化与经济关系、计划生育政策分析等方面的研究渐成重点。体系性梳理人口经济学理论的专著也比以前更多。李竞能（2000）的《人口经济理论研究》、刘家强（2004）的《人口经济学新论》、李仲生（2013）的《人口经济学（第3版）》、彭松建（2014）的《现代西方人口经济学教程》和李通屏（2014）的《人口经济学（第2版）》等著述，更加丰富地介绍了人口经济学的学科体系、内容和相关理论的研究。

当前，中国人口发展已到一个关键性的时期：中国人口增长趋缓（2022年更是出现负增长）、人口素质和人口结构问题凸显。某种意义上，这是一个与"马寅初时代"所面临的问题有很大差异的"后马寅初时代"。[③] 叠加适龄婚育人口生育意愿下降，老龄人口绝对数量和比重持续上升，也使中国人口经济学理论研究和应用实践面临着伴随有艰巨挑战性的发展机遇。

第二节　人口经济学研究范畴

在人口经济研究中，可以应用到调查的方法、统计分析的方法、静态分析和动态分析相结合的方法、定性分析和定量分析相结合的方法、宏观分析和微观分析相结合的方法等具体方法。但是，研究对象和研究问题是靶心，需要科学方法论指导才能聚焦到真问题，避免伪问题。人

---

① Cai Fang and Dewen Wang, 2005. China's Demographic Transition：Implications for Growth. in Garnaut and Song（eds），*The China Boom and Its Discontents*，Canberra：Asia Pacific Press.

② 李建民：《论社会生育成本及其补偿》，载于《广东社会科学》2000年第1期，第98-106页；李建民：《生育理性和生育决策与我国低生育水平稳定机制的转变》，载于《人口研究》2004年第6期，第2-18页；李建民：《中国的生育革命》，载于《人口研究》2009年第1期，第1-9页。尹豪、徐剑：《"大连市生育成本调查"结果分析》，载于《人口学刊》2008年第1期，第15-18页。郑真真、李玉柱、廖少宏：《低生育水平下的生育成本收益研究——来自江苏省的调查》，载于《中国人口科学》2009年第2期，第93-102页。

③ 郑晓瑛：《马寅初与中国人口科学》，载于《市场与人口分析》2005年第1期，第29-41页。

口经济学研究同样需要科学方法论的指导。比较而言，学习和研究人口经济问题，需要了解人口经济学范畴。范畴就是一个学科从具体现实中聚焦形成的研究对象或基本问题、抽象概念和原初论点，是支撑学科研究发展的基础。

一、人口经济学研究对象

现代科学门类划分和学科体系细分是以研究对象区分的。关于研究对象结构和运行的探究性结果构成了科学门类和学科体系的发展形态。

在西方学术界，有经济学家从资源稀缺性问题衍生，认为人口学是一门地地道道的经济学科。[1] 新古典经济学家马歇尔就认为，"经济学既是一门研究财富的学问，也是一门研究人的学问"[2]。"经济学家研究的是个人的活动，但是是从个人活动与社会生活而非与个人生活的关系来进行这种研究的"[3]。如果把个人放大为集体，也就是人口，就是人口经济学。因此，人口经济学是经济学内在逻辑的发展。不过，以"经济人"概念为代表，经济学确立了抽象的人口对象，组成人口的个体，以及具有一定稳定人口数量的组织，都是经济行为者，在约束条件下计划和实施经济活动以实现反映稳定偏好的效用满足最大化目标。

作为一门介于经济学和人口学之间的一门边缘科学、交叉科学，人口经济学发展与当代人口学几乎同步，除了基本的人口方面概念参用人口学外，其分析框架和研究方法主要是选用经济学研究范式。但是，人口经济学既不同于部门经济学，也不同于人口学的某一分支。人口经济学作为一门学科，同样存在自己独有的研究对象，且和主流经济学以家庭和

---

① ［美］朱利安·L. 西蒙：《人口增长经济学》（1977 年第一版），彭松建等译，北京大学出版社 1984 年版，第 13 页。

② ［英］阿弗里德·马歇尔：《经济学原理》（1938 年第 8 版），廉运杰译，华夏出版社 2005 年版，第 1 页。

③ ［英］阿弗里德·马歇尔：《经济学原理》（1938 年第 8 版），廉运杰译，华夏出版社 2005 年版，第 21 页。

厂商等经济主体为研究对象不同，也与人口学以具体人口为研究对象不同。

人口经济学研究对象在表述上有两种叙述：一是人口变化；二是人口—经济关系。随着经济学主体研究倾向加强，越来越多的亚人口经济也成为人口经济学发展和深化的研究领域。

（一）人口变化

人口变化的原因和结果是社会学家、人类学家、历史学家以及心理学家感兴趣的。但是，人口研究中最重要的现象是人口规模变化。人口规模变化之所以重要，主要因为它影响可供人们利用的资源。某一人群（及其后代）的食物、工业产品、空间及其他资源是富裕，还是贫乏，主要取决于人口规模。[①] 因此，美国人口经济学家朱利安·L. 西蒙认为，人口经济学要分析人口规模与经济发展之间的关系，即表现为人口增长对经济条件的影响、经济条件对生育率的影响以及人口增长的经济决策等。他在《人口增长经济学》中，就人口增长与经济发展之间的关系展开详细论述。也有中国学者同样认为，人口经济学主要是考察人口变动对经济增长或经济发展的影响，同时研究人口变动的经济因素以及人口现象和经济现象的相互关系等。[②]

概览人口经济学文献，人口变化呈现为人口增长（包括负增长）、人口迁移、人口结构变化、适度人口数量等，人口经济学就是对这些人口变化进行经济学研究。

研究中，人口变化就是人口变量。人口变量和经济变量之间是一种相互影响的关系。经济变量的变动会引起人口变量改变；反之，人口的增减也对经济增长和经济发展产生巨大影响。因此，就形成了一种人口—经济环路，如图 1 - 1 所示。

---

① ［美］朱利安·L. 西蒙：《人口增长经济学》，彭松建等译，北京大学出版社 1984 年版，第 13 页。

② 李仲生：《人口经济学的形成与发展》，载于《首都经济贸易大学学报》2002 年第 6 期，第 17 - 20 页。

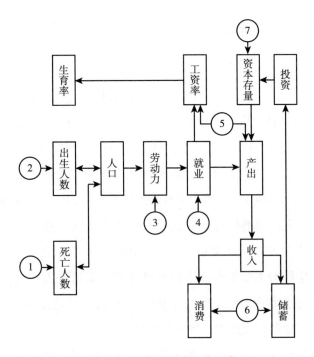

图 1 - 1　人口—经济环路示意

注：1 代表死亡率；2 代表生育率函数参数；3 代表劳动力参与率；4 代表就业率；5 代表生产函数参数；6 代表消费函数参数；7 代表资本存量折旧率。矩形内表示内生变量，圆形内表示外生变量和参数。

资料来源：弗兰克·T. 丹顿和拜伦·G. 斯宾塞：《人口和经济》，施普林格出版公司 1975 年版，第 42 页。转引自：彭松建编著：《现代西方人口经济学教程》，北京大学出版社 2014 年版，第 115 页。

　　图 1 - 1 表明，以生育率（或出生率）为起点，生育率的变动影响出生人数，出生人数影响总人口（出生人数本身又由生育率和总人口决定）。在出生人数和死亡人数的共同影响下，总人口的变动直接影响到劳动力。可投入市场劳动力的多少受劳动力参与率和劳动力总人数的影响，进而影响就业总人数。就业人数受就业率和可投入市场劳动力数量的影响。就业人数和资本存量影响产出量。上述都是人口变量对经济变量发生作用的人口—经济环路。进一步推导，人口变量也影响收入中用于消费和储蓄的比例，影响消费水平和人均消费量。[①]

---

　　①　彭松建：《现代西方人口经济学教程》，北京大学出版社 2014 年版，第 116 页。

（二）人口—经济关系

人口与经济之间的关系是研究所有人口问题中最基本的出发点之一，长期以来备受学者的关注。① 人口经济关系既体现在社会发展阶段的经济技术结构（人口要素与经济发展/增长、人口规模与社会分工、产业行业职业和经济区人口分布）、就业与失业、经济活动人口与非经济活动人口（抚养比、消费与投资），也体现在反映人口经济关系程度和发展水平的人均产值（人均 GDP），还体现在社会经济发展潜力（人力资源开发与人力资本培育、人口老龄化与创新发展、承载力指标）和收入分配（基尼系数）等方面。人口经济关系具有相互依存性、相互交叉性、长期稳定性和广泛适应性的主要特点。人口经济学就是要研究人类社会各个发展阶段上人口与经济的相互关系②，阐明人口经济运动过程中人口与经济相互关系及其变化的客观规律，即人口经济规律③。

自从古典经济学家（如亚当·斯密、李嘉图和西斯蒙第等）最早把人口变动和经济发展的关系作为一个问题提出以来，西方许多学者对此进行了广泛而持久的研究。由于各学者研究的角度、涉及的范围和理论基础等各不相同，形成了人口与经济发展关系的各种观点、理论和模型，虽然至今没有形成共识，还是可以发现以下几个特点：（1）从研究人口规模与经济发展关系转向研究人口的各种变动与经济发展的关系；（2）从研究人口增长与经济发展的关系的地域范围看，经历了从发达国家到发展中国家再到全球的演变；（3）从把人口作为经济发展的外生变量到作为内生变量；（4）从研究人口与物质资本相互关系转为人力资本与经济发展的关系。④

---

① 陆杰华：《改革开放以来中国人口与经济关系问题研究的回顾与展望》，载于《人口与经济》1999 年第 6 期，第 3 - 10 页。

② 吴忠观：《人口经济学概说》，四川人民出版社 1985 年版，第 7 页。

③ 张纯元：《人口经济学》，北京大学出版社 1983 年版，第 1 页。

④ 黄乾：《试论西方学者关于人口与经济关系认识的演变》，载于《广东社会科学》1999 年第 2 期，第 136 - 142 页。

人口与经济的关系比较复杂。首先，人口通过矛盾的方式影响经济。人口增长可能抑制资本深化（即导致人均资本减少），导致经济减缓；也可能通过鼓励和促进技术创新提高生产率，促进经济增长。其次，人口与储蓄的关系模糊。因为企业和政府的储蓄独立于人口而变化；居民中，如果储蓄主要源于富有家庭，则其存钱也多半不会考虑要抚养多少孩子、赡养多少老人；老龄化与储蓄的关系也不确定，人们为应对即将到来的老年会多存钱，但随着老去钱会花光；唯一可以确定的是，储蓄会随着少儿抚养比的上升而下降。最后，经济增长不是人口增长的独立变量。有观点认为人均 GDP 增长等于 GDP 增速减去人口增速，由此认为人口增长会拖累人均 GDP 增长。事实上，人口增长既影响 GDP 水平，也影响有多少人共享这一水平的 GDP；并且今天出生的孩子是未来的劳动力，而这会影响产出水平。[1]

以人口—经济关系为研究对象，符合马克思主义唯物辩证法原理。马克思主义思想明确指出，生产力决定生产关系。生产关系满足生产力发展时，社会发展以物质文明形态呈现进步；生产关系不能满足生产力发展时，社会以改进生产关系方式实现社会变革性进步。在人口经济学研究中，以人口变化与经济发展两者互为自变量和因变量，双向分析研究，实质上是将马克思主义的生产力决定生产关系一般理论发展为各种具体的、特殊的理论的实践过程。

（三）亚人口经济

人口经济学研究中，研究对象一般具有相同或类似的经济来源或经济活动方式。这种分类求同的视角，切合马克思主义研究人口问题的出发点：即确认社会生产方式对人口过程和经济过程的决定作用。朱利安·L. 西蒙（1977）也认为，多数有关人口的决策是为国家而不是为世界作出的。阻碍人口从一国移居到另一国的障碍，往往是某个国家的具

---

[1] 陈浩、徐瑞慧、唐滔、高宏：《关于我国人口转型的认识和应对之策》，中国人民银行工作论文 No. 2021/2，2021 年 3 月 26 日。

体因素，因此，国家才是合适的分析整体。

因此，在人口经济学研究中，首先要确定人口集合对象。微观人口经济学的出现，引导着人口经济学研究对象向亚人口维度发展。在经济学的人口关系中，组成个体是假设的"经济人"，非血缘和非姻亲关系的抽象的"经济人"通过市场交换建立经济关系，实现个人效用增加和社会福利水平上升。人口经济学的人口经济关系中的人口既可以是抽象集合，也可以是组成元素是具体个人的亚人口集合。所谓亚人口，就是以一定特征、指标界定范围（数量）的某一类群体。家庭生育经济分析与决策中的家庭、老龄化问题中老年人口、社会救济中贫困人口等，都可视为典型的亚人口。明确亚人口群体特征、度量指标，确定群体数量、时段变化、原因分析、好坏评价等，均是人口经济学研究内容。

二、马尔萨斯均衡证伪

（一）证伪主义

科学哲学家卡尔·波普尔（Karl Popper，1999）认为，经验观察必须以一定理论为指导，但理论本身又是可证伪的，应对之采取批判的态度。在他看来，可证伪性是科学的不可缺少的特征，科学的增长是通过猜想和反驳发展的，理论不能被证实，只能被证伪，因而其学说又被称为证伪主义。

在波普尔的证伪主义哲学体系中，可证伪性，可证伪性的程度、普遍性、精确性和明晰性，划界问题和方法论三个问题是其核心。有学者提出，经济学要成为科学必须满足科学划界观的要求，必须能解释世界，得出可被经验验证的假说。[①]

---

① 唐志军、王玉霞：《证伪主义及经济学的使命》，载于《哈尔滨工业大学学报（社会科学版）》2009年第1期，第99－107页。

同样，人口经济学的科学性发展，也应该具有可证伪性，即可能被事实推翻却没有被推翻，也就是假说必须得到真实世界的检验，必须能够解释真实世界。梳理人口经济学发展逻辑，可以发现，基本上就是在证伪马尔萨斯人口均衡中前进的。

（二）马尔萨斯人口均衡

马尔萨斯人口论是近代人口学诞生的标志。1798 年，马尔萨斯发表了影响人口经济学历史进程的名著《人口原理》。在这本书中，马尔萨斯根据他的两个公理和两个级数的假设，推论出一个法则和三个命题。一个法则就是"人口增长（结果是）超过生活资料增长"的"人口自然法则"。三个命题即：（1）"人口增加必须受生活资料的限制"；（2）"生活资料增加，人口必增加"；（3）"占优势的人口增加力，为贫穷及罪恶所抑制，致使现实人口得与生活资料相平衡"。这三个命题亦被分别概括为"制约原理""增殖原理"和"均衡原理"，命题（1）和命题（2）又被合称为"人口原理"。所谓"均衡思想"和"增殖思想"正是"均衡原理"和"增殖原理"的具体体现。

马尔萨斯《人口原理》实际上提出一个假说：最终的土地产出（内在给定的）与外生的人口增长结合在一起使得人均生活水平（人均消费量标示）下降到生存水平（内生结果）。这种生存条件下人口增长结果就是马尔萨斯人口均衡。

马尔萨斯人口均衡模型如图 1-2 所示，表明了马尔萨斯均衡的基本要素。其中的三条曲线分别表示三种函数关系。左半部是总生产函数，表示由一定数量人口所形成的生活水平（或真实工资，或人均收入）。它的基本特征是劳动报酬递减。右半部分表示人口现象。死亡率随生活水平下降而上升，这是积极的抑制。出生率随生活水平下降而下降，这是预防性抑制。出生率超过死亡率，人口增加；死亡率超过出生率，人口减少。人口增长（通过生产函数）使生活水平下降，生活水平下降使死亡率上升，出生率下降，最终使人口增长趋于中止。在此模型中，人口增长为零即达到均衡状态。在均衡点上，工资不变，因而死亡率和出生率也不变。因为任何干扰只会引起补偿性变化，所以这种均衡是稳定的。该均衡的稳定性是马尔萨斯悲观主义的来源。设想土地耕作面积扩大了，于是生产函数向外移动，提高了人口生活水平。出生率将上升，死亡率下降；人口增长将继续吞没增益，直到工资降到原先水平为止。人口现象是工资铁律的铸造厂。生活水平的永久性变化只能来自不是压制生育率，就是死亡率的恶化。诸如大饥荒或疾病一类的灾祸起作用的积极抑制不会轻易做出反应，但是一旦做出反应，便会矫枉过正，引起新一轮的循环。马尔萨斯认为是围绕着一种长期均衡水平的波动。①

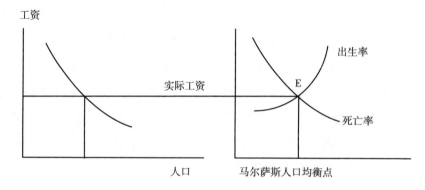

图1-2 马尔萨斯人口均衡模型

马尔萨斯的《人口原理》的结论是：人口将永远围绕均衡来波动。那么，历史已经证明这条人口数量均衡线是一条水平直线吗？事实上，从马尔萨斯时代至今的历史已表明，人口数量和实际工资（生活水平）是一条向右上发展的曲线。

马尔萨斯的《人口原理》出版至今已有200多年，众多研究和文献已论证其缺陷，历史数据也证明其推论错误。但是，正如恩格斯所指出的，批判者可以证明"马尔萨斯原理是不正确的，但是未能驳倒马尔萨

---

① D. R. 韦尔：《马尔萨斯的人口理论（Malthus's Theory of Population）》，晏智杰译，载于约翰·伊特韦尔、默里·米尔盖特、彼得·纽曼编：《新帕尔格雷夫经济学大辞典·第三卷：K - P》，经济科学出版社1996年版，第313-315页。

斯据以得出他原理的事实"①。恩格斯还指出："马尔萨斯的理论却是一个推动我们不断前进的、绝对必要的中转站。我们由于他的理论，总的来说由于经济学，才注意到土地和人类的生产力，而且我们在战胜了这种经济学上的绝望以后，就保证永远不惧怕人口过剩。我们从马尔萨斯的理论中为社会变革汲取到最有力的经济论据，因为即使马尔萨斯完全正确，也必须立刻进行这种变革，原因是只有这种变革，只有通过这种变革来教育群众，才能够从道德上限制繁殖本能，而马尔萨斯本人也认为这种限制是对付人口过剩的最有效和最简易的办法。"② 从某种意义上讲，《人口原理》已经在学术思想史上达成了一项伟大的社会实践贡献。③ 人口分析经济学最重要的思想也是来自马尔萨斯，今天反复讨论人口增长所用的概念都是 W. 戈德文（马尔萨斯在《人口原理》中的批判对象）和马尔萨斯著作中所见的相同概念。④ 因此，从证伪主义观点看，马尔萨斯《人口原理》提出的人口均衡假说，就是人口经济学发展中不断从各个角度、维度予以证伪的对象，也是赖以发展的原点和基础。

三、主要概念及指标

人口具有社会性、地域性、时间性与数量、质量和结构三者统一体等基本特征。社会性特征是指人口就是以共同的物质生产活动为基础而相互联系的人们的总体。地域性体现了空间差异性。时间性反映人类区别于其他生物的历史积累性和未来计划性。数量、质量和结构三者统一，是指构成人口基本单位的个人、家庭和群体性亚人口可从数量、质量和

① 弗·恩格斯：《国民经济学批判大纲》，载于中共中央马克思恩格斯列宁斯大林著作编译局：《马克思恩格斯选集》（第1卷），人民出版社2012年版，第41页。
② 弗·恩格斯：《国民经济学批判大纲》，载于中共中央马克思恩格斯列宁斯大林著作编译局：《马克思恩格斯选集》（第1卷），人民出版社2012年版，第43页。
③ ［美］朱利安·L. 西蒙：《人口增长经济学》，彭松建等译，北京大学出版社1984年版，第38页。
④ ［美］朱利安·L. 西蒙：《人口增长经济学》，彭松建等译，北京大学出版社1984年版，第593页。

结构等维度计量和区分。人口特征也反映了人口经济学研究需要借用人口学学科和经济学学科中相关概念。人口学和经济学领域中通过人口关联的概念均是人口经济学研究中的先天性概念，这些概念的定义和内涵在人口经济学中没有变化。人口学和经济学中套用到人口经济研究中的概念比较多，开展人口经济研究，设计和评估人口经济政策，必须熟悉和掌握反映上述特征的人口学和经济学概念。为了聚焦，本书大致梳理了几个核心的概念，视为了解、研究人口经济问题的架构性术语。

概括地讲，人口、人口结构、人口经济关系和家庭等基本性概念在人口经济学中可视为根概念，在每个根概念基础上又可派生出外延有区别、内涵更清楚的分支性指标概念。

（一）人口

1. 人口概念

人口是所有有关人口的科学体系的一个最基本范畴。所谓人口，就是指生活在一定的时间、一定的地域、一定的社会生产方式，实现其生命活动并构成社会生活主体，具有一定数量和质量的人所组成的社会群体。[1] 也就是说，人口是一个具有许多规定和关系的丰富的复杂总体，而且这个总体中的丰富的规定性，都是由经济决定的。只有通过对各种经济范畴，如交换、分工、价格、雇佣劳动、资本、货币等的具体分析，才能认清人口的各种社会规定性，才能使人口不是一个混沌的关于整体的表象。[2]

马克思在《政治经济学批判》的《导言》的第 3 节中，说明应该按什么次序论述各个经济范畴和规律的问题时就说："当我们从政治经济学方面考察某一国家的时候，我们从该国的人口，人口的阶级划分，人口在城乡海洋、在不同生产部门的分布，输出和输入，全年的生产和消费，

---

① 吴忠观：《人口经济学概说》，四川人民出版社 1985 年版，第 3 页。
② ［美］朱利安·L. 西蒙：《人口增长经济学》，彭松建等译，北京大学出版社 1984 年版，第 34 页。

商品价格等开始。从现实的前提开始，因而，例如在经济学上从作为全部社会生产行为的基础和主体的人口开始，似乎是正确的。……如果我从人口着手，那么，这就是一个混沌的关于整体的表象，经过更贴近的规定之后，我就会在分析中达到越来越简单的概念；从表象中的具体达到越来越稀薄的抽象，直到我达到一些最简单的规定。于是行程又得从那里回过头来，直到我最后又回到人口，但是这回人口已不是一个混沌的关于整体的表象，而是一个具有许多规定和关系的丰富的总体了。"①马克思的这段话表明了，在经济学研究中，人口视角具有基础性、先导性和提纲挈领的作用。

可以从不同的角度对人口进行观察和分析。例如，人口的生物属性和社会属性使它具有生物、社会、经济、政治、文化和地理等多方面的标志，如性别、年龄、居住地、民族、语言、阶级、宗教信仰、文化程度、婚姻状况、行业和职业等。

从一定维度界定的人群，也称为亚人口。亚人口（或分人口）也是当代人口学的一个重要学术增长点。

邬沧萍（2002）明确指出，人口变量是人口研究的客体，这可能是人口学一个最重要的学术增长点，目前已知的死亡率、生育率、人口迁移、人口老龄化、人口性别比等变量许多已成为一个专门研究领域，甚而超越人口学范围形成新的学科。在人口发展之初以及很长一段时间内人们只关注总人口的现状和过程，随着社会经济的发展，人们对不同人口要做重点研究。现在国内外对女性人口、老年人口、劳动适龄人口、少数民族人口等都作专门的人口学研究，这类出版物的学术著作已难以统计，成为分支学科的重要内容。

统计上，人口变量就是人口各维度的数量。其中，人口数量是指一定时点、一定地区范围内有生命的个人总和。中国年度统计的年末人口数指每年12月31日24时的人口数。

---

① 马克思、恩格斯：《马克思恩格斯全集》（第46卷上），人民出版社2003年版，第37－38页。

和人口数量变化紧密相连的指标是出生率、死亡率、人口自然增长率和流动人口。

出生率（crude birth rate，GBR）是指在一定时期内（通常为一年）一定地区的出生人数与同期内平均人数（或期中人数）之比，用千分率表示。[①] 其计算公式为：

$$出生率 = \frac{年出生人数}{年平均人数} \times 1000‰ \tag{1-1}$$

其中，出生人数指活产婴儿，即胎儿脱离母体时（不管怀孕月数），有过呼吸或其他生命现象。年平均人数指年初、年底人口数的平均数，也可用年中人口数代替。

历史上，在一个较长的时期内，每年的人口增长率在10‰～30‰变动[②]。

人口经济学宏观分析中，更多地使用总和生育率（total fertility rate，TFR）指标。总和生育率是假定一名妇女在其生育年龄内（一般是15～50岁）按当时的年龄别生育率水平生育的情况下，她一生中平均所生育活婴的数目。人口数量达到更替水平的总和生育率是2.1个。人口总量一般会滞后总和生育率低于临界水平几十年后才会下降，这是因为受先前高生育时期形成的金字塔形的年龄结构，甚至在年龄别生育率下降时，出生人口的绝对数仍然可以保持在高水平若干年。[③]

死亡率（又称粗死亡率）是指在一定时期内（通常为一年）一定地区的死亡人数与同期内平均人数（或期中人数）之比，用千分率表示。其计算公式为：

$$死亡率 = \frac{年死亡人数}{年平均人数} \times 1000‰ \tag{1-2}$$

---

① 谭琳、李建民：《现代人口学辞典》，天津大学出版社1994年版，第15页。

② ［意］马西姆·利维巴茨（Massimo Livi - Bacci）：《繁衍：世界人口简史》，郭峰、庄瑾译，北京大学出版社2005年版，第6页。

③ ［美］安斯利·J. 科尔（Ansley J. Coale）：《人口转变（Demographic Transition）》，黄劲生译，载于约翰·伊特韦尔、默里·米尔盖特、彼得·纽曼编：《新帕尔格雷夫经济学大辞典·第一卷：A - D》，经济科学出版社1996年版，第857 - 860页。

历史年代里，死亡率分布一般从 5‰到 25‰ ~ 30‰。[1] 目前，在发达国家以及许多不发达国家，死亡率已下降到 10‰以下，因而进一步下降具有明显的困难。[2]

人口自然增长率是指在一定时期内（通常为一年）人口自然增加数（出生人数减死亡人数）与该时期内平均人数（或期中人数）之比，用千分率表示。其计算公式为：

$$人口自然增长率 = \frac{本年出生人数 - 本年死亡人数}{年平均人数} \times ‰$$

$$= 人口出生率 - 人口死亡率 \qquad (1-3)$$

流动人口是指人户分离人口中不包括市辖区内人户分离的人口。市辖区内人户分离的人口是指一个直辖市或地级市所辖区内和区与区之间，居住地和户口登记地不在同一乡镇街道的人口。流动人口能够在短期内剧烈改变一定地域内人口数量。流动人口也不完全等于人口流动。人口流动，是指离开户籍所在地的县、市或者市辖区，以工作、生活为目的异地居住的成年育龄人员。人口流动与迁移又是两种相似但又有区别的现象，人口流动与迁移人口虽然都进行空间的位移，但迁移是在永久变更居住地意向指导下的一种活动。人口流动也不等于人口变动。

2. 人口普查

人口经济学研究要综合使用人口学研究数据和社会经济数据。人口学使用的数据一部分是横截面的人口普查和抽样调查资料，还有一部分是由出生率和死亡率时间序列组成的流量数据。其中，人口普查是所有人口资料中最基本的数据。人口普查就是一个国家或地区的某一特定的标准时点上，对其境内的人口以及与人口相关的社会、经济、文化、环

---

① ［美］乔治·N. 斯托尔尼茨（George N. Stolnitz）：《死亡率（Mortality）》，张晓慧译，载于约翰·伊特韦尔、默里·米尔盖特、彼得·纽曼编：《新帕尔格雷夫经济学大辞典·第三卷：K - P》，经济科学出版社1996年版，第 597 - 601 页。

② ［美］朱利安·L. 西蒙：《人口增长经济学》，彭松建等译，北京大学出版社1984年版，第43页。

境等状况，进行逐户逐人的登记调查，并将提的资料迅速收集、汇总、评价、分析与发表的全过程。通过普查可以了解有关人口学、人口经济学、人口社会学等各方面的现象和问题。

人口普查工作古已有之。几千年前中国就已经有了最初的人口普查，甚至可以说是全世界第一个进行人口普查的国家。周朝设有计算人口的官吏，叫"司民"。《周礼》载："司民掌万民之数，自生齿以上，皆书于版。"周朝以后，历代都有人口调查制度。①

技术条件落后的古代进行大范围的人口普查，主要目的有两个：一是为了征兵、服劳役；二是为了收税。历史上的人口普查和现代意义上的人口普查差别比较大。现代人口普查，主要目的是全面查清人口数量、结构、分布等方面情况，为完善国家人口发展战略和政策体系、制定经济社会发展规划、推动社会发展提供准确统计信息支持。一般认为，美国1790年开始举行的人口普查为现代人口普查之开端。其特点是定期举行人口普查、公布普查结果，并把人口普查作为一项条款写进宪法。②

2010年6月1日中国颁发施行《全国人口普查条例》，该条例第二条明确指出"人口普查的目的是全面掌握全国人口的基本情况，为研究制定人口政策和经济社会发展规划提供依据，为社会公众提供人口统计信息服务"。第八条规定了普查时间"人口普查每10年进行一次，尾数逢0的年份为普查年度，标准时点为普查年度的11月1日零时"。第十二条和第十三条界定了普查对象"人口普查主要调查人口和住户的基本情况，内容包括姓名、性别、年龄、民族、国籍、受教育程度、行业、职业、迁移流动、社会保障、婚姻、生育、死亡、住房情况等"，"人口普查采用全面调查的方法，以户为单位进行登记"。新中国成立至今，先后进行了七次全国人口普查。第一次人口普查在1953年进行。其后是1964年、1982年、1990年、2000年、2010年，最近的第七次人口普查在2020年

---

① 沈益民、童乘珠：《15亿人口的挑战》，中国大地出版社2002年版，第26－30页。
② 温勇、尹勤：《人口统计学》，东南大学出版社2006年版，第228页。

底完成。

对比七次人口普查数据，如表 1-1 所示，可看到新中国成立以来人口变化情况及隐含的问题。

表 1-1　　　　　　中国人口普查各年龄段人口占总人口的比重

指标		1953 年	1964 年	1982 年	1990 年	2000 年	2010 年	2020 年
总人口（万人）		58796	70499	101654	114333	126743	134091	141212
年龄段人口占比（%）	0~14 岁	36.28	40.69	33.59	27.69	22.89	16.60	17.95
	15~64 岁	59.31	55.75	61.50	66.74	70.15	74.53	68.55
	65 岁及以上	4.41	3.56	4.91	5.57	6.96	8.87	13.50

资料来源：历次全国人口普查。

第七次人口普查显示，2020 年中国总人口达到 14.1 亿人，约占全球总人口的 18%，仍然是世界第一人口大国。但是，与历史和世界其他主要国家相比，一是人口比重下降；二是印度等发展中大国与中国之间人口差距在缩小；三是人口增长率已落后于美国；[①] 四是人口年龄结构由年轻型结构趋向中老年型结构。

---

① 美国人口普查局公布的最新数据显示，美国人口增长速度在过去 10 年中下降到近 100 年来的最低水平。截至 2020 年 4 月 1 日，美国人口为 3.315 亿人，比 2010 年增长了 7.4% 。这是自美国 1790 年开始人口普查以来历史第二低的增长率，仅次于 20 世纪 30 年代大萧条时期（great depression）的 7.3%。多位专家指出，与大萧条时期的人口增长放缓不同，此次的放缓是一个早已开始的长期趋势的一部分，背后的原因与美国白人人口老龄化、生育率下降和移民减少有关。两个因素构成了美国的人口增长：一是移民；二是出生人口。在过去十年中，美国移民人数增幅在放缓。在特朗普当选总统前的两年里，美国每年移民人数（包括合法移民和非法移民）大约为 100 万人。到特朗普任期（2021 年 1 月）结束时，其已降至不到 50 万人。皮尤研究中心的一项分析显示，1965~2015 年，超过一半的美国人口增长来自移民，仅移民就使美国人口增加了约 7200 万人。人口普查数据显示，2020 年全美有 360 万人出生，低于 2019 年的 374 万人，同比下降 4%，这是美国出生人数连续第六年下降，也是自 1979 年以来新生儿数量最少的一年。美国目前的生育率为 1.73，低于可以维持人口替代率的 2.1。美国总统拜登在 2021 年 4 月推出的《美国家庭计划》（American Families Plan）中提出了一些帮助美国家庭的政策，其中包括为 3 岁和 4 岁的儿童提供免费学前教育，在社区大学接受两年免学费教育，提供儿童税收抵免，提供平价儿童保育服务和带薪家庭假等政策。见刘栋：《从美国人口增长放缓看全球：出生率下降是好还是坏?》，载于《澎湃新闻》2021 年 5 月 11 日。

3. 人口增长逻辑蒂斯曲线

人口数量预测是人口经济学研究中一个重要的参考变量，它可以清楚地表明人口规模变化和发展趋势。未来人口数量是通过一定的计量模型计算预测。

在马尔萨斯人口理论中，人口增长过程可以计量表示如下。

（1）人口假设为均匀增长，单位时间增长率为 r，增长时间趋于无穷，则

$$r = \frac{1}{P_t} \frac{dP_t}{dt} \tag{1-4}$$

（2）t 时点人口增长预测值就呈现为指数增长，公式如下：

$$P_t = P_o e^{rt} \tag{1-5}$$

但是，现实中，历史数据和人口转变过程揭示人口增长率不可能稳定不变，不可能保持均匀增长。即使出现指数增长情形，也只能是一定时期内的现象。

一般认为，作为一类生物物种，人口增长情形可以参照采用生物物种数量增长预测常用的逻辑斯蒂曲线，即形态表现为 S 型的逻辑斯蒂增长曲线（logistic growth curve）。该模型由比利时学者瓦费尔许尔斯特（Pierre François Verhulst，1804 - 1849）于 1838 年创立，用于描绘种群在有限环境下，受环境压力与种群密度制约的自然增长，如图 1 - 3 所示。

图 1 - 3 中，人口增长的长期趋势可以描述为一条逻辑斯蒂曲线（实线），这条曲线的起始点是之前文明形态（通行文化、生产技术和生活标准）所确立的稳态水平，代表的是一个地区在原来文明情形下的人口的容纳能力；接着，曲线开始缓慢地上升，然后加速，最后曲线逼近上端渐进线时趋向水平，这代表的是当前文明发展到最后阶段环境的容纳能力。虚线为马尔萨斯指数增长曲线。左边是指数增长公式，右边为逻辑斯蒂增长公式。其中，A 为人口承载力，P_0 为人口基数，t 为时间，r 为人口增长率。从图中可见，人口增长受环境阻力作用，不可能以指数增长。人口增长的上限不能逾越环境的最大人口承载力。

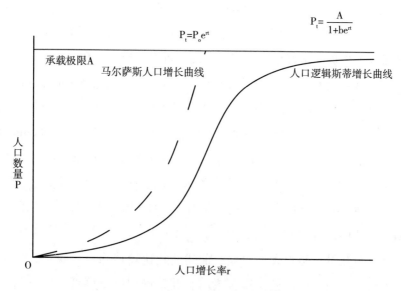

图 1-3 人口增长逻辑斯蒂曲线

人口增长率 r 是时间变量和当前人口数量的因变量，设为 r_t，A 设为人口数量上限，那么

$$r_t = \frac{1}{P_t}\left(1 - \frac{P_t}{A}\right)\frac{dP_t}{dt} \qquad (1-6)$$

时点 t 的预测人口数量就是

$$P_t = \frac{A}{1 + be^{rt}} \qquad (1-7)$$

其中，b 和 c 是常数。A 会由于社会和技术的变化而不断改变。在生态学体系，也把 A 命名为人口承载量。

基本的计算逻辑是，假设一个封闭空间，在任何一个时间区间内，人口数量（P）的变化都是新生（B）、死亡（D）和人口流动，也就是移民迁入（I）或移民迁出（E）的结果。人口流动等同于 0，这种条件下，如以常规时段年来核计，人口变化 dP 可由下面的公式表示：

$$dP = B - D \qquad (1-8)$$

人口增长率 r（计算式 r = dP/P）等于出生率 b（计算式 b = B/P）和死亡率 d（计算式 d = D/P）之差：

$$r = dP/P = b - d \qquad (1-9)$$

尽管人口的增加或减少是离散的，但在人口量很大的情况下，作为连续量来处理仍能很好地符合客观情况，可以假定人口数量是时间 t 的连续函数，甚至是 t 的可微函数。设 P（t）表示 t 时刻某地区的人口数量，用 k(t) 表示出生率和死亡率的差（也就是人口增长率）。如果该地区假设为封闭空间，没有人口流动。则，人口变化率 $P'(t) = kP(t)$，即 $dP/dt = kP$。马尔萨斯人口论中，人口数量呈现指数化增长，$dP/dt = kP$ 的形式就是 $P = Ce^{kt}$，C 为常数。这个公式也称为马尔萨斯人口增长定律。如果在 t_0 时，某地区的人口数为 P_0，则 $P_0 = Ce^{kt_0}$，$C = P_0 e^{-kt_0}$，代入马尔萨斯人口增长公式中，得到 t 时人口数量为 $P(t) = P_0 e^{k(t-t_0)}$。[①]

在人口数量不是很大的时候，前述公式比较精确地反映了人口增长的实际情况。当人口数量变得很大时，其精确程度就降低了。这时，可加入一项 $-bP^2$，b 是一个常数，公式变化为 $dP/dt = kP - bP^2$。其中，k，b 叫作生命系数。b 相对于 k 而言是一个很小的数，当 P 不是很大时，$-bP^2$ 相比 kP 就可以忽略。但是，当 P 很大时，$-bP^2$ 这一项就不容忽略了。一般来说，生存空间越大，食物供给保障程度越高的地区，b 就越小。引进后的人口增长预测就变形为

$$\frac{dP}{kP - bP^2} = dt$$

两边对 t 积分，可得

$$\int_{P_0}^{P} \frac{dP}{kP - bP^2} = \int_{t_0}^{t} dt = t - t_0 \qquad (1-10)$$

通过推导，可以得到

$$P(t) = \frac{kP_0}{bP_0 + (k - bP_0)e^{-k(t-t_0)}} \qquad (1-11)$$

当 t→∞ 时，可以得到 P（t）→k/b。如果 $P_0 < k/2b$，曲线 P（t）的形状就呈现出一条低高两端趋于平缓增长的 S 形曲线，揭示的含义就是，在

---

① 张顺燕：《数学的思想、方法和应用（修订版）》，北京大学出版社 2003 年版，第 237 - 238 页。

人口达到其极限值的一半之前，是加速增长期，过了这点后，人口增长率就减小，最后趋于 0。一些学者估计 k 的自然值是 0.029，对应计算得出 b 值是 2.659×10^{-12}。基于这两个参数，计算得到 2010 年全球人口总数是 67.2 亿人，[①] 地球上的人口极限值 107.6 亿人。[②]

关于未来中国人口最大数字有多种预测结果。有人认为到 2050 年约为 13.9 亿人，届时年净增人口不足 20 万人，中国人口将基本实现零增长。[③] 也有学者认为人口总规模预计在 2030 年达到峰值，届时中国人口为 14.62 亿人。[④] 2023 年 1 月初公布的 2022 年度人口统计数据对这些前期进行的预测提出了事实性疑问。

联合国于 2022 年 7 月 11 日发布的《世界人口展望 2022》报告数据显示，2022 年 11 月 15 日，世界将迎来当前人口的第 80 亿位新成员。印度人口在 2023 年预计超过中国人口，成为人口最多的国家。2020 年全球人口增长率下降到 1% 以下，是 1950 年以来年度人口增长率首次不到 1%。目前，有 2/3 全球人口分布的国家或地区的总和生育率已不到 2.1。2022～2050 年，受持续低生育率，或移民影响，有 61 个国家或地区的人口数量预计减少 1% 或更多。但是，世界人口到 2030 年预计增加至 85 亿人，到 2050 年预计达到 97 亿人。在 2080 年代预计到峰值 104 亿人，峰值人口数量水平将延续至 2100 年。降低生育率政策在减少全球人口增长中已没有什么直接效应。在发展中国家，较快的人口增长既是缓慢进步的原因，也是结果。65 岁及以上老龄人口数量和比重在快速上升。到 2050 年，老龄人口比例将由 2022 年的 10% 上升至 16%。那时，老龄人口数量是 5 岁以下婴幼儿人口数量的 2 倍多，和 12 岁以下孩子人口数量

① 联合国公布的人口统计数据显示，2010 年全球人口是 69.06 亿人。《世界人口展望 2022》预测的人口极限值是 2080 年达到 104 亿人。表明该公式计算结果比较接近。

② 张顺燕：《数学的思想、方法和应用（修订版）》，北京大学出版社 2003 年版，第 245－247 页。

③ 门可佩、曾卫：《中国未来 50 年人口发展预测研究》，载于《数量经济技术经济研究》2004 年第 3 期，第 12－17 页。

④ 蔡昉：《人口转变、人口红利与刘易斯转折点》，载于《经济研究》2010 年第 4 期，第 4－13 页。

相当。受新冠疫情影响，全球人口平均预期寿命由 2019 年的 72.8 岁降低到 2021 年的 71.0 岁。[①]

（二）人口结构

人口结构，亦称人口构成，是人口学的一个基本范畴，也是人口经济研究的重要课题之一。它是从一定的规定性来判断的人口内部关系，即按照人口的不同标志研究一定地区、一定时点的人口的内部结构及其比例关系。人口结构的状况如何，不仅对人口再生产和人口发展有重要影响，对国民经济的发展也有重要的作用。以人口为对象的各分支学科中人口结构侧重点不同。人口统计学侧重于研究人口结构的计量方法和量的比例不同，人口经济理论侧重于研究人口结构的内在联系及其与社会经济因素的相互关系，并从中探讨人口结构的发展趋势和规律性。

人口的各种结构之间存在着相互依存又相互制约的关系。例如，人口的性别结构和年龄结构既有区别又有联系，没有不具备性别的年龄结构，也没有不具备年龄的性别结构。又如，在劳动力资源结构中，劳动适龄人口与非劳动适龄人口同劳动力人口与非劳动力人口，以及在业人口与非在业人口的结构，都是相互依存、相互制约的。这种相互关系，也就是生物属性和社会属性之间，以及社会属性内部具有量的比例的相互关系。因此，人口结构是在人口不断变动过程中形成的相对稳定状态，它是一定社会历史条件的产物。一般地说，影响和制约人口结构发展的因素有以下几个。

第一，生物学因素。包括出生性别比、年龄增长和性别死亡率差异在内的各种生物学因素，对人口结构的形成和发展有重要影响。因为人口具有生物属性，直接受生物学的因素制约。

第二，地理环境因素。气候、地形、地貌、自然资源等地理环境因素，都会直接或间接地影响人口结构的变化。

---

① UN Department of Economic and Social Affairs. *World Population Prospects* 2022；*Summary of Results*，https：//www. un. org/development/desa/pd/. July，2022.

第三，生产力水平。社会生产力是直接制约人口的生存和增殖的决定性条件，也是引起人口结构变动的最终原因。

第四，生产关系性质。人口结构受生产关系的制约，尤其是生产资料所有制形式的制约。它对人口社会结构的制约最为明显。

第五，上层建筑。生产力和生产关系性质对人口结构的制约，往往通过上层建筑而发挥作用，国家的政策法令、社会意识形态、宗教等对人口结构都有制约作用。

人口变动决定了人口结构的形成和变化，随着经济文化的发展，反映人口结构的维度还会增加。同时，各种人口结构也会在不同程度上对人口发展和社会经济发展起反作用。其中人口性别年龄结构、城乡结构、职业结构、收入分配结构、教育程度结构等对人口和社会经济发展最有影响。

依人口结构形成的性质，一般将人口结构划分为人口自然结构、人口地域分布结构和人口社会经济结构三大类。

1. 人口自然结构

即按人口中个人的自然特征将人口划分为各个组成部分而形成的人口结构。其主要包括人口的性别结构和年龄结构。

人口性别结构是结婚率和出生率高低的决定因素之一，对婚姻家庭状况有直接影响，对社会经济发展和就业安排也有重大影响。

人口学上提及的性别比，通常是以每100位女性所对应的男性数目为计算标准。人口统计中常用到出生性别比和总人口性别比。出生性别比，即分娩的新生儿性别比，一段时间内某地区每出生100个女婴，同时出生了多少个男婴；在自然情况下，人类出生性别比也并非严格的100，而是约为105，即男性的出生概率要高于女性。总人口性别比，即全体人口的性别比。

人口年龄结构，国际上通常划分为三大年龄组：0~14岁为少儿组，15~64岁为成年组，65岁及以上为老年组。人口年龄结构的变化可以表明人口发展和人口再生产类型变动的趋势，以及由此带来的社会经济问题。人口的性别结构和年龄结构合称人口的性别年龄结构，它是人口最基本的结构，年龄结构与各时段生育率和死亡率及期望寿命相关，是研究人口再生产、进行人口预测、研究人口和经济关系以及其他人口结构的基础。

人口老龄化是指总人口中因年轻人口数量减少、年长人口数量增加而导致的老年人口（一般认为，60~69岁为低龄老年人口，70~79岁为中龄老年人口，80岁以上为高龄老年人口）比例相应增长的动态。

测定人口老龄化的程度的指标是老年人口系数，即在一定时点上老年人口占总人口的比重。

老年人口系数 = （65岁及以上老年人口数/总人口数）×100%

$$(1-12)$$

该指标也是表明人口年龄结构的一个相对指标。根据1956年联合国《人口老龄化及其社会经济后果》确定的划分标准，当一个国家或地区65岁及以上老年人口数量占总人口比例超过7%时，意味着这个国家或地区进入老龄化。1982年维也纳老龄问题世界大会，又确定60岁及以上老年人口占总人口比例超过10%，意味着这个国家或地区进入老龄化[1]。

2. 人口地域分布结构

即按地域空间界限将人口划分为各个组成部分而形成的人口结构。人口地域分布结构是一种社会经济现象，它虽然深受自然因素的影响，但起决定性作用的都是社会经济规律。人口是生产发展和生产布局的必要条件，一个国家或地区没有一定的数量、质量和劳动技能的人口分布，就谈不上生产和生产布局。无论历史上，还是在现代，生产力发展和生产布局总是伴随着人口地域分布的变动，生产力发展越快，人口分布的变化也越为明显。区域人口结构模式和规模的演变，同经济部门的组合、产业结构的变动有着密切的联系。

人口地域分布结构又可划分为人口自然地理结构和人口行政区域结

---

[1] 席春慧、袁昊绪、马昊楠：《北京市老年病医院扫描》，载于《首都医药》2014年第11期，第25-28页。

构。研究人口自然地理结构，对于国土开发、经济建设、生产力布局和人民生活安排有重要意义。研究人口行政区域结构，对于加强国家的行政管理，安排和调整行政区域的社会经济发展计划和人口发展计划，制定相应的政策和措施，有重要意义。

人口地域分布结构中，社会方面比较典型的是国家分布、城乡分布；自然方面典型的是气候带差异分布以及海岸带一线集中分布。中国人口自然地域分布的典型规律是胡焕庸曲线。[①]

3. 人口社会经济结构

即按一定的社会指标和经济指标将人口划分为各个组成部分而形成的人口结构，主要包括人口的阶级结构、民族结构、宗教结构、教育程度结构、婚姻家庭结构、劳动力资源结构、在业人口的行业结构和职业结构、人口城乡结构等。这些人口结构与社会经济文化的各个方面都有联系，对社会经济的发展也有重大的影响，因此研究这些人口结构，具有十分重要的意义。常见的指标性概念有人口城乡结构、老龄化、就业率、失业率、人口红利、人口质量、老年抚养比、少年儿童抚养比等。

经济活动人口与非经济活动人口划分是最基本的人口经济结构类型。经济活动人口又称"抚养人口"，是指总人口中实际从事一定社会劳动并取得相应报酬的人口。经济活动人口有狭义和广义之分。狭义的经济活动人口指在业人口或工作人口，广义的经济活动人口还包括失业

[①] 1935 年，地理学家胡焕庸在《地理学报》第 2 期上发表《中国人口之分布》一文，根据收集和估算的全国各县人口数据，绘制了中国第一张人口等值线密度图，全面系统地反映了中国人口"西疏东密"的不均衡状况。为直观呈现这一研究成果，胡焕庸提出一条瑷珲（今黑河）—腾冲人口分界线：自黑龙江之瑷珲，向西南作一直线，至云南之腾冲为止，分全国为东南与西北两部，东南部面积约占 36%，西北部面积约占 64%；人口之分布，则东南部约占 96%，西北部约占 4%。诸多研究揭示，这条描述中国人口"东密西疏"分布格局的基本分界线，也是一条反映我国自然环境、经济发展水平、社会历史条件差异、民族分布、城镇化水平的重要参考线，因此，被学者特称为"胡焕庸线"，学术研究和社会报道一直沿用（张轲风，2021）。2020年前历次人口普查数据（1953~2010 年）、大数据等，反复确认了"胡焕庸线"的稳定性。第七次人口普查数据显示，"胡焕庸线"两侧人口占比依然大致稳定，2020 年东南半壁与西北半壁的人口比为 93.5%：6.5%（戚伟、刘盛和和刘振，2022）。

人口。经济活动人口为社会创造物质财富和精神财富，是总人口中最积极、最重要的部分，对人口变动和经济增长有举足轻重的影响。国际上通常按照以下三个方面的标准对经济活动人口进行分类：（1）按照国民经济部门划分；（2）按照职业类别划分；（3）按照就业身份类别划分。"经济活动人口"和"劳动年龄人口"是两个既有联系又有区别的概念。经济活动人口以是否在业为划分标准（广义的经济活动人口还包括暂时失业者）。未达到或已超过劳动年龄但正在从事社会劳动的人口也属于经济活动人口。劳动年龄人口则以人口年龄作为划分标准，国际上一般以 15 岁作为劳动年龄的下限，65 岁作为劳动年龄的上限。经济活动人口的主体是劳动年龄人口。劳动年龄人口中尚未或完全不从事社会劳动的人口，如不能从事社会劳动的残疾人口和在学人口，不能归入经济活动人口。非经济活动人口又称"被抚养人口"，是指不从事经济活动的人口，在数量上，它等于总人口与经济活动人口之差。一般包括：（1）婴儿和学龄前儿童；（2）各级在校生；（3）无报酬的家务劳动者；（4）退休人口；（5）食利者；（6）丧失劳动能力的残疾人口和其他闲散人员等。非经济活动人口愈少，对经济增长愈有利；反之，非经济活动人口愈多，则意味着从事经济活动的人口愈少，对社会与经济的发展愈不利。

总抚养比（gross dependency ratio，GDR），也称总负担系数。指人口总体中非劳动年龄人口数与劳动年龄人口数之比。通常用百分比表示。说明每 100 名劳动年龄人口大致要负担多少名非劳动年龄人口。用于从人口角度反映人口与经济发展的基本关系。计算公式为：

$$GDR = \frac{P_{0-14} + P_{65+}}{P_{15-64}} \times 100\% \qquad (1-13)$$

其中：GDR 为总抚养比；P_{0-14} 为 0～14 岁的少年儿童人口数，P_{65+} 为 65 岁及 65 岁以上的老年人口数，P_{15-64} 为 15～64 岁的劳动年龄人口数。

老年人口抚养比，也称老年人口抚养系数，指某一人口中老年人口数与劳动年龄人口数之比，通常用百分比表示，用以表明每 100 名劳动年龄人口要负担多少名老年人。老年人口抚养比是从经济角度反映人口老龄化社会后果的指标之一。其计算公式为：

$$ODR = \frac{P_{65+}}{P_{15-64}} \times 100\% \qquad (1-14)$$

其中：ODR 为老年人口抚养比；P_{65+} 为 65 岁及 65 岁以上的老年人口数，P_{15-64} 为 15～64 岁的劳动年龄人口数。

少年儿童抚养比，也称少年儿童抚养系数。指某一人口中少年儿童人口数与劳动年龄人口数之比。通常用百分比表示。以反映每 100 名劳动年龄人口要负担多少名少年儿童。其计算公式为：

$$CDR = \frac{P_{0-14}}{P_{15-64}} \times 100\% \qquad (1-15)$$

其中：CDR 为少年儿童抚养比；P_{0-14} 为 0～14 岁的少年儿童人口数，P_{15-64} 为 15～64 岁的劳动年龄人口数。

人口城乡构成，指城镇和乡村的人口组合和数量比例。它是农业劳动生产率与城市化的函数。其中，乡村人口即居住在农村的人口。乡村人口与农业人口不同。农业人口是指其职业专门务农；乡村人口是指居住在农村地区而不论从事何种职业。城镇人口是指居住在城市和集镇的人口。城镇人口一般以非农业人口为主，但也包括一小部分农业人口。

历史上，人口城乡结构是一种人口地域分布表现。随着工业发展以及由此产生的城市化，一个国家或地区的城乡人口构成会不断发生变化。工业化和城市化社会发展后，人口城乡结构主要是反映了工业革命以来人口的地域分布格局和集聚形态，城市已成为现代社会人口集聚的空间和形态。总人口中超过 50% 比例的人居住生活在城镇，就被视为进入城市化社会阶段，与之相比的前期被视为传统的农村社会阶段。

城镇人口的多少是衡量一个国家经济发展水平特别是工业发展水平的主要标志。按城市人口占总人口的比重，也称为城市化水平，可将人口城乡结构分三种类型国家和社会：第一种是乡村人口大于城市人口的国家，也是传统农村主导社会。其特征是城镇人口比重在 30% 以下，农村人口比重在70%以上。这些国家大多是不发达国家。第二种城乡人口大致相等的国家，是正处于城市化快速发展中的转型社会。第三种是城市人口大于乡村人口的国家，也就是城市社会。其特征是城市人口比重在70%以上，乡村人口比重在30%以下。发达资本主义国家一般都是城市社会国家。[①] 1998年底，中国的城市化水平开始超过30%，进入城市化中期阶段。2011年，中国城镇人口首次超过乡村人口，表明中国经历几千年农村社会后迈入城市社会发展阶段。2022年底，中国城市化水平是65.22%，正处于快速城市化的后期阶段。

另外，还有一些复合型人口结构，比如民族人口地域分布结构。长期以来，中华民族人口分布最基本的格局是汉族主要分布在东部地区，少数民族主要分布在西部地区；汉族主要分布在中原和沿海，少数民族则主要分布在边疆。据统计，全国18000千米的大陆海岸线上，民族自治地方仅占9%；在22800千米的陆地国界线上，民族自治地方占比85%。[②]

（三）家庭

家庭就是指以一定姻缘关系和血缘关系为纽带的、建立在一定物质基础之上的夫妻之间、父母子女之间相对稳定的结合体。马克思和恩格

[①] 1979年，美国地理学家诺瑟姆提出了"S"型城市化发展曲线，归纳了城市化发展呈现初期阶段（initial stage）、中期加速阶段（acceleration stage）与后期阶段（terminal stage）的三阶段性特点。初期阶段，农村人口占优势，工业农业生产力水平较低，工业提供就业机会小，农业剩余劳动力释放缓慢，经过几十年到几百年时间，人口比重才提高到30%；中期阶段，又称加速—完成阶段，工业基础雄厚，经济实力增强，农业劳动生产率提高（大量农村剩余劳动力转移形成城市化"推动效应"），工业吸收大批农业人口（工业迅速发展形成就业的"拉动效应"，两种效应造成人口集聚和工业化，促使城市化保持较快地加速发展），城镇人口比重可在短短几十年内突破50%，进而上升到70%；后期阶段，又称成熟阶段，农村人口的数量和规模已经不大了，为了保持所需的农业规模，农村人口的转化趋于停止，最后相对稳定在20%以下，城镇人口在80%以上的饱和状态，后期城市化中人口转移不再是农村人口变成城市人口，而是城市中的第二产业向第三产业的转化。见 Northam, R. M., *Urban Geography*. New York: John Wiley & Sons, 1979: 5 - 66.

[②] 张善余、曾明星：《少数民族人口分布变动与人口迁移形势——2000年第五次人口普查数据分析》，载于《民族研究》2005年第1期，第17 - 25页。

斯曾指出："一开始就纳入历史发展过程的第三种关系就是：每日都在重新生产自己生活的人们开始生产另外一些人，即增殖。这就是夫妻之间的关系，父母和子女之间的关系，也就是家庭。这个家庭起初是唯一的社会关系，后来，当需要的增长产生了新的社会关系，而人口的增多又产生了新的需要的时候，家庭便成为（德国除外）从属的关系了。"① 这段话也指明，家庭关系不仅包括夫妻关系，还包括父母与子女的关系及其他亲属关系；另外，在社会层面上，家庭是人口再生产的社会单位，完成着人口再生产的社会任务。因此，家庭关系从本质上讲也是一种社会关系，家庭是人口与经济关系中的基本社会单元。

家庭，作为社会的细胞或基本单元，从历史上看，具有生育子女、组织生产、管理生活、教育子女②和赡养老人五种基本职能。

第一，生育子女的职能。人们的生育行为总是在一定形式的家庭中实现的。生育的前提是受孕，受孕是两性结合的结果，而两性的结合只有限制在家庭之内的夫妻之间才符合文明社会的要求。夫妻关系，实际就是家庭关系的简单形式。生育子女，为社会发展补充新人口，是家庭的基本职能之一。

第二，组织生产的职能。在生产力水平低下，以手工劳动为主的生产方式下，家庭始终具有组织生产的职能。如封建社会，个体农民或租佃农民将自己的劳动力与自己的或租借来的生产资料相结合，进行物质资料生产，以获取物质生活资料，维持全家的生活。

第三，管理生活的职能。家庭始终是一个消费单位。家庭消费包括物质生活消费和精神生活消费两大类。每个家庭都需要对家庭成员的衣、食、住、行、用进行计划和安排，这是对家庭物质生活的管理；每个家庭的成员之间思想感情的交流，以及家庭内部的各种娱乐活动都是不可缺少的，因而家庭精神生活的管理也是家庭管理的一个重要方面。

---

① 《马克思恩格斯全集》（第3卷），人民出版社1960年版，第32-33页。
② 吴忠观：《人口经济学概说》，四川人民出版社1985年版，第126页。

第四，教育子女的职能。家庭教育尤其是家庭的早期教育是十分重要的。对下一代的教育尽管家庭和社会都有责任，但家庭教育却更直接、更具体，也更重要，同时家庭对于教育好下一代条件也十分有利。家庭教育的内容主要有思想教育、伦理道德教育、文化基础知识教育和传授一些基本的生产技能。随着社会的发展，家庭教育的一些内容将由社会取而代之，但在家庭内部进行思想品格的教育与培养，以及文化基础知识的教育，仍将继续存在。

第五，赡养老人的职能。在中国，赡养老人是中华民族的传统美德，赡养老人的职能是家庭的重要职能之一。对老人的赡养，一方面必须满足他们物质生活的需要，另一方面也要满足其精神生活的需要，二者缺一不可。在社会不能供养全体老人的条件下，家庭赡养老人的职能还会在较长时期内继续存在。

此外，社会具有多层次结构，体现为个人嵌套在逐层的社会组织（如工作单位、村庄、家庭等）中。在这一嵌套结构中，家庭是最基础和最直接影响个人角色、地位、行为和态度等的社会组织。而且，个人常以家庭为单位从事经济活动和进行社会交往。家庭是代际关系的重要桥梁，对代际流动和代际关系的研究，如父母社会经济地位对子女地位获得的影响、子女和父母之间资源的交换与流向等，均需要建立在对家庭结构和代际关系清晰、全面认识的基础上。家庭也是研究婚姻与性别机制的平台。①

西方微观人口经济学又称为新家庭经济学（new household economics），是西方人口经济学的一个重要组成部分，就是以家庭或居民户为研究对象，研究单个家庭或居民户的人口经济关系的形成及其变化，研究家庭或居民的人口经济效应。之所以被称为新家庭经济学，是因为不同于传统经济学只把家庭看成是一个"单纯的"消费单位，而是把家庭看成如同厂商一样的"生产"决策单位，如同厂商要对资源进行配置，追求效

---

① 谢宇、胡婧炜、张春泥：《中国家庭追踪调查：理念与实践》，载于《社会》2014年第2期，第1–32页。

用最大化一样，家庭也对其稀缺资源，如夫妇的时间、消费品、家庭生产品加以配置，以求得效用最大化。正是从这种基本观点出发，西方学者分析家庭人口再生产行为的经济关系，形成了这一微观人口经济学研究的新领域。

家庭形式会随着社会发展而变化。国家政府一般通过人口与社会政策的制定与实施直接参与家庭活动，成为家庭变迁的巨大推力。中国的家庭变迁与快速的人口转变相同步，并深深内嵌于社会转型的进程之中。[①] 摩尔根在《古代社会》中写道："如果承认家庭已经依次经过四种形式而现在正处在第五种形式这一事实，那就要产生一个问题：这一形式在将来会不会永久存在？可能的答案只有一个：它正如过去的情形一样，一定要随着社会的发展而发展，随着社会的变化而变化。"[②] 因此，人口经济学研究必须要关注家庭这一基本的人口生产单位。

从家庭出发研究人口经济学，家庭类推有时是了解人口增长影响的一种可取的直觉捷径。例如，如果一个家庭决定多要一个孩子，那么，可供原来每个家庭成员的费用就会减少，整个国家也是如此。新增的孩子不能马上给家庭经济上带来好处，但将来则可能对双亲和其他亲属有好处。像国家一样，家庭也要在未来的经济利益和眼前的非经济的精神利益，同这个孩子的当前开支之间权衡轻重。但是，如果忽视新资源创造可能性，家庭类推方法就是错误的。[③]

（四）人口经济规律

人口规律事实上既包含了自然属性，又包含了社会属性。更注重其

---

① 彭希哲、胡湛：《当代中国家庭变迁与家庭政策重构》，载于《中国社会科学》2015 年第 12 期，第 113－132 页。

② 路·亨·摩尔根：《古代社会》（1877 年伦敦版），第 491 页。载于转引自张文贤：《人口经济学》，上海人民出版社 1987 年版，第 81 页。

③ ［美］朱利安·L. 西蒙：《人口增长经济学》，彭松建等译，北京大学出版社 1984 年版，第 53 页。

社会属性研究的就是人口经济规律。人口经济规律是人口生产和再生产的内在的、本质的、必然的联系。

马尔萨斯人口原理不仅在人口学界和经济学界引发激烈争论。在历史学界和社会学界，还被一些学者视为历史的经济规律。有学者提出，第二次世界大战之后，马尔萨斯定律反映的威胁再次出现。战后的事实清楚地表明，人口过剩和饥荒导致了尖锐的社会冲突。在人口密集的"第三世界"国家发生了社会性的民族解放运动、起义或战争。越来越多的社会学家和政治家认识到，要想避免饥饿、战争和革命，只能遵循马尔萨斯的方法，即采取控制生育的政策。1957 年，联合国大会首次呼吁其成员国，"考虑经济发展和人口变化之间的相互关系"。几年后，联合国成员国政府进行的调查表明，许多发展中国家对人口快速增长所带来的经济后果和社会后果尤为关切，并强烈呼吁放慢人口增长速度。1966 年，美国国会的粮食援助方案规定，只针对控制人口出生率的国家或地区提供援助。到 1974 年，39 个"第三世界"国家宣布将控制人口出生率作为自己的国策。到 1975 年，许多国家的政府或者在本国遵循马尔萨斯理论，实行限制出生率的政策，或者支持其他国家实施这一政策。①

马尔萨斯人口原理是否是绝对的人口经济规律，马克思曾给出定论。马克思批判马尔萨斯说，"每一种特殊的、历史的生产方式都有其特殊的、历史地起作用的人口规律。抽象的人口规律只存在于历史上还没有受过人干涉的动植物界"②。也就是说，马尔萨斯离开特殊的、历史的生产方式，虚构抽象的人口规律，实际上是把人类社会等同于原始的动植物界。③

---

① ［俄］C. 涅菲奥多夫：《历史的经济规律》，张广翔、回云崎译，载于《北方论丛》2014 年第 6 期，第 50 - 56 页。

② 中共中央马克思恩格斯列宁斯大林著作编译局：《马克思恩格斯全集（第 23 卷）》（《资本论》第 1 卷），人民出版社 1972 年版，第 692 页。

③ 张文贤：《人口经济学》，上海人民出版社 1987 年版，第 10 页。

（五）人口政策

人口政策是一个国家或地区用来影响和干预人口运动过程以及人口因素发展变化的法规、条例和措施的总和。[①] 人口政策属于上层建筑，其性质是由社会制度的性质决定的，是统治阶级的意志在人口方面的表现。任何统治阶级总是自觉或不自觉地从经济与人口的现状出发，从人口与自然资源以及民族利益、社会文化、风俗等客观现实出发，制定人口政策。人口政策可以根据其作用范围的大小，区分为广义人口政策和狭义人口政策。广义人口政策是影响和干预人口运动全过程的政策，既影响和干预人口自然变动过程，也影响和干预人口迁移变动过程和人口社会变动过程。狭义人口政策则是影响和干预人口自身生产和再生产过程的人口政策，其结果是直接制约和影响着人口自然变动过程的数量和质量。狭义人口政策包括生育政策、死亡政策、优生政策和婚姻家庭政策。[②] 还可以根据政策的态度区分为公开的人口政策和带倾向性的人口政策。人口政策是社会、经济政策的一个主要组成部分，与社会、经济政策的其余部分必须密切配合，才能收到预期的效果，离开社会经济政策，或者与其他社会、经济政策相矛盾，就不可能顺利实施。人口政策的实施主要有：思想教育措施、行政组织措施、法律措施、经济措施、技术措施，并且这些措施必须互相配合，才能取得应有的成效。

人口政策目标和措施如果集中体现在经济领域，就是人口经济政策。无可争议的是，单凭经济学是不能决定一个国家应该执行什么（人口）政策的。一个国家的价值和信念是最基本的，而且能够确定政策的取舍。例如，一个国家比另一个国家采取比较长远的观点，并且为了下一代，宁愿在目前忍受较穷的生活，或者说，一个国家仅仅重视目前的生活水平，而另一个国家未来有更多的人口，可能在目前接受一个多少偏低的

---

① 马小红、孙超：《中国人口生育政策60年》，载于《北京社会科学》2011年第2期，第46-52页。

② 于学军、解振明：《中国人口发展评论：回顾与展望》，人民出版社2000年版，第2页。

生活水平。每个国家最终必须为它自己决定这些价值判断，而且既不是经济学家的计算，也不是局外人的意见所能说服的。这个极其重要的一点往往在讨论人口政策时被忽视。①

至今最重要的人口政策是第二次世界大战后的所谓"人口爆炸"引发的发展中国家的计划生育。

---

① ［美］朱利安·L. 西蒙：《人口增长经济学》，彭松建等译，北京大学出版社 1984 年版，第 582 页。

第二章

马尔萨斯人口论及其演变

人口学的发展有两股脉流，人口统计学（formal demography）源自 17 世纪英国格兰特（C. J. Grant）发表的《关于死亡表的自然的和政治的观察》（1662）一书，以人口经济学为主要内容的人口研究（population study or research）则发端于 18 世纪末英国古典经济学托马斯·罗伯特·马尔萨斯发表的《人口原理》（T. R. Malthus，1798）。从人口科学的学科传统来看，追根溯源起来，必然要触及马尔萨斯以及他的学说。因为马尔萨斯提出的人口理论所讨论的是人类社会发展到一定阶段一个具有普遍意义的问题，他的学说是人类思想史绕不开的一个里程碑。①

学术界一般把马尔萨斯视为最早开始正式研究人口经济问题的经济学家。他在《人口原理》确立的人口增长与生活资料供给之间关系研究，奠定了人口经济学研究的出发点。他在该书中论述的内容，也成为后来者继承或批判性研究的基础。

---

① 本刊编辑部：《百年回眸：马尔萨斯人口论的再评价》，载于《人口研究》1998 年第 1 期，第 24 – 35 页。

第一节　人口原理

马尔萨斯的人口论集中体现在其《人口原理》一书中。该书主要论点为：人类的性本能决定人口以几何级数增长；受土地有限而导致的报酬递减规律的作用，食物只能以算术级数增长；随时间推移，因人口增长速度快于食物供应的增长速度，人口将超过食物的供给量；食物不足会引起贫困、战争、疾病、瘟疫、人类和社会恶习等灾害问题与现象；这些问题会抑制人口增长以实现人口与食物间平衡；人类社会若要避免灾害引发的人口减少，应该通过晚婚、独身、节育等道德控制方式降低出生率，以达到人口增长与食物供应间的平衡。

研究内容和结论可梳理概括为两个公理、两个级数、三个命题和四个推论。

一、两个公理前提和两个级数发展

（一）两个公理

在《人口原理》第一章开篇不久，马尔萨斯（1992）就很正式地说道："我认为，我可以正当地提出两条公理。第一，食物为人类生存所必需。第二，两性间的情欲是必然的，且几乎会保持现状。""这两条法则，自从我们对人类有所了解以来，似乎一直是有关人类本性的固定法则。既然迄今为止它们未发生任何变化，我们也就无权断言，于今日为然者，于将来当不为然，除非当初安排了宇宙秩序的神进行某种直接的干预，但眼下神为了创造物的利益，仍按照固定法则操纵着世间的一切。"

（二）两个级数

人口若不受到抑制，便会以几何比率增加，而生活资料却仅仅以算术比率增加。[①] 设世界人口为任一数目，如十亿，则人口将按 1、2、4、8、16、32、64、128、256、512 这样的比率增加，而生活资料将按 1、2、3、4、5、6、7、8、9、10 这样的比率增加。225 年后，人口与生活资料之比将为 512∶10，300 年后，人口与生活资料之比将为 4096∶13，2000年后，两者的差距将大得几乎无法加以计算，尽管到那时产量已增至极高的水平。[②]

二、三个命题和两种抑制

（一）三个命题

命题 1：人口的增加必然受生活资料的限制。[③] 人口没有生活资料便无法增加这一命题是极其明了的，无须再加以任何说明。[④] 在其他一切条件相同的情况下，可以断言，一国人口的多少随其所生产的人类食物的数量而定，而该国人民的幸福则取决于食物分配的宽裕与否，或者说，一天的劳动所能换得的食物数量。[⑤]

命题 2：当生活资料增加的时候，人口总是增加。[⑥] 只要有生活资料，人口便会增加，所有民族的历史已充分证明了这一点。[⑦] 衡量任何国家人

① ［英］马尔萨斯：《人口原理》（1798 年版），朱泱、胡企林、朱和中译，商务印书馆 1992 年版，第 7 页。
② ［英］马尔萨斯：《人口原理》（1798 年版），朱泱、胡企林、朱和中译，商务印书馆 1992 年版，第 12－13 页。
③ ［英］马尔萨斯：《人口原理》（1798 年版），朱泱、胡企林、朱和中译，商务印书馆 1992 年版，第 55 页。
④ ［英］马尔萨斯：《人口原理》（1798 年版），朱泱、胡企林、朱和中译，商务印书馆 1992 年版，第 16 页。
⑤ ［英］马尔萨斯：《人口原理》（1798 年版），朱泱、胡企林、朱和中译，商务印书馆 1992 年版，第 54 页。
⑥ ［英］马尔萨斯：《人口原理》（1798 年版），朱泱、胡企林、朱和中译，商务印书馆 1992 年版，第 55 页。
⑦ ［英］马尔萨斯：《人口原理》（1798 年版），朱泱、胡企林、朱和中译，商务印书馆 1992 年版，第 16 页。

口真实而持续不断增加的唯一正确的尺度，是生活资料的增加。[①]

命题3：较强的人口增殖力，为贫困和罪恶所抑制，因而实际人口同生活资料保持平衡。[②] 占优势的人口增殖力若不产生贫困与罪恶便不会受到抑制，人们在人生经验中已饱尝了贫困和罪恶这两颗苦果，而且产生这两颗苦果的物质原因似乎仍在起作用。[③]

这三个命题是《人口原理》的理论核心。其中，命题1和命题2构成了所谓的"人口原理"，二者相互作用导致了人口增长与衰减的人口过程，并引发了贫困与富足的周期性波动，而这种波动产生的根本动因在人口一方，因此消除贫困就必须抑制人口增长，使人口增长与生活资料增长趋于平衡，也就是命题3，又被称为"马尔萨斯人口均衡"。

（二）两种抑制

马尔萨斯认为，人口的增长总是趋于超过生活资料的增长，是生机勃勃的大自然表现出来的一条一般规律。[④] 但是，（存在着）阻碍任何一国的人口增加超过其所能生产或获取的食物数量的伟大的必然法则，是这样一种法则，即，倘若几年间一国出生数与死亡数之比表明人口的增加大大超过该国生产物或获得物按比例增加的数量，我们就可以确切地断言：除非进行移民，否则死亡数就会迅速超过出生数，并可以断言这几年人口的增加不能代表该国人口的实际平均增加情况。如果不存在其他一些减少人口的原因，该国无疑就会发生周期性流行病或饥馑。[⑤]

[①] ［英］马尔萨斯：《人口原理》（1798年版），朱泱、胡企林、朱和中译，商务印书馆1992年版，第52页。

[②] ［英］马尔萨斯：《人口原理》（1798年版），朱泱、胡企林、朱和中译，商务印书馆1992年版，第55页。

[③] ［英］马尔萨斯：《人口原理》（1798年版），朱泱、胡企林、朱和中译，商务印书馆1992年版，第16页。

[④] ［英］马尔萨斯：《人口原理》（1798年版），朱泱、胡企林、朱和中译，商务印书馆1992年版，第133页。

[⑤] ［英］马尔萨斯：《人口原理》（1798年版），朱泱、胡企林、朱和中译，商务印书馆1992年版，第51页。

根据人口减少的原因和问题，马尔萨斯将减少人口增长的情况分为两种人口抑制情形。

马尔萨斯首先以当时欧洲各主要国家的情况为例，认为这些国家自成为畜牧国家以来人口已有很大增长，人口的增长却较为缓慢。实际上，有些国家的人口处于绝对停滞状态，而另一些国家的人口甚至在减少。人口增长缓慢的原因，是预防性的抑制和积极的抑制，阻止了人口的自然增长。①

首先是积极的抑制。所谓积极的抑制，是指已经开始增长的人口所受到的抑制，主要是（尽管也许不完全是）最下层社会所受到的抑制。②这是因为人口增加的能力远远大于土地生产人类生活资料的能力，因而人类必然会在这种或那种情况下过早地死亡。人类的各种罪恶积极而有力地起着减少人口的作用。它们是破坏大军的先锋，往往自行完成这种可怕的行为。如果它们在这消灭人口的战争中失败了，疾病流行季节、时疫、传染病和黑死病③就会以吓人的队形进击，杀死无数的人。如果仍不能完全成功，严重而不可避免的饥馑就会从背后潜步走近，以强有力的一击，使世界的人口与食物得到平衡。④ 因此，积极的抑制，是自然抑制，抑制的对象主要是已经生活在世的一些下层阶级，通过灾害境况，造成下层阶级实际处于困难境地，使他们不能给予子女以应有的食物和照料。⑤

其次才是预防性的抑制。所谓预防性的抑制是指人们对养家糊口的忧虑⑥。如果每个人都安然地认为他的一切子女都能依靠一般的仁爱心而

---

①② ［英］马尔萨斯：《人口原理》（1798 年版），朱泱、胡企林、朱和中译，商务印书馆1992 年版，第 28 页。

③ 1347～1352 年，在欧洲蔓延的瘟疫（即鼠疫）共导致 2500 多万人死亡，几乎占欧洲当时总人口的 1/4。历史上称此次瘟疫为"黑死病"。见文明：《我们离后病毒时代还有多远？》，载于《中国经营报》2003 年 4 月 28 日 G4 版。

④ ［英］马尔萨斯：《人口原理》（1798 年版），朱泱、胡企林、朱和中译，商务印书馆1992 年版，第 55 页。

⑤⑥ ［英］马尔萨斯：《人口原理》（1798 年版），朱泱、胡企林、朱和中译，商务印书馆1992 年版，第 26 页。

得到适当的抚养，则土地的能力将绝对不能生产出足够的食物来供养由此必然增加的人口。所以对人口的增加必须实行某种控制；最自然、最明显的控制似乎是使每个人抚养他自己的子女；就某一点来说，这可以作为一种人口增加的测度和规则发生影响；可以预料，人们如果无法获得用以供养后代的生活资料，就不会生儿育女；但即使如此，为了警戒他人，让轻率地使自己及其无辜的子女陷入贫困和匮乏的个人，遭受随同这种行为而产生的耻辱和麻烦，似乎是必要的。[①] 马尔萨斯认为，既然按照自然法则，人口的增长总要受到某种抑制，所以，与其鼓励人口增长，然后让匮乏和疾病对其加以抑制，还不如从一开始就让预见与担忧来抑制人口：预见到自己养家糊口有困难，担心丧失自立能力而陷于贫困。[②] 因此，马尔萨斯把预防性抑制称为道德抑制。与积极抑制相比，马尔萨斯提出的预防抑制，主要是抑制还未生育到世界的人口。也就是降低出生人口。

三、四个推论

推论 1：人口法则是社会的永恒的绝对法则。积极抑制造成的人口与生活资料之间平衡的过程，马尔萨斯称之为人口增长法则。马尔萨斯提到，要使人口的增长与生活资料的增长保持平衡，只能依靠强有力的自然法则不断发挥作用，抑制较强大的人口增殖力。[③] 我们这个地球上的生命种子，若得到充足的食物和空间，经过几千年的繁殖，会挤满几百万个地球。但贫困这一专横而无处不在的自然法则却可以把它们限制在规定的范围内。植物与动物都受制于这一伟大的限制性法

---

① ［英］马尔萨斯：《人口原理》（1798 年版），朱泱、胡企林、朱和中译，商务印书馆1992 年版，第 77 页。
② ［英］马尔萨斯：《人口原理》（1798 年版），朱泱、胡企林、朱和中译，商务印书馆1992 年版，第 35 - 36 页。
③ ［英］马尔萨斯：《人口原理》（1798 年版），朱泱、胡企林、朱和中译，商务印书馆1992 年版，第 13 页。

则。人类虽有理性，也不能逃避这一法则的制约。在植物和动物当中，自然法则表现为种子不发芽、害病和夭折；在人类当中，自然法则表现为苦难与罪恶。苦难是贫困的绝对必然的结果。罪恶也是贫困很可能会带来的后果。①

推论2："人口法则"中的失业、贫困，甚至罪恶是不可避免的，因而实行"济贫法"是错误的。② 虽说富人通过不正当的联合常常可以延长穷人受苦的时间，可是却没有哪一种社会形态能在不平等的国度避免大部分人经常陷于贫困，或能在平等的国度避免所有的人经常陷于贫困。③这段话突出说明，社会制度演变也不能改变以贫穷体现的自然法则。为此，马尔萨斯举英国当时颁发的《济贫法》为例说明。他认为，英国的济贫法在两个方面致使穷人的一般境况趋于恶化。首先，济贫法往往使人口趋于增长，而养活人口的食物却不见增加。穷人明知无力养家糊口，也要结婚。所以在某种程度上可以说，是济贫法在产生它所养活的穷人。由于人口的增长必然使分配给每个人的食物减少，于是，那些在生活上不依靠教区帮助的劳动者所能购买的食物量将比以前减少，从而必将有更多的劳动者要求教区扶助。其次，济贫院收容的人一般不能说是最有价值的社会成员，但他们消费的食物却会减少更为勤劳、更有价值的社会成员本应享有的食物份额，因而同样也会迫使更多的人依赖救济为生。如果让济贫院中的穷人比现在生活得好，则货币分配的这种变化将使食物价格上涨，将更为明显地使济贫院外的穷人的生活境况恶化。④ 马尔萨斯认为，尽管英国实施了济贫法，但必须承认，从城镇和乡村下层阶级的整个状况来看，他们因食物不足、劳动艰苦和住处不卫生而遭受的困

---

① ［英］马尔萨斯：《人口原理》（1798年版），朱泱、胡企林、朱和中译，商务印书馆1992年版，第8页。

② 彭松建：《现代西方人口经济学教程》，北京大学出版社2014年版，第197页。

③ ［英］马尔萨斯：《人口原理》（1798年版），朱泱、胡企林、朱和中译，商务印书馆1992年版，第16页。

④ ［英］马尔萨斯：《人口原理》（1798年版），朱泱、胡企林、朱和中译，商务印书馆1992年版，第33－34页。

苦，肯定仍经常抑制着人口的增长。① 有充分理由认为，济贫法未达到其预期目的。②

推论3："人口法则"的作用把工人工资水平压低到最低水平。③ 马尔萨斯认为，一切缺乏食物的人当为紧迫的需要所驱策而提供他们的劳动，以换取其生存所绝对必需的这种物品。适于维持劳动的基金相当于土地所有者拥有的、超过他们自己消费所需的食物总量。如果对这种基金的需要很大、很多，它就必然会以很小的份额进行分配。劳动报酬将降低。人们提供劳动，将只能获得最低限度的生活资料，因而亲属的抚养将受阻于疾病和贫困。④ 一条一般性规律是，如果供养劳动者的实际基金在增加，也就是说，如果不仅资本可以雇用更多的劳动者，而且土地也可以供养更多的劳动者，那么很快就会生养出较多的劳动者，即便发生普赖斯博士所列举的那一场场战争。但是，如果某一国家的人口处于停滞状态或减少，我们就可以很有把握地推论说，不论其制造业方面的财富有多大增长，其供养劳动者的实际基金没有增加。⑤

推论4：人和社会是不可完善的。马尔萨斯认为，根据食物为人类生活所必需这一有关人类本性的法则，必须使这两种不相等的能力保持相等。这意味着，获取生活资料的困难会经常对人口施加强有力的抑制。这种困难必然会在某地发生，必然会被很大一部分人口强烈地感受到。⑥ "如果我

① ［英］马尔萨斯：《人口原理》（1798年版），朱泱、胡企林、朱和中译，商务印书馆1992年版，第38—39页。
② ［英］马尔萨斯：《人口原理》（1798年版），朱泱、胡企林、朱和中译，商务印书馆1992年版，第36页。
③ ［英］马尔萨斯：《人口原理》（1798年版），朱泱、胡企林、朱和中译，商务印书馆1992年版，第198页。
④ ［英］马尔萨斯：《人口原理》（1798年版），朱泱、胡企林、朱和中译，商务印书馆1992年版，第79页。
⑤ ［英］马尔萨斯：《人口原理》（1798年版），朱泱、胡企林、朱和中译，商务印书馆1992年版，第120—121页。
⑥ ［英］马尔萨斯：《人口原理》（1798年版），朱泱、胡企林、朱和中译，商务印书馆1992年版，第7页。

们的前提是正确的，则所得到的结论必然是否定全体人类的可完善性"[1]，"我充分相信自己的判断，认为人和社会是不可完善的，整个社会的状况与结构也不可能向着好的方面发生明显而惊人的转变。所谓整个社会不可能向好的方面转变，我的意思是，下层阶级，即人数最多因而从总的观点来看最为重要的那一部分人的生活境况，决不会得到巨大而显著的改善"[2]。

四、评议

马尔萨斯在《人口原理》中提出的人口增长法则不是凭空臆造，没有根由。从近处看是借鉴了亚当·斯密和同时期的大卫·李嘉图的类似观点；从历史视角看，可溯源到中世纪一些学者的思想。关于人口的"增殖思想"和"均衡思想"的开端，最初见于16世纪末的博特罗。博特罗是意大利重商主义的代表人物，在其著作《城市兴起的原因》中，博特罗认为，城市人口的增长，是由于人的"生育能力"和城市的"营养能力"共同作用的结果，其中，人口的"生育能力"如果没有任何阻碍的话，城市的人口会无限增长，但是作用于城市人口增长的另一支力量，"营养能力"——使人口增长的土地的力量，和从其他国家收集粮食来供应城市的力量——能够使现实的人口停止。城市人口的规模大小取决于能够支配的"营养能力"。而且，博特罗进一步做出推论说，人类增长到了一定数量之后不再增长的理由，是因为食物的供给量不能养活再多的人口所致。[3] 博特罗把决定人口增长的因素分做"生育能力"和"营养能力"，虽然没有从"生育能力"的作用面并且与食物的比较上加

---

① ［英］马尔萨斯：《人口原理》（1798年版），朱泱、胡企林、朱和中译，商务印书馆1992年版，第8页。

② ［英］马尔萨斯：《人口原理》（1798年版），朱泱、胡企林、朱和中译，商务印书馆1992年版，第106页。

③ ［英］亚·莫·卡尔－桑德斯：《人口问题——人类进化研究》（1922年版），宁嘉风译，商务印书馆2011年版，第13页。

以说明，然而仍可以被视为"增殖思想"的雏形。同时，在博特罗的思想中以"营养能力"为中介，仍可以辨析出人口与食物之间的逻辑关系：人口受食物的制约，人口必须与食物保持平衡。这种关系可以视为马尔萨斯"人口均衡"思想的雏形。

从《人口原理》论述逻辑上看，马尔萨斯人口论的方法是欧几里得式的，按三段论步骤进行演绎归纳。首先从两个公理和两种级数出发，引出了历史现象性经验总结的基本问题：人口的增殖力无限大于土地为人类生产生活资料的能力，出现生活资料不足，那么人口增长会怎么样？然后通过一些历史经验数据得出所谓的人口增长法则，进而推论出积极抑制与道德抑制两类抑制人口增长的历史经验和模式，总结出"在人口增长法则的作用下，地球上的人民总是会与生活资料的数量不相上下，这一法则是一种强大的刺激因素，不断促使人类去进一步耕种土地，使土地能养活更多的人口"①，得出悲观性人口宿命。但是，在马尔萨斯的公理性推论中，实际上存在逻辑矛盾，其所谓的人口增长法则与自然抑制之间存在着同义互证。

另外，物质资料生产水平、生育观念、社会结构构成了决定人口规模的三个核心因素。但是，在马尔萨斯的分析中，只考虑生活物资，且隐含着静态的封闭区域假设。按照阿马蒂亚·森（2002）的观点，如果人们具有自由迁移的能力，是可以突破区域性食物短缺的约束。另外，也没有认识到社会与科技进步给人们的生育观及食物供应水平所带来的巨大影响。现代科技发展中，不仅能使农业生产中增加生产要素投入，还能缩短作物种植和牲畜养殖周期。刀耕火种到轮耕到设施农业，再到工厂农业的发展，体现了技术进步在食物倍增中的变革性作用。历史经验上，马尔萨斯以后时代也没有表明出生率随着经济增长（生活资料）而日益提高的证据；倒是有表明出生率下降的证据。②

---

① ［英］马尔萨斯：《人口原理》（1798 年版），朱泱、胡企林、朱和中译，商务印书馆 1992 年版，第 140 页。

② ［英］阿瑟·刘易斯：《经济增长理论》（1955 年版），周师铭、沈丙杰、沈伯根译，商务印书馆 2011 年版，第 373 页。

总之，《人口原理》影响巨大。该书通过研究人口生产与生活资料的关系，开创性地建立了人口与经济关系的分析框架，使人口问题得到了广泛关注，推动了人口学的发展。其所描述的人口增加与粮食资源的对抗关系，是人类最基本的问题，自古以来为人们所普遍关注。因此，出版后不久就对达尔文在《物种起源》中提出自然选择论点有启发，[①] 引导人们当马尔萨斯还在世的时候就开始提倡新马尔萨斯主义，[②] 促成英国在 1800 年放弃济贫法案。[③] 而且，从某种意义上讲，《人口原理》已经在很大程度上通过促使学者和政府关注人口过剩问题，而使社会要么从食物增长保障方面避免积极抑制情形，要么通过宣传和推行家庭生育计划方式以消极抑制方式降低人口增长率。具体表现就是，20 世纪下半期，许多发展中国家政府立足于新马尔萨斯理论采取控制人口增长的计划生育实践措施。[④] 因此，《人口原理》在学术思想史上达成了一项伟大的社会实践贡献。[⑤]

但是，同样是毁誉参半，《人口原理》也引起了学术界的旷日持久的争论。批评主要集中在认为马尔萨斯是一个悲观主义者，只看到了工业化初期农民被剥夺土地、手工业者破产和工人大批失业的社会现象，没有从发展的角度考虑技术进步对生产力的推动作用和产业结构递进的必

---

① ［英］亚·莫·卡尔 - 桑德斯：《人口问题——人类进化研究》（1922 年版），宁嘉风译，商务印书馆 2011 年版，第 23 - 24 页。

② ［英］亚·莫·卡尔 - 桑德斯：《人口问题——人类进化研究》（1922 年版），宁嘉风译，商务印书馆 2011 年版，第 19 页。19 世纪 70 年代新马尔萨斯主义者继承了马尔萨斯衣钵，同样认为过剩人口和贫困的产生是人口自身增殖造成的，只不过在对待"预防抑制"方面，提出通过避孕等节制生育手段来达到这一目的，更具进步意义。20 世纪 70 年代出现的以罗马俱乐部为代表的现代马尔萨斯主义者，不再局限于人口与经济关系的探讨，而是进一步拓展到人口与资源、人口与环境等更广阔的领域，并采用了更为先进和科学的研究方法，但其理论本质仍然是马尔萨斯的"人口悲观宿命论"，认为不仅贫困、战争、相当数量的人口营养不足等传统问题是人口激增所致，而且粮食短缺、环境污染、资源耗竭、能源危机和生态破坏五大现代全球性问题的原因也在于"人口爆炸"，主张将人口问题作为世界头等问题来对待。这些观点虽然至今仍有争议，却给世界各国留下了很多思考并影响到后来的联合国倡导的可持续发展战略和千年发展目标计划。

③ ［英］亚·莫·卡尔 - 桑德斯：《人口问题——人类进化研究》（1922 年版），宁嘉风译，商务印书馆 2011 年版，第 17 页。

④ ［俄］C. 涅菲奥多夫：《历史的经济规律》，张广翔、回云崎译，载于《北方论丛》2014 年第 6 期，第 50 - 56 页。

⑤ ［美］朱利安·L. 西蒙：《人口增长经济学》，彭松建等译，北京大学出版社 1984 年版，第 38 页。

然性，因而悲观地认为人口增长与经济发展之间存在一种负的反馈效应，经济发展可能会刺激人口增长，而人口增长却会阻碍经济发展，把贫困的原因归为"自然法则"，要消除贫困就必须抑制人口增长。经验数据则显示，至少在发达国家，人口增长并不妨碍，而且有助于经济增长。一段历史证明就是从 1650 年开始，欧洲人口和经济发展的同时爆炸。[①] 进入 20 世纪，越来越多的发达国家出现生育率下降长期趋势，颠覆了马尔萨斯关于生活水平提升刺激生育的论点。有关发展中国家和发达国家中人口增长与经济增长的关系的经验事实，也并不支持马尔萨斯关于人口增长对经济影响的传统性结论。这说明，马尔萨斯模式缺乏某种或某些关键成分。[②] 马克思就批评道："马尔萨斯愚蠢地把一定数量的人同一定数量的生活资料硬联系在一起。"人口"同并不存在的生存资料绝对量根本没有关系，而是同再生产的条件，同这些生存资料的生产条件有关，而这种生产条件同样也包括人的再生产条件，包括整个人口的再生产条件，包括相对过剩人口的再生产条件"[③]。

围绕马尔萨斯提出的基本人口问题，即人口增长的社会经济后果，不同的学者从不同的角度考察，得出的结论往往相距甚远。因此，全球范围的关于人口与经济关系的论争，因对未来预测结果的不同，形成人口经济关系的三个论调：悲观主义派、乐观主义派和人口控制与适度派。

第二节　悲观主义论与乐观主义论

悲观主义论和乐观主义论都是经济学阐释与预期逻辑对人口总量变

---

① ［美］朱利安·L. 西蒙：《人口增长经济学》，彭松建等译，北京大学出版社 1984 年版，第 56 页。

② ［美］朱利安·L. 西蒙：《人口增长经济学》，彭松建等译，北京大学出版社 1984 年版，第 55 页。

③ 《马克思恩格斯全集》（第 46 卷下）（资本论：第三卷），人民出版社 2003 年版，第 108 页。

化经济影响的推论，两者论点和景象设想相反，但是极具警醒和启发性。

一、悲观主义论

第二次世界大战后，在 20 世纪五六十年代，针对世界人口特别是亚非拉发展中国家的人口总数和自然增长率迅速上升的情况，美国经济学家哈维·莱宾斯坦（1957）与 R. 纳尔逊（1956）构造了人口增长对经济发展影响分析模型，认为人口变量与经济变量的关系，表现为收入的增加必然导致人口增长率的提高，人口增长一旦超过收入增长，人均收入便会下降并陷入低水平均衡圈；在此基础上，还提出人口障碍理论，认为人口增长速度越快，投资必定越高，如果人口增长快于投资增长，必然陷入马尔萨斯所说的恶性循环制约经济发展的困境：经济增长能填饱更多人的肚子却不能使他们摆脱贫困——人口增长成为导致经济贫困的直接原因。[①] 安斯雷·科尔和爱德加·胡佛（1958）则以人口增长对印度影响的模拟分析为例证，集中论述了人口增长及有关的扶养负担对物质资本构成比率的影响。他们以哈罗得－多马经济增长模型为基础，建立了一个印度经济的发展模型。通过计算，他们发现，30 年后，在高出生率假定下的印度人均收入将比低出生率假定下的人均收入低 40%，因而他们认为，人口增长对经济发展有消极作用。科尔和胡佛之后，引发大量相关研究及论著。在人口增长对发达国家经济的作用方面，由于对污染、环境和自然资源的关心，也重新出现了宏观性人口经济研究热潮。[②]这时期的相关研究中，生物学家，尤其是生态学家们表现突出，并垄断了进行人口讨论的许多工具，形成的主流性观点是，人口增长过快过猛，破坏了人口与资源的平衡，破坏了自然界的生态平衡，甚至人类的生存空间等都成了问题，这是当前世界不得安宁，以及亚非拉发展中国家贫

---

① 王学义：《关于西方人口与经济发展的经典理论及其启示》，载于《四川行政学院学报》2003 年第 1 期，第 58－64 页。

② ［美］朱利安·L. 西蒙：《人口增长经济学》，彭松建等译，北京大学出版社 1984 年版，第 19 页。

苦落后的根源。为了引起社会重视，有些著述在名称上具有很突出的马尔萨斯宿命式表述，也变成了相应的专门词汇，如"人口爆炸""增长的极限"等。

"人口爆炸"是美国学者保罗·艾里奇和安妮·艾里奇在1968年发表《人口爆炸》一书提出的。该书警告：倘若不把人口爆炸控制住，灾难就要来临。对此，他们认为，如果人类不采取行动控制人口（增长），早在人口达到100亿之前，自然环境就以悲剧方式制止人口爆炸。[①] 甚至在1999年，作者依然坚持人口爆炸观点。在同名专著《人口爆炸》2000年于中国出版的《中文版序言》中，作者说道："人口增长现在虽然明显地放慢，总有一天会停止——甚至会倒退——但是人口爆炸还远远没有过去"。作者依然认为，即使在20世纪90年代，世界上依然到处存在饥饿，饿殍遍野、瘟疫流行的前景比以往更加逼近；这个星球上动荡不安的众多原因中，最主要的原因是人口增长过快及其对生态系统和人类社会这两方面的冲击。作者提出，从人口爆炸发展到人口崩溃——因死亡率很高而引起灾难性的人口下降——这不是人类的必然命运。[②] 应该把人口和其他问题联系起来，[③] 改变思想，解释人口对农业的限制，解释供养人太多的困难；让社会了解世界粮食形势和全球升温所构成的固有威胁；[④] 把实现人口控制放在优先地位。[⑤] "人口爆炸"警宣在20世纪下半叶世界人口快速增长数据加持下，引发出"人口就像癌细胞扩散一样，在地球迅速蔓延，使人类的生存空间越来越小，使人类赖以生存的资源

---

① ［美］保罗·R. 埃利希、安尼·H. 埃利希：《为什么不是每个人都和我们一样震惊》，载赫尔曼·E. 戴利、肯尼思·N. 汤森编：《珍惜地球——经济学、生态学、伦理学》，马杰等译，商务印书馆2001年版，第65－80页。

② ［美］保罗·艾里奇、安妮·艾里奇：《人口爆炸》，张建中、钱力译，新华出版社2000年版，第183页。

③ ［美］保罗·艾里奇、安妮·艾里奇：《人口爆炸》，张建中、钱力译，新华出版社2000年版，第5页。

④ ［美］保罗·艾里奇、安妮·艾里奇：《人口爆炸》，张建中、钱力译，新华出版社2000年版，第179页。

⑤ ［美］保罗·艾里奇、安妮·艾里奇：《人口爆炸》，张建中、钱力译，新华出版社2000年版，第180页。

越来越贫乏。地球正在被过度膨胀的人口所侵蚀"①。

"增长的极限"是悲观派代表罗马俱乐部的同名研究报告提出的。1972 年，在非政府组织罗马俱乐部组织下麻省理工学院研究计划小组出版的一个研究报告，命名为《增长的极限》。该报告集中考察五项基本因素：人口、粮食生产、工业化、污染以及能源消耗。② 完成研究和执笔报告的米都斯（Meadows）等认为，这五项基本因素的运行方式是指数增长，而非线性增长。在假定各种因素的量的关系后，设定了一个标准的世界模型进行分析，以 1900～1970 年的因素变量值为基础数据，用计算机对人口、人均工业产量、人均粮食、污染、不可再生资源、出生率、死亡率、人均服务等进行时间外推计算，得出的结论是，1900～2100 年世界系统的发展方式是过度发展和衰退的方式。技术进步也仅延长增长时期，但不能改变世界系统的发展趋势。到 2100 年，增长会停止。米都斯等认为，造成增长必然达到极限的原因，在于人口与工业资本两者的指数增长。为了抑制人口增长，可把出生率和死亡率联系起来，使每年出生的婴儿人数等于当年人口中预计死亡人数，也就是人口零增长。这样，人口增长的正负反馈环路得到平衡，人口在 1975 年后保持不变。③世界经济也应采取零经济增长方案。④

人口与经济发展的悲观主义代表还有美国经济学家 J. O. 赫茨勒（J. O. Hertzler，1956），他在《世界人口的危机》一书中表达了人口危机既是现代化水平低的表现，也是阻碍社会稳定和社会进步的一个重要因素的思想观点。他认为，根据某一特定国家现有的技术和经济状况，能够允许人均产量达到最大的人口为经济适度人口，人口数量超过了经济适度人口，致使人均产量和实际收入降低，便形成了人口过剩（over population）。在分析了世界不同地区的人口经济状况之后，他指出，人口不足只存在于少数地区，就全世界大多数地区而言，则是人口过剩。人口

---

① 陈宣：《人口大爆炸》，载于《小学时代》2003 年第 6 期，第 11－12 页。
② 罗马俱乐部：《增长的极限》，李宝恒译，四川人民出版社 1984 年版，第 16 页。
③ 罗马俱乐部：《增长的极限》，李宝恒译，四川人民出版社 1984 年版，第 172－188 页。
④ 罗马俱乐部：《增长的极限》，李宝恒译，四川人民出版社 1984 年版，第 200 页。

过剩形成人口压力，不仅阻碍经济开发和生活改善，而且成为现代战争的根源。

悲观主义论的出现，在于 20 世纪 60 年代末 70 年代初，西方发达国家普遍出现了高失业率和高膨胀率并存的"滞胀"局面，环境污染，资源短缺，能源危机交织在一起。同时，在西方生育率已低于更替水平，面临人口最终萎缩的背景下，世界人口，特别是发展中国家的人口却由于生育条件的改善和死亡率的下降而迅速增长。因此，悲观主义者推演的人口增长、粮食短缺、资源耗竭和污染加剧，工业经济将走向崩溃，是对自身发展前景的焦虑；对"人口爆炸"的焦虑针对的是发展中国家。

事实上，人口危机论与人口爆炸论不过是马尔萨斯主义的变种，其矛头是针对贫穷落后的发展中国家。这些国家正处于高出生、低死亡的人口猛增阶段。但是，只把他们贫困的原因归于人口增长过快是不公正的。以罗马俱乐部为代表的建议急剧缩减人口和工业生产的增长速度，实行"零点经济增长"即维持简单再生产的"稳定"状态，以实现"全球的平衡"的方案，实质上是剥夺发展中国家发展权利，维持发达国家处于先进主导地位的不均衡、不平等的世界格局。

另外，零增长观点包含着规模增长不变，也就是经济技术结构不变。具体体现就是劳动力、资本和自然资源要素（以土地为代表）在生产中投入比例稳定不变，否定了组织变革和技术创新对经济技术结构的突破性改进。《增长的极限》一书出版后，反对者就批判米都斯等人是"带着计算机的马尔萨斯"，其分析方法是"新马尔萨斯的分析方法"①。

进入 21 世纪，出现了另一种形式的悲观主义，不是出于马尔萨斯的人口增长，而是担忧全球人口下降的冲击。加拿大学者达雷尔·布里克和约翰·伊比特森于 2019 年出版《空荡荡的地球：全球人口下降的冲击》一书前言中直接指出："我们面临的挑战，不是人口爆炸，而是人口萧条——人类种群一代一代无情地败落下去。以前从未发生这样的

---

① 胡乃武、金碚：《国外经济增长理论比较研究》，中国人民大学出版社 1990 年版，第 159 页。

事情。"① 该书认为，在许多发达国家和发展中国家，人口下降已经是进行时。到 2050 年前后，或者更早，人类将迎来全球人口拐点。未来人口的下降趋势几乎是不可遏制的。但更骇人听闻的事实是，其他国家也将在不久之后步老龄化国家后尘。人类在未来不得不面对一个空荡荡的地球，即将见底的不是自然资源，而是人类本身。这种新的悲观性论点，是对马尔萨斯悲观推论的反讽。

二、乐观主义论

客观上，马尔萨斯悲观论不是历史定论，其观点只是对他生活年代以前一时期重商主义者单向乐观论点的回调。重商主义者把人口看作一个国家财富的起源和国力强盛的标志，认为人口增加是好事，人口增长优先于财富增长，主张鼓励人口增殖。从而在人口经济史上形成了早期的人口乐观主义思想。②

20 世纪中期"悲观派"的观点的出现，同样是单向主张，自然就受到各方面的挑战。在与"悲观派"的论战中，逐渐形成了以美国赫德森研究所所长卡恩（H. Kahn）和该所研究人员布朗、马特尔以及美国依利诺斯大学朱利安·L. 西蒙（J. L. Simon）为代表的"乐观派"。

卡恩在 1976 年出版的《今后二百年——美国和世界的远景》一书中提出，现在的人口已经逐渐进入可控的状态，预期今后世界人口增长率会降低。世界人口和经济增长率现在已经接近于它们的历史高峰，不久将开始变慢，直到最后，即从现在起的 100 ~ 200 年内，它们将或多或少自然而轻松地趋于平稳。人类社会在人口增长、经济发展、能源、原料、粮食和环境等方面的问题，是过渡时期中的一些过渡问题，是处在世界贫穷和世界繁荣之间的一个时期的问题。技术进步会进一步刺激增

---

① ［加］达雷尔·布里克、约翰·伊比特森：《空荡荡的地球：全球人口下降的冲击》，闾佳译，机械工业出版社 2019 年版。

② 黄勇：《魁奈人口经济学说述评》，载于《经济评论》1997 年第 2 期，第 80 - 84 页。

长。因此，他强烈反对罗马俱乐部的零增长论。他认为所有国家最后都会发展到超工业经济和后工业经济阶段。[1]

相比之下，在"乐观主义派"中，以西蒙的研究成果最系统、最富有挑战性。1977 年，西蒙出版了《人口增长经济学》。在这本书中，他运用宏观经济学和微观经济学的分析方法，得出了"人口增长有助于创造更为美好的未来"的观点。西蒙认为，有关发展中国家和发达国家中人口增长与经济的关系的经验事实，并不支持马尔萨斯关于人口增长对经济增长影响的传统性结论。这说明，马尔萨斯模式缺乏某种或某些关键成分，并由此引导我们去寻找更满意的模式。[2] 针对悲观主义者控制人口增长的观点，西蒙通过实验探索及模拟推论，短期来说，人口增长率极低是比较有利的。但从长远看，如 75～150 年后，人口适度增长则比不增长或增长过快都更有好处。[3] 西蒙应用残差模式去估计劳动力数量对生产率的反馈效应，结合用维登模式（verdoorn model）去估计总产量对生产率的反馈效应，两个模式模拟显示，[4] 在发达国家的主要发现是，具有较高人口增长率的人口结构，在起初人均收入下降之后，通常可在 30～80 年之内，其人均收入可以超过人口增长率较低的人口结构，并因最近生产率增长速度加快，可以缩短时间。也就是说，出生一个孩子对每个工人产量最初有副作用，总是被这样一种正作用所取代，即随着生产率的提高而人类的财产在数量上迅速增长。这是因为，父母由于子女更多，家庭需求增加而要提高收入，社会由于总需求更大和规模经济而增加工业投资，即人数增加能通过知识进步和大规模经济而产生正效应。根据发展中国家模式得出的主要结论是：从长远来看，人口适度增长比零增

---

① 胡乃武、金碚：《国外经济增长理论比较研究》，中国人民大学出版社 1990 年版，第 171－182 页。

② ［美］朱利安·L. 西蒙：《人口增长经济学》，彭松建等译，北京大学出版社 1984 年版，第 55 页。

③ ［美］朱利安·L. 西蒙：《人口增长经济学》，彭松建等译，北京大学出版社 1984 年版，第 37 页。

④ ［美］朱利安·L. 西蒙：《人口增长经济学》，彭松建等译，北京大学出版社 1984 年版，第 137－142 页。

长或过快增长的经济效果好得多。人口增长在发展中国家的正经济效应是个人和社会的转化，例如，工时增加和生产技术的转变。这是因为，人口增长与技术进步的关系不是两种独立力量之间的竞争，而是一个系统，在此系统中，技术进步在很大程度上是人口增长的一种函数。[①] 发展中国家人口适当增长之所以产生较好的结果，其主要机制是增加劳动投入和需求会引起工业投资、增强社会基础结构和发展规模经济等方面。[②] 一个事实是，发展中国家的生育率会随经济发展及其收入的增加而长期下降。[③]

另外，在《人口增长经济学》一书中，西蒙还提出了人口推力与发明拉力理论，认为人口增长和技术进步构成了一个系统，在很大程度上技术进步是人口增长的函数，因此从长期来看，人口增长的影响是积极的，会导致经济福利的提高，人口适度增长比零增长或过快增长的经济后果要好得多。

1981 年，西蒙又发表了更富有挑战性的著作《终极的资源》。[④] 该书针对《增长的极限》观点，提出地球的终极资源是人类的智力资源（人类想象力），而能源、粮食等资源是没有终极极限的，通过人类的努力它们不会成为未来经济发展的障碍，从长远看人口增长通过生产技术、市场构筑、基础设施投资等方面会刺激和推进经济的发展。

乐观派和悲观派的对立，归结于对人口压力的认识差异。20 世纪 60 年代，学术界提出过两个有趣的假说辩证地支持了乐观派的观念。第一个是西普拉（Cipolla）假说。他指出约在一万年前，农耕文化（农业革命）的形成和传播，起因于人口增加的压力。美国经济学家克拉克也曾表明过同样想法。第二个是衍生西普拉假说，并把人口压力的作用更加

---

① ［美］朱利安·L. 西蒙：《人口增长经济学》，彭松建等译，北京大学出版社 1984 年版，第 20 - 22 页。

② ［美］朱利安·L. 西蒙：《人口增长经济学》，彭松建等译，北京大学出版社 1984 年版，第 34 页。

③ ［美］朱利安·L. 西蒙：《人口增长经济学》，彭松建等译，北京大学出版社 1984 年版，第 23 页。

④ Simon, J., *The Ultimate Resource*. Princeton：Prineceton University Press, New Jersey, 1981.

明确地模式化了的博斯拉普（Boserup）的假说。她把耕地的播种次数这一概念加进去，把人口增长可提高土地利用系统的集约程度模式化，推论出原始社会中的农业技术的发展，只有在一定的人口密度中才有可能。该假说，作为农业社会中经济成长的基本因素，对考虑人口压力，提供了有力根据[①]。这两个假说，西蒙在其《人口增长经济学》中发展为"人口推拉理论"，表述为人口增长和技术进步构成了一个系统，在很大程度上技术进步是人口增长的函数，从长期来看，人口增长的影响是积极的，会导致经济福利的提高，合适的人口增长比零增长或过快增长的经济后果要好得多。

总体上，乐观主义派认为，当前的事实是，世界人口数量在增加，而人们生活水平在逐步提高。随着收入和人口增长，商品严重短缺现象缓和、可利用资源增加。出现令人清新的环境和更多的自然娱乐区。因此，通过社会进步和科技发展、人口过多、食物和能源短缺、环境污染等，甚至气候变化等困难，都不会成为未来经济发展的障碍，从长远来看，通过生产技术、市场形成、基础设施投资等方面会刺激和推进经济的发展。

三、认识视角的解释

为了评估不同流派的观点，同时也为了搞清楚人口与经济之间的关系，1983 年，美国国家研究理事会人口委员会组织了由著名人口学家和经济学家组成的"人口增长与经济发展"课题组。该课题组于 1986 年发表的报告《人口增长与经济发展——政策问题》，集中论述了关于人口增长与经济发展之间的关系，讨论的重点是发展中国家的问题。这份报告从不同侧面，试图对人口与经济关系问题做出一个客观而公正的评价，因此，它被认为是迄今为止美国人口经济学界的最新成果，也最能代表

---

① ［日］大渊宽：《人口经济学的现状》，曹南译，载于《人口与经济》1980 年第 1 期，第 63 –67 页。

美国人口经济学界关于人口与经济关系的最新、最全面的观点。在报告中，少数学者认为人口增长对经济发展是有利的，绝大多数学者认为人口增长的重要性要比以前预料的要小。早期的研究认为经济发展的许多因素是一成不变的（也就是马尔萨斯主义的线性推导方法），低估了整个经济系统对人口增长适应的灵活性。由于人口增长导致了价格的变化，因此，促进了人们为适应这种变化而改变行为的动机。市场对人口增长的反映，不仅是一些小的调整，而且包括一些大的变化，如技术革新的速度和方向，甚至导致社会体制的变化。更进一步说，自然资源和物质资本并不是经济发展中至关重要的。相反，人力资本，如教育、技术等才是发展的关键。这份报告并没有创造新的人口—经济模型，而是假定在政策的作用下，生育率下降会产生什么样的后果，即：（1）人口增长减慢就会提高非再生资源的人均占有，从而提高人均收入水平吗？（2）人口增长减慢就会提高可再生资源的人均占有，从而提高人均收入水平吗？（3）人口增长减慢就会缓解环境污染及环境退化吗？（4）人口增长减慢就会提高工人的资本占有量，从而提高工人的产出和消费吗？（5）降低人口密度会导致降低技术革新的动力，缩小产品和基础设施的规模经济，从而导致人均收入下降吗？（6）人口增长减慢就会提高人均教育和健康水平吗？（7）人口增长减慢就能减轻收入的不平等吗？（8）人口增长减慢就能有利于现代经济部门吸收工人、缓解城市膨胀问题吗？第一个问题的答案"基本上是否定的"，因为需求增加提升价格刺激替代。第二个问题的答案是"有保留的肯定"，因为需求增加引致技术进步、社会变革、市场机制改进，促成可再生资源影响可控。第三个问题的答案"可能是肯定的"。第四个问题的答案是"不太明确"。第五个问题的答案是"一分为二"的，报告认为，在制造业中，人口密度与规模经济之间不存在什么关系；而在农业中，人口密度可能带来规模经济。第六个问题的答案是"相当明确的肯定"。第七个问题的答案"可能是肯定的"。第八个问题的答案是"有限的肯定"。报告指出，"总的看，可以得出这样一个结论，即在多数发展中国家，人口增长减慢对经济的发展有利，但要对这种益处做定量的分析是困难的"。报告又强调指出，"那种对于人口增长危言耸听的或相安无事的论调都是不正确的"①。

分析《人口增长与经济发展——政策问题》的答案，表面上是对悲观派和乐观派的折中，内在思想上还是比较含糊地倾向于马尔萨斯主义，也还隐含着适度人口思想，同时回避了西蒙否定科尔和胡佛时所强调的研究时段是否足够长的分析前提。②

比较而言，悲观主义论、乐观主义论，以及协调性报告论，只是反映了自马尔萨斯《人口原理》发表以来，关于人口与发展问题（包括人口与贫困、人口与经济增长、人口与资源环境三个方面）的认识的三类划分：第一类是以老新马尔萨斯主义为代表，坚持认为人口增长是导致人类贫困的困苦宿命的根本原因；第二类是以马歇尔新古典经济学派为代表，立足古典经济学建构的劳动分工、规模经济和比较优势产品经济贸易等学说，结合全新的工业化和城市化历史经验数据，认为人口增长不是问题而是人类进步的一个原因；第三类是以马克思主义为代表，认为人类贫困和苦难与其说是人口增长引起的，不如说是由社会制度和经济安排的运作而引起的。相应地，解决对策也就分为三类主张，马尔萨斯主义是"减少刀叉派"，马歇尔代表的新古典经济学是"增大馅饼派"，马克思主义是"制度改进派"。③

第三节　人口控制与适度人口

悲观论者和乐观者的对立中点是马尔萨斯的人口均衡，从这个中点

---

① 于学军、黄琳：《当代美国人口经济界关于人口与经济关系的论争》，载于《人口与经济》1993 年第 3 期，第 47 – 50 页。

② ［美］朱利安·L. 西蒙：《人口增长经济学》，彭松建等译，北京大学出版社 1984 年版，第 368 – 369 页。

③ 李建新：《毛泽东时代的人口政策与人口转变》，引自任远主编：《历史的经验：中国人口发展报告（1949 – 2018)》，经济管理出版社 2019 年版，第 94 – 118 页。

出发，两者反向出发。悲观论者的看法是人口增长不利于经济发展，乐观论者的看法是人口增长有利于经济增长。两派各执己见，莫衷一是。有一点是肯定的：悲观派往往夸大不利的因素，乐观派则往往夸大有利的因素。不同于两者的对立，一些学者继承马尔萨斯的预防抑制思想，提出了人口控制论；另一些学者将马尔萨斯的生活资料前提条件放宽，研究人口数量合理性问题，也就是适度人口问题。

一、人口控制论

人口控制论是在人口增长极限论基础上形成与发展的，运用现代控制论的思想、观念和方法定量研究人口问题。从控制论的观点来看，一个地区、一个国家甚至整个世界人口是一个系统，称作人口系统。这是一个社会系统。影响这个系统的因素很多，也很复杂。它和社会制度、经济发展水平、民族传统、生态系统平衡等因素直接有关。但所有这些因素的影响最终都将集中表现在时间、出生、死亡和迁移四个方面。这四者的数量变化以及它们之间的定量关系决定了人口系统状态的演化和系统总体的发展趋势。20世纪70年代初，美国福尔肯伯格（1973）和朗哈尔（1973）、荷兰的奥尔斯德（Osider，1975），和克瓦卡那克（1977）以及日本的高桥安（1973）开始应用控制论的方法研究人口问题。[①] 人口控制论主要包括五个方面的内容。

（1）人口状态定量分析。包括人口分性别、分年龄的分布，分性别死亡人口，分性别、年龄的迁移人口，当年出生人口总数和性别比，育龄妇女的生育年龄和胎次分布。

（2）人口短期和长期预测。预测的方法有两类：一类是假定所有参数都按照当年的水平，预测未来若干年人口变化趋势和可能达到的状态；另一类是假定参数是可变的，并且有几种不同变化，按照这些变化建立

---

① 宋健、于景元、孔德涌：《人口控制论》，载于《软科学研究》1989年第1期，第1-7页。

不同的数学模型进行预测，为国民经济和社会发展长期计划提供依据。

（3）人口目标分析，如人口数量、人口状况等。

（4）人口控制过程的优化，即用控制论的方法寻找在较短时间内使社会人口达到某种理想状态的出生率或妇女平均生育率，例如为使 2000 年中国（除港澳台外）总人口不超过 13 亿人，年人口出生率应达到一种什么样的水平。

（5）人口发展过程的稳定性分析，即应使人口增长和发展达到一种什么样的稳定状态，是快增长还是慢增长，是零增长还是负增长。①

二、适度人口论

适度人口思想最早可以追溯到古希腊时期，著名的哲学家柏拉图和亚里士多德都从政治学的角度探讨过一个城堡国家究竟要多少人口才适于统治的问题。柏拉图筹划理想的城市国家，就涉及最令人满意的市民人数问题，在其《法律》一书中就提到在这种（城邦）国家里应当有 5040 个市民。在《共和国》一书中，他解释说，由于同业公会的严格规定，市民的人数大约可以保持相同的数目。② 中国西周时期《老子》中"小国寡民"也是一种适度人口思想。③ 18 世纪末 19 世纪初，欧洲国家间战争纷发，需要越来越多的军队；工业化大生产也需要更多的人来使用新的机器产品。统治阶段就非常赞成人口增加，制定济贫法，补助生育有较多孩子的贫困家庭。魁奈认为，一个人应当志在增加国民收入，而不应求人口的增加。因为，从优厚的收入中享有较多的舒适这一情况，比人口超过收入而经常处于迫切需求生活资料的窘境更可取。④ 魁奈对鼓

---

① 宋健、于景元：《人口控制论》，科学出版社 1985 年版。

② ［英］亚·莫·卡尔-桑德斯：《人口问题——人类进化研究》（1922 年版），宁嘉风译，商务印书馆 2011 年版，第 3 页。

③ 《老子》中"至治之极，邻国相望，鸡狗之声相闻。民各甘其食，美其服，安其俗，乐其业，至老死不相往来"，就是这种思想的体现。

④ 转引自［英］阿弗里德·马歇尔：《经济学原理》（1938 年第 8 版），廉运杰译，华夏出版社 2005 年版，第 154 页。

励人口增长政策的否定，蕴含了经济适度人口思想。

马尔萨斯《人口原理》出版后的年代，各类物品和商品的需求和供给平衡已伴随新古典经济学和市场经济发展被广泛接受。同时，工业革命形成的巨大生产力和社会发展巨变，极大地拓展了生活资料的范畴。因此，马尔萨斯提出的生活资料供给和需求平衡命题，派生出了如何界定生活资料这个前提条件的讨论和研究。根据研究重点和时间差异，适度经济人口论分为近代经济适度人口论和现代经济适度人口论。

（一）近代经济适度人口论

起初的适度人口理论（theory of optimum population）是一种人口经济理论，最适度人口指的是，在某个特定时期，在诸如资本存量等其他因素保持不变的情况下，可使人均产出最大化的人口。[1] 这个定义实际上就是马尔萨斯人口均衡思想另一种表述，即在资源和技术给定下，收益会先增长，然后又回落。好似转换为在经济学报酬规律基础上产生出来、解释人口与经济之间相互关系的另一种理论。最早把报酬规律和人口问题直接联系起来的人是 J. S. 穆勒。他认为根据报酬规律有可能规定一个适度人口。但是，J. S. 穆勒所考虑的只是，在整个农业生产中不存在技术、资本设备的变动条件下，存在于农业生产领域中的报酬递减规律。这样定义出来的适度人口只能是和生活资料直接联系的、历史上某一时点上的适度人口。[2]

对当代产生实际影响的适度人口理论是英国剑桥学派的代表人物之一、经济学家埃德温·坎南（Edwin Cannan）提出的。在 1888 年出版的《初等政治经济学》和 1928 年出版的《财富论》两部著作中，坎南明确提出了适度人口的思想，即产业获得最大收益时的人口为"适度人口"

---

① J. D. 皮奇福德（Pitchford）：《最适度人口量（Optimum Population）》，孟源译，载于约翰·伊特韦尔、默里·米尔盖特、彼得·纽曼：《新帕尔格雷夫经济学大辞典·第三卷：K – P》，经济科学出版社 1996 年版，第 795 – 796 页.

② 杜亚军：《索维的适度人口及其人口生态理论体系》，载于《人口学刊》1988 年第 4 期，第 63 – 67 页。

（economic optimal population）。他认为，人口过剩和人口不足都是影响人类进步的消极因素，并不是人口增加就一定使产业的生产率降低，人口减少就一定使产业的生产率上升，而是当人口增加到一定时候，才可能使生产率下降，如果人口本来不足，再减少人口，只会使生产率下降；只有当人口超过一定限度时，人口减少才可能使生产率上升。只有适度人口才能促进社会得到最大收益。坎南的适度人口理论主要体现在三个方面：人口与土地的关系，人口与土地的比例必须达到平衡；达到产业最大收益点的人口是适度人口；适度人口是变化的，一个社会可供使用的生产资料决定着该社会的适度人口数量。[①] 坎南对古典学派的报酬规律加以修正，做了新的解释。他把报酬规律推广到整个工、农业生产领域，并指出，能使生产取得最大报酬点的人口才是适度的，但极大报酬点并不是固定的、不变的，而是经常随着知识和其他情况的进展而移动。因此，"与其将关于人口的理想或适度规定在一定的时点上，不如当作人口的正确运动——即增加或减少——来加以处理。所谓正确运动就是把所有世代的人们的利害考虑进去，从长期对产业提供最大的报酬的运动"[②]。

坎南根据收益法则，把在其他条件都不变的情况下使平均人口产量达到最大值时的人口定为适度人口，这常被称为坎南适度人口，并成为经济适度人口理论的起源。坎南的理论把人口过剩或过少的意义做了明确规定，这点是有着重要意义的。坎南是在动态的变化中把握那个"适度点"的，即随着知识的进步和其他条件的变化，无论是整个产业，还是一种产业，最大收益点的位置是经常变动的。这一见解非常重要，它说明"适度人口"是可变数。但是，对他的理论，也有很多学者提出了许多问题。例如，其适度概念过于静态；难以实际测定；在平均人口产

---

① 钱恺：《试论坎南的适度人口理论及其对我国的借鉴意义》，载于《劳动保障世界》2012年第4期，第66-67页。
② 杜亚军：《索维的适度人口及其人口生态理论体系》，载于《人口学刊》1988年第4期，第63-67页。

量以外仍有可取的适度标准，等等。①

从概念的起源看，最初确定"适度人口"概念的是与坎南同时代的瑞典经济学家克纳特·威克塞尔（Knut Wicksell）。威克塞尔在 1910 年日内瓦国际马尔萨斯主义者联盟会议发表讲演时，第一次提出了"适度人口"的概念。威克塞尔的适度人口概念是指达到最大平均劳动生产率和最大福利时的人口规模。他提出以一个国家的抚养能力作为衡量适度人口的标准。他在《政治经济学讲义》中明确指出："所谓人口过剩，就是一个国家里存在着超过其抚养能力的居民（人口）……人口超过其适度点之上的增加本身已经不能带来福利的增加，相反却使福利减少。"② 威克塞尔以"抚养力"来定义的适度人口实际是一种"生存过剩"的含义，失业人口这种经济人口过剩并不在其讨论范围。③

同时期，有一定影响的还有卡尔—桑德斯的适度人口密度理论。④ 桑德斯认为，人口"适度密度"是使居民能获得高生活水平的密度。⑤ 所谓人口增长追上生活资料增加而移民现象，不是由人口过剩造成的，而是由人口过密造成的。⑥

受坎南和威克塞尔影响，在 20 世纪二三十年代，"适度人口论"在欧美学界风靡一时。

（二）现代经济适度人口论

第二次世界大战之后，对适度人口理论的关心曾一度降低。后来，

---

① ［日］大渊宽：《人口经济学的现状》，曹南译，载于《人口与经济》1980 年第 1 期，第63－67 页。

② ［瑞典］K. 威克塞尔：《政治经济学讲义》（1934 年英文版）。转引自彭松建：《现代西方人口经济学教程》，北京大学出版社 2014 年版，第 171 页。

③ 穆光宗：《"适度人口思想"的反思和评论》，载于《开放时代》2000 年第 3 期，第78－85 页。

④ ［英］亚·莫·卡尔－桑德斯：《人口问题——人类进化研究》（1922 年版），宁嘉风译，商务印书馆 2011 年版。

⑤ ［英］亚·莫·卡尔－桑德斯：《人口问题——人类进化研究》（1922 年版），宁嘉风译，商务印书馆 2011 年版，第 360 页。

⑥ ［英］亚·莫·卡尔－桑德斯：《人口问题——人类进化研究》（1922 年版），宁嘉风译，商务印书馆 2011 年版，第 372－374 页。

对其研究重新活跃起来。除测定问题外，均取得了若干发展。首先关于适度的标准，确无必要局限于坎南的平均人口产量，而且也可以设定经济以外的目的。在赋予理论以一定形式时，重要的是客观地、具体和计量地把握其目的。因此，所能采用的标准自然受到限制。目前加以理论化的仅限于总福利、平均人口福利、国力和军力等。它的公式化是于1950年由米德（Meade）、斯彭格勒和索维完成的。此外，这种理论在动态研究上取得了发展，适度人口成长率已被标准化。根据法国经济学家吉尔蒙（Guillaumont）的理论，在分析适度人口时，从静态到动态的转化过程中可分为五个阶段：（1）纯粹静态，是在把其他条件（资本、技术、年龄结构等）作一定假设的前提下研究人口效果。这就是适度人口。（2）比较静态，是有关当其他条件中的某一条件发生变化时，对人口效果的变化程度的研究。人口效果在两种不同的状态下进行比较。（3）有限动态，是对在一定期间内一定的人口变动对经济成长的效果所作的分析。其他条件，特别是人口以外的生产因素被视为外在的，按一定比率变化。在这种结构中，通常不能认为是适度人口成长率。（4）扩张动态，在前者的基础上，考虑人口变动对其他条件特别是对其他生产因素的效果，依此决定经济适度人口成长率。（5）一般动态，人口变动已不再是外在变数，而成为内在变数。把经济发展诱发的各种变化所造成的反作用全部加以考虑，同时分析人口变动的经济效果。根据这种划分，很明显，坎南的理论只停留在最初的纯粹静态阶段。[①]

众多相关研究中，法国人口学家阿尔弗雷·索维（Alfred Sauvy）确立了现代经济适度人口理论的地位，拓展了研究范围，丰富和发展了对人口与经济发展关系的认识。他于1952年出版的人口学专著《人口通论》是现代适度人口论的代表作。该书主要阐述人口与经济、社会诸因素之间的关系，上册中相当部分内容是阐述现代适度人口和经济适度人口理论，寻求在各种不同条件下，人口数量与经济变量之间的一种最适

---

① ［日］大渊宽：《人口经济学的现状》，曹南译，载于《人口与经济》1980年第1期，第63-67页。

宜的关系，即探讨经济适度人口问题。索维在书中把"适度人口"的概念扩大到非经济领域，并且声称"适度人口"只是一种类似"虚数"的"使用方便的概念"，"适度人口也就是一个最令人满意的方式达到某项特定目标的人口"。[①] 同时，他列举的各种可能的"特定目标"有九个之多，即：个人福利、增加财富、就业、实力、健康长寿、文化知识、福利总和、寿命总和、居民人数。其中按实力目标达到"实力适度人口"，即达到最大实力时的人口，永远高于"经济适度人口"。在索维看来，重要的是精确计算"适度人口"，真正需要知道的是实际人口低于还是高于适度人口，即一个国家是人口不足或人口过剩。索维认为，人口不足，劳动力和生产专业化发展困难，社会不可能因为合理分工而获得大规模生产的经济效益；但人口过剩对资源压力大，人均收入下降，影响人民生活水平。当一国在经济上"人口过剩"时，就是指它的人口超过了它现在的经济适度人口。"经济适度人口"是指在其他条件相同时，人均产量达到最大值的人口规模，索维将"生活水平"规定为每个人的平均产量。索维的适度人口论就是致力于追求一定资源、技术水平和资本设备条件下使商品和劳动实际收入最高的一定数量的人口。在《人口通论》中，索维还系统分析了"静态适度人口"和"动态适度人口"。

进入 20 世纪 70 年代，面对发展中国家人口快速增长、粮食短缺、资源枯竭、生态破坏、环境污染等全球性问题，《增长的极限》等著述引发人们开始从全球角度考虑人口增长问题，将适度人口作为一种长期的调控目标，引起了适度人口是否是零增长人口的讨论。对此，索维在 1976 年《人口的适度变动》一文中又提出了以人口的最大经济效益和最低负担时的人口增长率为适度增长率的论点，把适度人口的讨论从适度人口规模扩展到适度人口增长率上。斯彭格勒在 1974 年出版的《面对零增长》[②] 一书中，从九个方面对人口增长与人均产出的关系进行了探讨，得

---

① ［法］阿尔弗雷德·索维：《人口通论·上册》，查瑞传等译，商务印书馆 1983 年版，第 55 页。

② Spengler, J. J., *Facing Zero Population Growth*. Chicago：University of Chicago Press, 1974.

出了对于小国来说人口零增长的到来在经济上是有利的结论，但他并没有绝对地把适度人口增长等同于人口零增长，而是认为人口在向静止形态的转化过程中，可能会产生一些新问题，甚至会加剧一些已有问题的困难程度。

索维的观点是对坎南、威克塞尔的超越，更是对桑德斯的否认，索维敏锐地看到了适度人口概念的局限性，将其类比为数学上的"虚数"，只不过是一个使用方便的抽象的理论概念而已。但是，索维的观点在诸多方面同样是值得讨论的。①

20世纪初至60年代，欧美学者的讨论奠定了适度人口理论的基础，至少取得了两个共识：一是主要从经济收益角度来探讨；二是认为适度人口的数量或密度只是一个概数，不是静态不变的，而是可以随着科技的进步，知识的增进和生产的发展有所变化。②

基于人口与经济同步发展目标，中国学者李建民提出了福利适度人口。福利适度人口是指能够使社会福利水平达到最大化的人口规模。这意味着人口规模达到这个适度点之前生育具有正外部性，即此时的个人生育行为可以增进整个社会的福利；当人口规模达到适度人口规模时，人口的进一步增长就会使社会福利下降。福利适度人口规模不是固定不变的。在普惠的社会福利制度中，人口数量对平均社会福利水平具有决定性的影响。社会福利的发展可以引起孩子质量对数量的替代。③

总之，适度人口论试图确定一种人口数量与经济增长之间的规范状态，其思想中隐含了协调与持续的理念，在观点和维度上丰富了人口经济理论，对于制定人口发展目标、人口政策和人口规划具有一定的实践参考价值。

---

①② 穆光宗：《"适度人口思想"的反思和评论》，载于《开放时代》2000年第3期，第78-85页。

③ 李建民：《论社会生育成本及其补偿》，载于《广东社会科学》2000年第1期，第98-106页。

（三）承载力界定与经济适度人口

随着研究的深入，主流经济学界认为，人口多少才算是适度的问题所引起的问题，远远超出经济分析的范围。[①] 乐观主义者代表朱利安·L. 西蒙也认为，马尔萨斯的理论是收入和人口增长相互作用的两种变量的动态模型，而"适度人口"概念则为一种静态考察，在得失之间求其折中，即在得自劳动分工及规模经济的收益和一定资本存量因增加劳动而报酬递减的损失，是这一得一失之间的折中。这种概念符合当时的经济学，所以适度人口理论，即使无用，倒很单纯。[②] 西蒙还引述道，"缪尔达尔把人口最佳化的概念说成是'产生于我们的科学的最乏味的观点之一'[③]，因此，虽然适度人口概念在产生它的经济学中，后来已大体上停止使用，但生态学家们还是继续探讨到它。"[④]

经济学科外其他学科对适度人口问题的研究，根由还是马尔萨斯提到的人口增长制约因素界定的多样性发展。美国人口学家 A. M. 桑德斯于 1922 年在《人口问题》中就指出，人口的适度规模是在既定的自然环境、已经采用的技术水平、民众的风俗习惯和其他各种有关因素发生作用的条件下，一国能够"提供按人均的最大收益"的人口数量。后又提出"适度的人口密度"，即在资源既定的条件下能使居民获得最高生活水平的人口密度。美国学者福格特（Vogt）在《生存之路》中提出，人口已超过资源供给，给地球带来了巨大压力。福格特给出了一个简明的基本关系式：$C = B：E$。其中，B 是指生物潜力，即地球上的生物为人类提供住所、衣着和食物的能力；E 是指环境阻力，即任何环境因素，包括物理

---

① ［英］阿瑟·刘易斯：《经济增长理论》（1955 年版），周师铭、沈丙杰、沈伯根译，商务印书馆 2011 年版，第 391 页。

② ［美］朱利安·L. 西蒙：《人口增长经济学》，彭松建等译，北京大学出版社 1984 年版，第 18 页。

③ 缪尔达尔：《人口：一个追求民主的问题》。转引自 ［美］朱利安·L. 西蒙：《人口增长经济学》，彭松建等译，北京大学出版社 1984 年版，第 18 页。

④ ［美］朱利安·L. 西蒙：《人口增长经济学》，彭松建等译，北京大学出版社 1984 年版，第 18 页。

的、生物的以至人为的社会经济因素对生物潜力（或生产能力）所加的限制。B 和 E 二者互相作用的结果决定着土地的负载能力 C，即决定着一定的生态环境可以容纳多少人口。[①] 索维也认为："如果能会同专门研究增长问题的生物学家一道，把人口增长问题作为一个生物现象来研究，会是很有裨益的。进行这样一种合作，不一定意味着要回到古老的有机论教条上去，但是看来能导致人们去探索最困难的问题之一。"[②] 索维指出："一个社会就像一个植物或动物机体一样，不能生长得超过它本性所容许的速度。这样，我们就从适度人口的概念引申到了适度增长节奏的概念。"[③]

到了 20 世纪 70 年代，随着环保主义出现，衡量适度人口的分子由资本向良好的环境质量扩展。有学者就提出，马尔萨斯术语"生活资料"在现代术语中，被解释为生态环境的承载力，这个概念包括人类可用的领土和资源总量。生态环境的承载力很明显取决于技术（特别是农业技术），技术进步能促进生态环境的扩展。[④] 例如，哈佛大学的社会科学家爱德华·威尔逊认为，地球的最大承载力为 90 亿～100 亿人口。如果把所有的谷物都用来喂养人类，并且所有人都是素食主义者，那么现在的 14 亿公顷耕地可养活 100 亿人口。但实际上，相当一部分人不愿意只吃素，因此这些耕地现在只能养活 25 亿人口。因此，威尔逊断定，从粮食的角度出发，地球养活的人数不可能达到 100 亿人。其他限制地球承载力的环境因素包括氮循环、可被利用的磷元素以及大气中的碳浓度等。[⑤]

后来，随着南北问题谈判，隐含着适度人口数量导向的全球人口议题又增加社会底层人口权益。1987 年可持续发展战略提出后，又增加了

① ［美］威廉·福格特：《生存之路》，张子美译，商务印书馆 1981 年版。

② ［法］阿尔弗雷德·索维：《人口通论·上册》，查瑞传等译，商务印书馆 1983 年版，第 304 页。

③ ［法］阿尔弗雷德·索维：《人口通论·上册》，查瑞传等译，商务印书馆 1983 年版，第 275 页。

④ ［俄］C. 涅菲奥多夫：《历史的经济规律》，张广翔、回云崎译，载于《北方论丛》2014 年第 6 期，第 50－56 页。

⑤ 吴思：《人口大增长》，载于《走向世界》（周刊）2011 年第 33 期，第 12 页。

未出生的人口。于是，经济适度人口概念在可持续发展体系中发生了从承载力到生态足迹的内涵式发展。

有学者就根据生态学中营养级和食物链理论，推论出在没有社会工程改变，保持自然条件下，人口分布与气候地区差异紧密相关。并且假设一定的生物量和雨量下，可以得出不同生态系统下的渔猎社会的人口密度值，也就是纯自然生态系统中人口承载力，见表 2-1。

表 2-1　　　　世界不同气候地区的面积为 314 平方千米的盆地的估计人口密度与规模

生物群落区域	生物产量（千克/平方千米）	人口密度（人/平方千米）	人数（人）
北极地区	200	0.0086	3
亚热带稀树大草原	10000	0.43	136
草原（牧草地）	4000	0.17	54
半沙漠地区	800	0.035	11

资料来源：马西姆·利维巴茨：《世界人口简史》，北京大学出版社 2005 年版。

表 2-1 形象地刻画了人口增长双重制约的模型。第一个制约是植物和动物产品的自然限制所强加的，这些产品产量规定了可以养活的最大人口数量。表 2-1 中人口密度可以推算得到一个方圆 314 平方千米（半径 10 千米）的地区可承受的人口额度从北极地区的 3 人到亚热带稀树草原的 136 人不等。第二个制约与极低人口密度和一个稳定人类群落生存之间的不相容性相联系。为了确保配偶选择的合理性以及能够在大灾难中存活，这些人类群落的规模必然不能太小。①

宋健等（1981）基于适度人口论思想，从食品资源、淡水资源角度估算了百年后中国适度人口数量，认为，如果中国人民饮食水平接近法国目前（20 世纪 80 年代初）的水平，中国人口总数应保持在 7 亿或者以下；按发达国家的用水标准，中国人口总数应在 6.3 亿~6.5 亿人。② 另

① ［意］马西姆·利维巴茨著：《繁衍：世界人口简史》，郭峰、庄瑾译，北京大学出版社2005 年版，第 23 页。
② 穆光宗：《"适度人口思想"的反思和评论》，载于《开放时代》2000 年第 3 期，第78-85 页。

有学者计算，中国目前全部土地资源潜在自然生产力是每年生物量约为 72.6 亿吨干物质，按照温饱标准，其理论最大人口承载力为 15 亿~16 亿人。在严格控制人口的条件下，中国人口将于 2030 年达到或接近该承载的极限。[①]

（四）评议

某种程度上如同"均衡价格或均衡数量"一样，"适度人口"是人口经济学研究希求的问题解。但是，人口增长的福利影响及适度人口，在价值判断和科学分析的各种广泛存在的分歧面前，是确定不了的。这是因为，人们对增加的人口所作的福利判断取决于人们对短期和长期的价值判断，人们希望按什么比例考虑谁的福利之类的不同准则，并断定人们所确信的是更穷或更富的生活水平对人类生活的重要性。[②] 也就是说，所谓经济适度人口数量计算，会因"经济适度"的歧义，难以统一。另外，有关最适度人口量的讨论，很少考虑到这个事实：实际的人口水平是在私人选择家庭规模的基础上形成的。[③]

总之，适度人口思想是一种在学术上尚有歧见、不成熟也不严格的理论。[④]

三、人口命题与《我们共同的未来》

无论是马尔萨斯的人口增长法则，还是后来的悲观主义者和适度人口论，表现的都是担忧人口过多的问题意识。区别在于，马尔萨斯认为

---

① 沈益民、童乘珠：《15 亿人口的挑战》，中国大地出版社 2002 年版，第 20 页。

② ［美］朱利安·L. 西蒙：《人口增长经济学》，彭松建等译，北京大学出版社 1984 年版，第 23 页。

③ J. D. 皮奇福德（Pitchford）：《最适度人口量（Optimum Population）》，孟源译，载于约翰·伊特韦尔、默里·米尔盖特、彼得·纽曼：《新帕尔格雷夫经济学大辞典·第三卷：K－P》，经济科学出版社 1996 年版，第 795－796 页。

④ 穆光宗：《"适度人口思想"的反思和评论》，载于《开放时代》2000 年第 3 期，第 78－85 页。

历史发展会以积极抑制为主导，难以摆脱悲剧性宿命。适度人口论则想积极发展预防抑制机制，事先评估出合理人口，避免积极抑制的发生。在悲观论者"警呼"下，适度人口论者似乎积极的探索，得到生态学界和环保主义者的积极呼应，联合国也从而提升至全球发展与环境关系层面，1972 年召开第一次人类环境会议，提出了"只有一个地球"的口号；1983 年 11 月，成立世界环境与发展委员会（World Commission on Environment and Development，WCED），要求该委员会以持续发展为基本纲领，制定"全球的变革日程"，1987 年，该委员会把长达 4 年研究及论证的报告《我们共同的未来》提交给联合国大会，正式提出了"既满足当代人的需求，又不对后代人满足其自身需求的能力构成危害的发展"的可持续发展概念；[①] 1992 年 6 月召开环境与发展"世界首脑会议"，通过了《里约宣言》和《21 世纪议程》等重要文件，促成世界各国一致承诺，把走可持续发展的道路作为未来的长期共同的发展战略。

客观地讲，在经济学理论上虽然可将可持续发展视为一种人类世代间的帕累托改进，但是，将全球环境状况视为人类未来发展基础和前提条件，理论上不过是扩大了马尔萨斯人口均衡中的人口和生活资料两个对象，抽象上的概念范畴实质是相同的。

第四节　马寅初新人口论

中国是人口大国，远至西周《老子》中"小国寡民"、春秋齐国管仲《管子》中"众民"和"富民"思想[②]，西汉司马迁《史记》中"货殖列传"等，历史以来不乏人口与经济关系的论述。新中国成立后，又与

---

① 世界环境与发展委员会：《我们共同的未来》，国家环保局外事办公室译，世界知识出版社 1989 年版。

② 《管子》表现出"众民"和"富民"思想，在此基础上又形成"分民（分业分工）"和"留民（安置定居）"思想。见杨学通：《管子人口思想》，载于《人口研究》1978 年第 1 期，第 29 - 44 页。

西方人口经济学思想交流综合，其中影响较大的以马寅初《新人口论》为代表。[1] 马寅初为代表的学者们从发展社会主义生产力的角度比较系统地论证了人口数量、人口质量与经济发展之间的辩证关系，并以此为主要依据提出控制人口的现实必要性，这是新中国成立以后学术界最早对人口增长与经济发展关系的认识。[2] 在 1955 年全国人大一届二次会议期间，在浙江代表团小组会上展开了有关人口问题的正式讨论。在这次讨论中，以马寅初等少数人为一方，极力主张限制人口。以此次讨论为契由，马寅初于 1957 年 6 月第一届全国人民代表大会第四次会议上做了《人口论》的书面发言。1957 年 7 月在《人民日报》首次发表，1979 年又以专著形式出版。这次发言所表达的意见与思想，后来被中国学者称之"马寅初新人口论"。马寅初的《新人口论》在不长的篇幅内说明了控制人口增长的缘由和意义，应实施的措施建议，与马尔萨斯人口控制的区别。

一、提高物质和文化生活水平需要控制人口增长

马寅初指出，1956 年在全国范围内基本上实现了农业合作化，中国农民肯定地走了社会主义道路。但是，出现了生产矛盾。生产矛盾体现在，一是中国人口增殖太快，估计中国人口大概每年增加 1200 万 ~ 1300 万人，增殖率超过 20‰；二是中国资金积累得不够快，中国的国民收入在 1956 年将近 900 亿元，其中消费部分约为 79%，积累部分约为 21%。因人口大，所以消费大，积累小，而这点积累又要分摊在许多生产部门

---

[1] 马寅初是我国著名的经济学家、人口学家、教育家，曾任北京大学校长。他是我国人口学界杰出的代表人物。他的《新人口论》是当时人口科学研究最杰出的代表作，影响力大，影响范围广，是后来我国人口政策和人口科学研究重要的理论来源之一，至今仍然具有科学的价值，成为了解我国人口发展史的重要文献，成为从事人口研究的必读书，是人口学界彪炳史册的传世佳作。见郑晓瑛：《马寅初与中国人口科学》，载于《市场与人口分析》2005 年第 1 期，第 29 - 41 页。

[2] 陆杰华：《改革开放以来中国人口与经济关系问题研究的回顾与展望》，载于《人口与经济》1999 年第 6 期，第 3 - 10 页。

之中，就更小了。结果就是中国最大的矛盾是人口增长得太快而资金积累得太慢。因此，延续 1955 年人民代表大会浙江小组上提交的控制人口与科学研究讨论，提出控制人口建议。他加以附表列举数字论述，在当时六亿四千万人口的压力之下，要提高他们的物质和文化生活水平，已觉得很吃力，问题就日益严重。而且，社会主义事业愈发展，机械化、自动化必然随之扩大。1957 年增加的 1300 万人，能在工业中安插的不过 100 万人，其余 1200 万人要在乡村中工作，农村和工厂的生产率对比是 1：50，体现出过多的人口，拖了我们高速度工业化的后腿。他认为，提高生产率，需要积累资金而且要加速积累资金，同时还要控制人口，因为如人口增殖任其自流，资金很难迅速地积累。另外，"从工业原料方面着想亦非控制人口不可"，"为促进科学研究亦非控制人口不可"，"就粮食而论亦非控制人口不可"。[①]

二、控制人口增长的措施建议

马寅初进一步建议采取以下几个方面的人口控制措施。

（1）再进行一次人口普查，知道中国人口增长的实际情况，接着认真举办人口动态统计，在这个基础上来确定人口政策，一面把人口增长的数字纳入第二个或第三个五年计划之内，使以后计划的准确性可以逐步提高。

（2）节制生育，控制人口要逐步推进。第一步要依靠普遍宣传，让社会破除宣扬多子多孙的种种封建残余思想，倡导节育、晚婚；第二步是宣传工作收到一定的效果以后，再行修改婚姻法；第三步是如《婚姻法》修改之后，控制人口的力量还不够大，自应辅之以更严厉、更有效的行政力量，行使国家理应有干涉生育控制人口之权。他提出实行计划生育是控制人口最好、最有效的办法。实施计划生育，他特别指出，最

---

① 马寅初：《人口论——马寅初在第一届全国人民代表大会第四次会议上的书面发言》，载于《人民日报》1957 年 7 月 5 日。

重要的是普遍宣传避孕。

三、与马尔萨斯人口控制的区别

为了消除 1955 年小组讨论时有人认为控制人口建议的思想体系是马尔萨斯的《人口原理》观点，马寅初特别论述了马尔萨斯的人口理论的错误及其破产，指出马尔萨斯没有想到以后的科学研究能够飞跃地发展，使得粮食也按几何级数增加，并且比人口增加得更快；而且，科学愈发达，人民的文化水平也愈加提高。知识增加，一方面促使劳动生产率增长，另一方面促使生殖率减低，马尔萨斯的人口按几何级数增加的理论也就此破了产。马寅初明确表示，他的人口理论在立场上和马尔萨斯是不同的。马尔萨斯从掩盖资产阶级政府的错误措施出发（控制人口增长），他则从提高农民的劳动生产率，从而提高农民的文化和物质生活水平出发（控制人口增长）。[①]

四、评议

"新人口论"是马寅初在前期研究和大量调查材料的基础上，实事求是地提出关于控制中国人口数量，提高中国人口质量的主张。

在《新人口论》以外，《马寅初人口文集》[②] 编辑出版中还搜集到马寅初的 31 篇关于人口方面论述、演讲稿、一些专著中的专门论述。其中，最早的是 1920 年发表在《新青年》杂志第 7 卷第 4 期上的《计算人口的数学》。这是中国近现代人口科学发展史上最早具有统计学意义的人口学论著之一，主要阐发的是人口增长的统计计算方法。此后，他对人口的探讨，逐渐转到人口与经济关系方面上来。在人口多、就业难问题

---

① 马寅初：《人口论——马寅初在第一届全国人民代表大会第四次会议上的书面发言》，载于《人民日报》1957 年 7 月 5 日。

② 田雪原：《马寅初人口文集》，浙江人民出版社 1997 年版。

上，他提出可从供给与需求两个方向同时解决。减少劳动力供给，一是节制生育，减少人口和劳动力的增长；二是移民，主要是人口稠密地区向人口较少的东三省等地区的人口流动和迁移；三是发展教育，使更多的人"具有专门技艺""人人均得高等工作"。扩大对劳动力的需求，主要是发展民族工业，提出"事业发达""工厂增多"等主张。20 世纪 30年代初，马寅初开始把他的人口视野投向更广阔的领域：他在 1932 年发表的《人口问题与世界经济大势的关系》一文中，将人口问题列为影响世界"经济大势"变迁的首要原因；同年发表的《农村经济与家庭观念》《中国家庭观念与农村经济救济》等文章中，认为"中国农民既占全国人口百分之八十五，中国的各种问题都不得不集中于农民问题、农村问题"；而农村又是"吃自己的米，穿自己的布，用自己的货物"自我满足型自给自足的自然经济，从而造成严重的家庭观念，多子多福观念，限制了中国的工业化的发展。新中国成立前的研究中，他坚持从中国实际出发，结合中国实际探索，使他的早期人口思想，既不同于当时风靡一时的西方马尔萨斯人口论，也不同于把马尔萨斯复制到中国的社会学派人口论，他在"马尔萨斯之'人口论'"一文中，明确提出："今日之人口论，不可与马氏的人口论相提并论。今日论坛的重心，在寻求一最适宜数之人口（optimum population）"。他主张迅速工业化和改革农村，使农村过剩人口找到出路。新中国成立后，他利用全国人大常委会工作之便，回浙江省调查，用他自己的话说，旧时浙江十一个府，他跑了十个府，深感人民推翻"三座大山"当家作主、生活改善后，"到处看到小孩子，我想不得了"，遂一步步形成他的《新人口论》的主导思想。应当说，马寅初发表《新人口论》，除了表现出作为一个负责任的学者理应具有的注重调查研究、严谨求实的学风外，也颇讲究方式方法，讲究实证研究成果如何纳入政坛，发挥效用。1957 年 7 月 5 日《人民日报》发表马寅初《新人口论》，也是他提交全国人大一届四次会议的书面发言。马寅初在《新人口论》及其前后发表的论著中的人口思想，可归结为：一是正确地估量了当时的人口状况和变动态势，指出人口增殖太快与资金积累不快等经济、科技、社会发展的矛盾；二是冲破当时苏联"人口不断迅速增长是社会主义人口规律"的教条，力主中国大力控制人口数量和提高人口质量；三是从实际出发，提出扩大宣传、修改婚姻法，实施生育两个孩子有奖、生育三个孩子征税、生育四个孩子征重税，以征得来的税金作奖金，国家财政不进不出等政策建议。[①]

马寅初的人口经济研究既提出人口要与经济、社会发展相适应的指导思想；也明确人口研究要遵循实事求是原则，紧密联系中国实际；还提出了控制人口增长的原则性措施建议。"新人口论"提出后不久，虽然遭遇了那个年代比较特殊的"批判"，但是随后 20 多年社会实践的检验，证明马寅初"新人口论"的观点是正确的，许多主张也是可行的。后来以计划生育政策实际进行的人口增长控制，经过 30 多年的努力，促成中国实现了人口生产类型的历史性转变，进入了世界低生育水平国家的行列。[②] 随着改革开放及中国特色社会主义市场体制的建立与完善，中国人民生活水平快速提升，不再存在新中国成立之初的那些问题。但是，马寅初《新人口论》中所体现的，实事求是研究中国人口问题的原则，促进中国式现代化建设的使命，仍然有十分积极的意义。

---

① 田雪原：《马寅初人口思想的历史地位》，转引自郑晓瑛《马寅初与中国人口科学》，载于《市场与人口分析》2005 年第 1 期，第 29 – 41 页。

② 郑晓瑛：《马寅初与中国人口科学》，载于《市场与人口分析》2005 年第 1 期，第 29 – 41 页。

第三章

人口与经济增长

　　古典经济学家，如威廉·配第、亚当·斯密、大卫·李嘉图等在其经济理论中对于人口与土地、人口与资本、人口与消费、人口与生活资料等问题也曾进行过广泛的涉及与探讨。19世纪后半叶，以"边际革命"为核心的新古典经济学的逐步形成和发展，将人们从关心经济发展长期动态问题转移到经济均衡和资源分配等短期问题上，使人口作为既定条件被排斥于经济研究体系之外，同时欧洲大陆及英国人口转变的开始与完成也在现实上宣告了马尔萨斯基本论断的破产，引发了对马尔萨斯理论的批判，使人口经济学的发展进入了一个低迷徘徊时期。促使人口与经济关系问题重新受到重视和关注的是引导现代西方经济学的凯恩斯，他在1936年出版的《就业、利息和货币通论》一书和次年所做的《人口减少的若干经济后果》的演讲，使人们相信曾经作为马尔萨斯信徒的他在人口经济问题上的观点发生了彻底的转变，从担忧人口过剩会给经济发展带来威胁转向认为人口增长缩减是导致英国经济停滞的主要原因。连贯梳理的发展就是，从古典经济学的人口经济关系说，到马尔萨斯人口均衡说，到"人口爆炸"警示说，再到内生增长理论，国际学术界对人口的看法逐渐从片面转向全面，人口增长对经济增长（发展）的积极作用也得到越来越客观的认识。

第一节　古典经济学中代表性人口经济思想

西方人口经济思想最早可追溯到 15 世纪至 17 世纪中叶的早期重商主义。重商主义认为人口是实力和财富的首要因素，凭借人们的劳动和勤奋，必能赢得贸易上的平衡。因此，鼓励增加人口、限制人口外流，同时鼓励外国人口特别是技术熟练的人才移入本国。① 以托马斯·孟和柯尔培尔为代表的重商主义者虽然对经济发展与人口增长之间的相互关系做出了明确回答，但囿于其阶级的局限性和认识的局限性，仅从流通领域研究财富的起源与本质，结果完全颠倒了经济发展与人口增长之间的正确关系，片面地认为"人口多，则财富多"②。范围更广、更有体系地研究人口经济关系则发端于古典经济学，也就是说人口论在经济学中获得可靠地位是在古典政治经济学派的发展中。③

古典经济学是指 17 世纪中叶至 19 世纪上半叶流行于西欧各国，代表产业资本和产业资产阶级利益与愿望的一种经济理论。它的发展经历了三个阶段：以配第为代表的产生阶段、以亚当·斯密和法国魁奈重农学派为代表的发展阶段以及以李嘉图为代表的完成阶段。古典经济学家们探讨的是资本主义上升时期，即自由竞争阶段的人口与经济的相互关系，把人口作为资本主义经济发展的内生变量，探讨究竟是人口增加对资本增值有利，还是人口减少对资本增值有利。着重考察人口和财富、人口和资本的关系。古典经济学家如配第、魁奈、斯密、李嘉图等奠定了很多呈现于后来人口经济学科发展中的基本问题和概念体系，包括人口增

---

① 张爱婷：《西方经济学的主要人口理论评述》，载于《生产力研究》2006 年第 2 期，第 251 - 254 页。

② ［英］托马斯·孟：《英国得自对外贸易的财富》，袁南宁译，商务印书馆 1959 年版，第 12 页。

③ 张文贤：《人口经济学》，上海人民出版社 1987 年版，第 3 页。

长和财富（经济）增长、经济活动人口和非经济活动人口、生育率与劳动工资水平、劳动分工与经济发展等。

一、配第的人口经济思想

英国古典经济学派的创始人威廉·配第（William Petty）最先阐明人口和财富之间的内在关系。他从劳动价值论出发，提出了"土地为财富之母，而劳动则为财富之父和能动的要素"的观点。[①] 配第在《献给英明人士》一书中，专门论述了人口的价值，以及如何使用劳动力的问题[②]。他在《政治算术》中为了论证英国优越性，开篇就指出："一个领土小而且人口少的小国，由于它的位置、产业和政策优越，在财富和力量方面，可以同人口远为众多、领土远为辽阔的国家相抗衡。"[③]《政治算术》通篇比较了英国和周边几个邻国的人口与土地、资本、产业之间，因劳动人口数量、劳动人口和非劳动人口差异，所产生财富的差异。[④] 配第的结论是，一个国家人口的价值，不在于这个国家所有的人口的自然数量（即人口的单纯数目），而在于它的社会数量（即创造财富的能量）。[⑤]

配第认为，人的劳动是财富的源泉，人口和土地是财富生产的必要条件，而土地上的生产物是由人们的劳动创造出来的。他认为，一个国家的财富生产要求一定数量的人口。如果人口数量过少或不足，对一个国家来说是不利的，人口众多则是一个国家国力强盛的标志，人口增加对新兴的资本主义国家和资本主义经济发展是有利的。配第不但重视人

① ［英］配第：《配第经济著作选集》，陈冬野、马清槐、周锦如译，商务印书馆 1981 年版，第 66 页。

② ［英］配第：《配第经济著作选集》，陈冬野、马清槐、周锦如译，商务印书馆 1981 年版，第 102 – 105、112 – 114 页。

③ ［英］配第：《配第经济著作选集》，陈冬野、马清槐、周锦如译，商务印书馆 1981 年版，第 11 页。

④ ［英］配第：《配第经济著作选集》，陈冬野、马清槐、周锦如译，商务印书馆 1981 年版。

⑤ 张文贤：《人口经济学》，上海人民出版社 1987 年版，第 3 页。

口数量，主张增加生产人口，还重视一个国家人口的价值，即主张不仅在于人口的自然数量，还在于人口的社会数量。他所说的社会数量是指人们创造财富的能量，实际上是人们的文化水平、技术能力和勤劳程度。换句话说，配第是从增加财富的角度出发，来分析生产人口和非生产人口，人口的自然数量和社会数量，为了增加财富和收入，既要增加生产人口，又要增加人口的社会数量，即提高生产人口的技术水平和创造能力，以利于资本主义经济的发展。①

威廉·配第把对财富源泉的分析第一次由流通领域转到生产领域，认为"人口少才是真正的贫穷"。配第不仅分析了人口与财富之间的关系，而且把劳动力作为基本国力来进行计算，可以看作是总人口理论的先导。② 尽管对财富增长与人口增长谁为主导的问题，配第的著述中没有明确答案，但与重商主义者相比，配第在这个问题的认识上无疑是前进了一大步。③

二、魁奈的人口经济思想

弗朗斯瓦·魁奈（Francois Quesnay）是 18 世纪法国重农学派的创始人和主要代表，由于在资产阶级政治经济学研究中所作出的开拓性贡献——第一次使政治经济学成为一门科学，而被马克思誉为近代资产阶级政治经济学的真正鼻祖。④ 魁奈的经济研究，也涉及人口与经济相互关系这一经济学中永恒的问题，并对之做出了明确回答。魁奈在研究经济问题时，把人口作为影响经济的一个重要因素加以探讨，提出了自己的人口经济学说。魁奈的人口经济学说是他的重农主义理论体系的一个重

---

① 李仲生：《古典经济学派的人口经济理论》，载于《首都经济贸易大学学报》2005 年第2 期，第 9 - 13 页。

② 张爱婷：《西方经济学的主要人口理论评述》，载于《生产力研究》2006 年第 2 期，第251 - 254 页。

③ 黄勇：《魁奈人口经济学说述评》，载于《经济评论》1997 年第 2 期，第 80 - 84 页。

④ 吴斐丹：《魁奈经济著作选集之译者序言》，商务印书馆 1979 年版。

要组成部分。魁奈的人口经济学说内容十分丰富，几乎包含于魁奈的主要经济著述之中。其中又以《人口论》《租地农场主论》《谷物论》《赋税论》《经济表》和《农业国统治的一般准则》等著作中的论述最为集中和系统。① 其基本的理论框架，即：人口、财富、生产、消费、生活资料，这组范畴序列是魁奈人口经济学说的主轴。魁奈的人口经济理论的核心思想，即在有关人口与财富之间的相互关系上，其中财富增长优先于人口增长是核心，"人口的增长完全取决于财富的增加，决定于劳动、人力和这些财富本身的使用方法"②。他认为，"不论什么地方，只要人们能够取得财富，过富足的生活，安逸地作为所有主享有从其劳动和精力获得的一切东西，他们就会在那里聚居，并不断繁衍滋生。"③ "财富的增加会促使从事各种行业的人数的增多。……因此，国家财富的增长，能促使这些财富以及国家的人口和威力更大地增长。"④ 也就是说，一国人口是随着国民收入的增长而增加的，由于收入能够提供富裕的生活和利益，因而促使人口增长速度加快。他从重农主义观点出发，提出农业是一切财富的本源，只有农业才是满足人们需要的财富来源，并强调人口是财富的第一个创造性因素。

魁奈的人口经济思想中也反映了人口增长对经济发展的反作用。在分析人口和消费之间的关系时，魁奈认为人口增长会扩大消费，从而引起生产和收入的增长，人口和生产的发展是互相促进的。"人们从自己的工资或盈利收入中花费的一切，能为别人带来好处，并且重新成为产生和恢复财富的来源。"⑤ 在生产方面，魁奈依据他的"纯产品"学说，即以是否生产剩余价值为标准，将总人口区分为两部分：生产性人口和非生产性人口。在《农业国经济统治的一般准则》中，他把国民划分为三

---

① ［法］魁奈：《魁奈经济著作选集》，吴斐丹、张草纫选译，商务印书馆1979年版。
②③ ［法］魁奈：《魁奈经济著作选集》，吴斐丹、张草纫选译，商务印书馆1979年版，第132页。
④ ［法］魁奈：《魁奈经济著作选集》，吴斐丹、张草纫选译，商务印书馆1979年版，第170页。
⑤ ［法］魁奈：《魁奈经济著作选集》，吴斐丹、张草纫选译，商务印书馆1979年版，第137页。

个阶级，即耕作土地而能生产出"纯产品"的生产阶级，也就是租地农场主阶级，出租土地获取地租收入的土地所有者阶级和从事工商业的不生产阶级。① 在他看来，只有从事"纯产品"生产的生产性人口才是社会财富的创造者；那些从事工商业、管理国家、从事文化教育、教会活动等的人口都是非生产性人口，他们的劳动只是间接促进生产或保存财富。因此，他认为，非生产性人口过多，从事生产的劳动力就会减少，因而社会财富就会减少，只有使生产性人口增加，才有利于资本主义经济的发展。倾向于生产性人口的观点，也体现在《农业王国经济政策的一般原则》里明确批判重商主义人口论的三点意见：不考虑收入的增大，而希望人口的增长，只不过是造成成群的贫穷人；巨大的军队不但不能增加国力，相反却造成国民疲惫不堪；人口并不是财富的原因。②

魁奈对西方人口经济学说的理论贡献体现在：第一次提出了经济发展决定人口增长的观点，为人口经济学的理论研究引进了正确的方法论。其后的古典经济学家，无论是亚当·斯密、李嘉图，还是西斯蒙第，都秉承了这一研究方法，在人口经济学领域中进行了更深入、细致地研究，挖掘出许多有价值的人口经济思想。③ 此外，魁奈对人口再生产与生活资料生产之间关系进行考察，提出了人口增长有超过生活资料增长的趋势。这一论点对后来的人口经济学理论具有一定影响。④ 囿于阶级的局限性和理论的局限性，魁奈的人口经济学说中也有不科学的甚至是错误的成分。例如，片面地把农业视为唯一的生产部门，没有正确的劳动价值论作为基础，认为只有农业工人的劳动是创造财富的唯一源泉；又如，魁奈的社会阶级结构理论中，以"纯产品"理论为基础，对社会阶级结构进行划分，把租地农场主和农业工人视为生产阶级，而把工业部门视为非生产部门，工业中资本家和工人是非生产阶级等。⑤

---

① ［法］魁奈：《魁奈经济著作选集》，吴斐丹、张草纫选译，商务印书馆1979年版。

②③ 黄勇：《魁奈人口经济学说述评》，载于《经济评论》1997年第2期，第80－84页。

④ 李仲生：《古典经济学派的人口经济理论》，载于《首都经济贸易大学学报》2005年第2期，第9－13页。

⑤ 黄勇：《魁奈人口经济学说述评》，载于《经济评论》1997年第2期，第80－84页。

另外，以魁奈为代表的法国重农学派假定有一种自然人口规律。根据这个规律，劳动工资保持在饥饿线上。又为简单起见，他们假定有某种类似自然工资率的自然利润率或必要利润率的存在。并提出断言性假设：如果资本的利润比以前减少了，资本就会很快被消费掉或流入他国。因此，重农学派认为工资和利润是由自然规律决定，各种东西的自然价值纯粹是由付给生产者报酬用的工资和利润的总额来决定的。[1]

三、斯密的人口经济思想

亚当·斯密（Adam Smith）是古典经济学派的集大成者。年轻时的马尔萨斯和中老年亚当·斯密的生活时段重合，马尔萨斯经受过亚当·斯密经济著述的直接影响。

马歇尔认为，亚当·斯密对人口问题说得很少[2]。但是，后来的研究逐渐梳理出亚当·斯密在人口经济关系方面许多真知灼见的论点。

亚当·斯密最先分析了人口增长与资本积累的关系，确立了劳动分工和市场机制促进经济增长的经济学思想和基本原则。斯密在 1776 年发表的《国民财富的性质和原因的研究》。[3]

他在《国富论》中曾明确地指出："一国繁荣最明确的标识，就是居民人数的增加"[4]，并指出财富增长会提高劳动报酬，从而使人们获得更多的生活资料，使人口增长；"如果劳动需求继续增加，劳动报酬必然鼓励劳动者结婚和增殖，使他们能够不断增加人口，来供给不断增

① ［英］阿弗里德·马歇尔：《经济学原理》（1938 年第 8 版），廉运杰译，华夏出版社 2005 年版，第 406 页。

② ［英］阿弗里德·马歇尔：《经济学原理》（1938 年第 8 版），廉运杰译，华夏出版社 2005 年版，第 155 页。

③ ［英］亚当·斯密：《国民财富的性质和原因的研究·上卷》（1880 年版），郭大力、王亚南译，商务印书馆 1972 年版。［英］亚当·斯密：《国民财富的性质和原因的研究·下卷》（1880 年版），郭大力、王亚南译，商务印书馆 1974 年版。

④ ［英］亚当·斯密：《国民财富的性质和原因的研究·上卷》（1880 年版），郭大力、王亚南译，商务印书馆 1972 年版，第 64 页。

加的劳动需求。"[1] "充足的劳动报酬,既是财富增加的结果,又是人口增加的原因。"[2] 斯密从劳动价值论出发来分析人口与财富的关系。他看到总人口或消费人数与消费资料有一定的比例关系,又看到劳动人口与生产资料和资本之间有一定的比例关系。他还分析了把人口与财富联系起来的中间环节,如社会分工、生产、交换、分配、需求、消费等因素,并强调社会分工对国民财富的重要性,认为提高劳动生产率是增加国民财富的主要原因而分工又是提高劳动生产率的重要因素。其结果是,国民收入就会增长,而国民收入的增长带来人口增加,人口的增长扩大市场规模,有可能进一步增加储蓄。这就扩大了劳动基金和投资,提高了对劳动的需求,从而通过劳动专业化扩大市场,刺激技术的改良,进一步促进社会分工和专业化,使劳动生产率日益提高,经济就会得到持续发展。

斯密继承了配第的传统观点,认同劳动是财富的源泉。斯密所说的国民财富是指一个国家所生产的商品总量。斯密将劳动看作(商品总量)价值的唯一源泉,在《国富论》中,他写道:"增加一国土地和劳动的年产物的价值,只用两种办法,一种为增加生产性劳动者的数目,另一种为增进受雇劳动者的生产力。"[3] 如果以 α 代表总劳动投入中生产性劳动所占比例,资本中的 αI_1 部分用于为 L_1 个单位的生产性劳动者提供设备、原材料和工资,生产性劳动者人均为 C,那么,则有等式 $\alpha I_1 = L_1 C$,即 $L_1 = \alpha I_1 / C$(也就是生产性劳动者数量既和生产性劳动比例有关,还和资本投入 I_1 和生产性劳动者人均资本 C 有关),由于社会总产出 Y_1 是生产性劳动认识与人均产出 e 的乘积,则有 $Y_1 = e L_1$,即 $Y_1 = (e \alpha I_1)/C$。也就是经济增长既和生产性劳动与非生产性劳动的比例有关,又和劳动者

① [英]亚当·斯密:《国民财富的性质和原因的研究·上卷》(1880 年版),郭大力、王亚南译,商务印书馆 1972 年版,第 73 页。

② [英]亚当·斯密:《国民财富的性质和原因的研究·上卷》(1880 年版),郭大力、王亚南译,商务印书馆 1972 年版,第 74 页。

③ [英]亚当·斯密:《国民财富的性质和原因的研究·上卷》(1880 年版),郭大力、王亚南译,商务印书馆 1972 年版,第 135 页。

生产率 e 有关，也和资本总量 I_1、劳动者人均资本量有关。[1]

他提出经济发展的动因是人口绝对水准的增长，通过"分工的利益"影响劳动生产性。斯密以前，配第、贝卡里亚[2]等古典经济学家开始强调劳动分工。斯密在古典经济学家中，对劳动分工的重视和研究最为突出，研究内容和结论具有代表性和综合性。在《国富论》前三章，花费大量篇幅分析劳动分工，将劳动分工视为形成国民财富的人均产量增长的主导原因。斯密还揭示了市场经济机制和城市规模发展的社会阶段生产率提高的源泉，即分工和专业化和市场与大城市联系，对单个商品相当大的需求，在提高生产该类商品的劳动者技术的同时，也确保劳动者通过市场交换获取足够的其他必需品。斯密认为分工通过劳动生产率发生巨大的影响而成为增长的一个重要因素，这种思想具有创见性。

希克斯[3]提出一个简单公式，来总结斯密的增长方式：$g = (k \cdot p/w) - 1$，如果 k（生产性劳动与非生产性劳动的比例）的改变是被抽象掉的条件下，在给定的实际工资率（w）下的物质增长率（g），就唯一地依赖于通过分工的扩大而提高的劳动生产率（p）。[4]

斯密发现了一个"人口需求规律"，即"像对其他商品的需求必然支配其他商品的生产一样，对人口的需求也必然支配人口的生产"[5]，即对劳动力的需求增长倾向于把工资提高到生存水平之上，进而刺激人口增长，而人口增长扩大了劳动力供给，进而抑制工资的继续提高，及至将工资再次压低到生存水平之下，资本积累者的利润得以维持。[6] 也就是

---

① 胡乃武、金碚：《国外经济增长理论比较研究》，中国人民大学出版社 1990 年版，第 28 页。

② Beccaria, C., 1771. Elementi di economia publica. In Opere, ed. S. Romagnoli, Florence：Sansoni, 1958.

③ Hicks, J. R., *Capital and Growth*. Oxford：Clarendon Press. 1965, P. 38.

④ 彼得·格罗奈维根（Peter Groenewegen）：《劳动分工》，郭建青译，载于约翰·伊特韦尔、默里·米尔盖特、彼得·纽曼：《新帕尔格雷夫经济学大辞典·第一卷：A – D》，经济科学出版社 1996 年版，第 978 – 983 页。

⑤ ［英］亚当·斯密：《国民财富的性质和原因的研究·上卷》（1880 年版），郭大力、王亚南译，商务印书馆 1972 年版，第 73 页。

⑥ 蔡昉：《二元经济作为一个发展阶段的形成过程》，载于《经济研究》2015 年第 7 期，第 4 – 15 页。

说，在人口与经济发展的关系上，斯密强调了两个方面。其一，如果没有工资基金的增加和作为其结果的工资提高，人口就不能增长，也就是说贫困抑制人口的增加。"对劳动的需求，按照它是增加、减少或不增不减，换言之，按照它所需要的是增加着的人口、减少着的人口或是不增不减的人口，而决定必须给予劳动者的生活必需品和便利品的数量，而劳动的货币价格，取决于购买这些数量所需要的金额。"① 按照斯密的看法，在长期内，人口增长是可用于人类生活基金的函数。因而，实际工资的变化会引起人口规模的相应变化。实际工资较高时，会鼓励早婚，出生率升高，婴儿死亡率下降，人口更快增长。反之，当工资较低时，死亡率会提高，婚龄会推迟，从而人口增长速度会降低。斯密把既不允许人口数量过快增加，又不导致人口基数下降的工资称为"生存工资"，它在量上等于维持劳动者及其家属必要的生活资料的价值。生存工资决定工资的最低限，构成劳动的长期供给价格（"劳动的自然价格"），与一定的人口数量相一致。② 其二，增加的人口通过分工来提高工资。开始是资本积累和投资的活跃，带来人口增长，到了经济起飞阶段，新增人口通过分工形成经济发展的原因。此外，斯密认为，发达的社会到一定阶段后会达到停滞状态，随着资本积累的进行，资本家之间的竞争带来利润率下降的结果，使一个国家的经济陷入资本停止积累的状态。到那时，人口也就到了所能容纳的极限，并不能得到增加。

斯密的人口经济理论可归结如下：人口增长率（从而劳动供给扩张率，以 dL_s/dt 表示）随实际工资 w 与生存工资 $\bar{w}$ 之间的差距的变化而变化。即 $dL_s/dt = q(w - \bar{w})$，q 为常数，大于 0。从长期来看，劳动供给大体上与劳动需求相适应，即 $dL_s/dt = dL_D/dt$，dL_D/dt 表示劳动需求的变化。在完全竞争的劳动市场条件下，若工资降到维持劳动供给和劳动需求于均衡状态所需的水平下，需求的压力会使其提高；若工资在均衡水

① ［英］亚当·斯密：《国民财富的性质和原因的研究·上卷》（1880 年版），郭大力、王亚南译，商务印书馆 1972 年版，第 79 页。

② 胡乃武、金碚：《国外经济增长理论比较研究》，中国人民大学出版社 1990 年版，第 28 页。

平以上，由于过快的人口增长所导致的超额劳动供给，很快会降低劳动报酬。因此，斯密把劳动需求看作是资本和收入的函数，即 $dL_D/dt = a(dI/dt) + b(dY/dt)$，式中 a、b 为正的系数。于是，斯密的劳动力市场理论模型即为 $dL/dt = a(dI/dt) + b(dY/dt)$（该式表明，劳动力增长与收入和资本的增长成比例。它意味着，在一个扩张的经济中，人口会增长；在一个衰退的经济中，它会减少；在停滞经济中，它会保持不变）和 $w - \bar{w} = (a/q)(dI/dt) + (b/q)(dY/dt)$。[1]

斯密的人口经济理论，特别是对人口增长与资本积累的相互关系的分析，对后人的影响是不容忽视的。斯密认为："国家的人口，不和它们衣住材料所能供给的人数成比例，而和它们食物所能供给的人数成比例。"[2] 由此可见，马尔萨斯人口论中人口数量受制于食物数量，其思想渊源可以追溯到斯密。面向劳动者的"生存工资"在马尔萨斯人口论中就扩展成面向所有人的食物供给量。斯密认为，经济的发展能够自发地调节人口的生产，并与之相适应。[3] 这个观点应该被马尔萨斯接受，演变成马尔萨斯的人口均衡。因此，是斯密首先确立了人口增长受限于生活资料的思想。

四、李嘉图的人口经济思想

英国古典经济学派的重要人物大卫·李嘉图（David Ricardro）继承了斯密的经济学，同时受马尔萨斯的影响，把斯密的经济发展论和马尔萨斯的人口论巧妙地结合起来，构筑了长期动态论。

李嘉图首先继承了斯密关于"对人口的需求支配人口生产"的思想，

---

① 胡乃武、金碚：《国外经济增长理论比较研究》，中国人民大学出版社 1990 年版，第 28 – 29 页。

② ［英］亚当·斯密：《国民财富的性质和原因的研究·上卷》（1880 年版），郭大力、王亚南译，商务印书馆 1972 年版，第 157 页。

③ 张文贤：《人口经济学》，上海人民出版社 1987 年版，第 3 页。

认为人口的增减受劳动市场需求的调节。① 他提出"人口繁殖的速度较大，维持劳动基金增加的速度较小。在这种情况下，将发生反动。——即在供求比例恢复原状以前，工资将继续低在自然线水平以下"②。

李嘉图在他的著作《政治经济学及赋税原理》中，以三个法则，即萨伊的销售法则，土地收获递减法则和马尔萨斯的人口法则为基础，提出了动态理论。他认为资本积累是经济发展的动因，斯密也同样认为经济发展取决于由节约或储蓄积累起来的资本，而积累的资本按萨伊的销售法则，全部向从事生产的劳动者投资。投资增加后，按照马尔萨斯的人口法则，随着投入一定土地的人口增加，扩大了对农产品的需求，从而形成从肥沃的土地到贫瘠土地的耕作，其结果按照收获递减的法则，谷物生产受到制约，谷物价格上升，肥田的土地税也逐渐提高。由于谷物价格上升，导致工资和土地税的上升。因此，资本积累的发展提高了工资和土地价格，却降低了利润。对此，李嘉图认为，资本的增加引起对劳动需求的增加，因而引起市场价格和劳动供给的变动，使后者起着恢复均衡的作用（也就是引致人口增长和劳动力供给增加，又促成市场价格下降），但是，这个过程如此缓慢，以致在调整完成以前又被资本新的增加所赶上。③

李嘉图指出马尔萨斯过分强调人口增长受食物增加的制约，主张人口增长是受资本增加以及随之而来的工资上升的影响，而人口增长一旦形成，就会扩大粮食的生产。李嘉图以工资变动解释人口增长过程实质上与马尔萨斯所谓的人口增长法则是一样的。学术界将他们两人的工资与人口关系的论述，称为"马尔萨斯－李嘉图理论"。该理论含义为：人

---

① 张文贤：《人口经济学》，上海人民出版社1987年版，第4页。

② ［英］大卫·李嘉图：《政治经济学及赋税原理》，郭大力、王亚南译，北京联合出版公司2013年版，第86页。

③ C. A. 布莱斯（C. A. Blyth）：《工资基金学说（Wage Fund Doctrine）》，孙鸿敞译，载于约翰·伊特韦尔、默里·米尔盖特、彼得·纽曼：《新帕尔格雷夫经济学大辞典·第四卷：Q－Z》，经济科学出版社1996年版，第902－904页。我国改革开放至今40多年里，前20多年属于资本增长滞后于劳动力转移增长，入城农民工工资基本增长停滞。2003年春节后，部分城市首次出现民工荒，表明资本增长超过劳动力增长，此后，入城农民工工资开始逐渐增长。

口的增长导致价格的增长和工资的下降，反之结果相反，因此，人口数量是重复波动的，即人口循环。后来，斐迪南·拉萨尔（Ferdinand Lassalle，1862）以"工资铁（或铜）律"将其拔升为一种规律现象，用来描述资本主义制度下，实际工资固定在仅足以提供基本生活必需品的水平。根据"工资铁律"，工资是围绕着生理最低限度的需求波动的。工资铁律推论反映李嘉图继承了法国重农主义的自然工资率思想。在马尔萨斯人口论推论中，也就是出生率和结婚率决定就业和失业的变化，从而影响工资水平的变化。[1] 在李嘉图《政治经济学及赋税原理》论工资一章的开头一段中，劳动的"自然价格"被定义为"使劳动者个个均能生存并延续其种族使之不增不减所必需的那种价格"[2]。这个定义与斯密的生存工资同义。这就把劳动的自然价格定义为保证人口增长速度为零的商品工资。因此，实际工资围绕一个自然的波动重心而波动（这种波动在实际上是依存于结婚及生育子女决定的，和人口增长率波动近似同步，和劳动增长率之间是反向波动），即食物及其他生存所必需的最低水平。[3]那么，按照马尔萨斯生活水平改善促进人口增长推论，劳动供给就是对现行的劳动"市场价格"与"自然价格"的任何差额自动作出反应。[4]当劳动的市场价格（是根据劳动者市场供求比例的自然作用实际支付额价格）超过其自然价格时，劳动者可获得较多生活必需品和享受品，刺激人口增长，劳动者人数也随之增加，又会迫使工资降到其自然价格水平。从长期来看，劳动力直接与资本增加成比例。假如自然工资水平上

---

① 欧内斯特·曼德尔（Ernest Mandel）：《马克思，卡尔·海因里希（1818 – 1883 年）》，吴延迪译，载于［英］伊特韦尔等：《新帕尔格雷夫经济学大辞典·第四卷：K – P》，经济科学出版社 1996 年版，第 395 – 411 页。

② ［英］大卫·李嘉图：《政治经济学及赋税原理》，郭大力、王亚南译，北京联合出版公司 2013 年版，第 41 页。

③ 马克·布劳格（Mark Blaug）：《工资铁律（Iron Law of Wages）》，杨敬年译，载约翰·伊特韦尔、默里·米尔盖特、彼得·纽曼编：《新帕尔格雷夫经济学大辞典·第二卷：E – J》，经济科学出版社 1996 年版，第 1074 – 1075 页。

④ 到了新古典经济学时代，工资不再与最低生活消费水平挂钩，转与边际分析方法结合，实际工资与扣除成本后边际产品价值相等成为工资确定原则，这就是边际生产率工资学说。从工资铁律向边际生产率工资转变，也就是从人口增长的平均劳动生产率转向新增劳动力的边际劳动生产率转变，但是背后的人口增长因素制约逻辑没有变化，只是由长期分析变成短期分析。

升了，随之而来的劳动供给会赶不上劳动需求的增长，且人口也会以低于资本增长的较慢速度增长，于是，市场工资水平会提高，资本利润率会下降，劳动供给和需求的均衡又会形成。因此，人口增长是市场工资与自然工资之差额的增函数。劳动需求就成了人口增长的动因。一般而言，市场工资有一种与自然工资保持一致的倾向。①

李嘉图关于工资一旦超过了仅能维持生存所必要的资料的范围，人口就有急剧增长的趋势，而这种趋势通过"自然规律"固定在仅能维持生存所必要的资料的水平上的论述也被许多德国社会主义者称为李嘉图的"铁律"或"铜律"，也称为"最低工资率"。② 这个论点的断言是生活水平提升和劳动力供给增加背后的人口增长不可能同时出现。这种情形，也就是马尔萨斯论述的人口均衡陷阱。其后的逻辑是，要想提高工资以提升生活水平，就要对人口增长加以控制。这也是计划生育背后隐藏的指导思想。此外，以工资总额确定的经济活动人口和非经济活动人口是外定的，这也算是经济适度总人口的思想萌芽。但是，产业革命以来工业化和城市化的历史数据表明，生活水平提升和人口增长是可以同时出现的。

不同于马尔萨斯的积极抑制结论，较温和的李嘉图则认为可以说服大部分群众节制生育，从而把生活水准保持在生存线以上。③

本质上，李嘉图的人口和工资理论源于斯密，部分源于马尔萨斯。可将其模型简述如下：假定其他情况不变，市场工资率高于自然工资率会同时带来两个相反的结果：一方面会带来人口的增长；另一方面会阻碍投资，并因此减少对劳动的需求。在这种双重冲击下，劳动的供给增加而需求减少，市场工资率跌回自然水平，人口也跟着减少。④

---

① 胡乃武、金碚：《国外经济增长理论比较研究》，中国人民大学出版社1990年版，第48 - 50页。

② ［英］阿弗里德·马歇尔：《经济学原理》（1938年第8版），廉运杰译，华夏出版社2005年版，第408 - 409页。

③ ［英］罗伊·哈罗德：《动态经济学》（1973年版），黄范章译，商务印书馆2013年版，第30页。

④ ［美］W. W. 罗斯托：《经济增长理论史：从大卫·休谟至今》，陈春良等译，浙江大学出版社2016年版，第150页。

五、西斯蒙第的人口经济思想

瑞士古典经济学完成者西蒙·德·西斯蒙第（Simorn De Sismondi）对马尔萨斯的人口经济观点进行了反驳。[①] 他认为马尔萨斯只是抽象地提出了人口的可能增加，就推出了一个按几何级数增长的假说，这是彻头彻尾的谬论。[②] 要把人口增长的可能性同人口的实际增长加以区分。人口的实际增长往往在一定的条件下发生的，不是缺乏生产生活资料的能力，而是缺乏购买生活资料的能力，受一定的社会经济条件制约的。他明确提出："限制人口增加的绝不是土地所能生产的生活资料"[③]，"人类的繁衍决定于意志，正是这种意志限制着人口的发展"[④]，"或者确切地说，总是人类自己给自己制定的法律是唯一限制生活资料增加的意志，也是限制人类繁衍的意志"[⑤]。在分析人口与财富之间的关系时，他明确指出："如果人口可以分享财富，立法者就应该设法增加人口"[⑥]，"我们经常把人口的增长看成是繁荣和政治清明的标志"[⑦]，"人口永远是按照劳动的需求来调节的，只要有劳动需求和供给劳动的充足的工资，挣这份工资的工人就会诞生。人口的发展能力是很大的，永远能填满空余的位置。工人所需要的生活资料也是永远能够生产出来的，必要时还可以由国外

---

① ［瑞士］西斯蒙第：《政治经济学新原理：或论财富同人口的关系》（1951 – 1953 年版），何钦译，商务印书馆 2011 年版。
② ［瑞士］西斯蒙第：《政治经济学新原理：或论财富同人口的关系》（1951 – 1953 年版），何钦译，商务印书馆 2011 年版，第 421 页。
③ ［瑞士］西斯蒙第：《政治经济学新原理：或论财富同人口的关系》（1951 – 1953 年版），何钦译，商务印书馆 2011 年版，第 420 页。
④ ［瑞士］西斯蒙第：《政治经济学新原理：或论财富同人口的关系》（1951 – 1953 年版），何钦译，商务印书馆 2011 年版，第 411 页。
⑤ ［瑞士］西斯蒙第：《政治经济学新原理：或论财富同人口的关系》（1951 – 1953 年版），何钦译，商务印书馆 2011 年版，第 422 页。
⑥ ［瑞士］西斯蒙第：《政治经济学新原理：或论财富同人口的关系》（1951 – 1953 年版），何钦译，商务印书馆 2011 年版，第 410 页。
⑦ ［瑞士］西斯蒙第：《政治经济学新原理：或论财富同人口的关系》（1951 – 1953 年版），何钦译，商务印书馆 2011 年版，第 411 页。

输入"①。他提出了人口与财富、人口同资本之间存在一定的比例关系是他论述人口经济理论的主要特点，与其他古典经济学家相比，见解较为精深，具有较大学术价值。西斯蒙第还从人既是消费者又是生产者角度来考察人口，人出生后首先是消费者，消费先于生产，并决定于生产；另外，人们生产财富又为人们提供了消费，所以人口既是生产的人口，又是消费的人口，财富和人口是互为因果关系的。② 西斯蒙第的有关人口既是消费者又是生产者的人口经济理论具有一定程度的创新性。在论述资本主义社会的人口过剩问题时，他最先系统地分析了机器的发明造成人口过剩的现象，③ 他认为大机器工业使社会财富迅速增加，但机器排挤了人，使大批工人失业，大批小生产者破产。但他并不反对机器和技术进步，并明确指出问题的根源是机器使用的资本主义方式，而不是机器发明本身。但他并未充分认识到在资本主义社会，资本家进行生产、采用机器和技术，扩大再生产的目的不是为了获得使用价值和消费，而是为了榨取更多的剩余价值。

六、评议

古典经济学对人口问题的研究是从人口增加对人均收入（基本生活保障）的影响这个视角切入讨论，主导性结论是人口过度（过快）增长会导致经济与社会灾难性结果。

古典经济学的人口学说和强调土地报酬递减规律和矿藏枯竭趋势的重要性相联系的，对应的逻辑推论就是：技术的进步在短期内提高了雇工的报酬；这就使得他们生育更多的孩子；引致必须加紧开发土地和矿

---

① ［瑞士］西斯蒙第：《政治经济学新原理：或论财富同人口的关系》（1951－1953 年版），何钦译，商务印书馆 2011 年版，第 430 页。

② ［瑞士］西斯蒙第：《政治经济学新原理：或论财富同人口的关系》（1951－1953 年版），何钦译，商务印书馆 2011 年版，第 430－431 页。

③ ［瑞士］西斯蒙第：《政治经济学新原理：或论财富同人口的关系》（1951－1953 年版），何钦译，商务印书馆 2011 年版，第 443－456 页。

藏；这种加紧的榨取，使得从事于这种劳动的劳动者蒙受报酬递减之苦；这些报酬的递减，将正好抵销了技术进步所带来的报酬的增加。因此，就业报酬有一种总是趋向于生存水平等的持续趋势。报酬的任何提高，都会刺激劳动力供应的追加。① 于是，从结论的侧重点出发，古典经济学（包含马尔萨斯）确立了西方经济学人口理论（从其演变过程来看形成了）两大体系：一是关于总人口规模理论；二是影响人口变动因素分析理论。② 在实际研究中，这两者往往是相互结合的。再有，古典经济学革命性创新的人口经济学思想是"经济人"，在"自然人"以外，确立了抽象研究的公理性基础。

另外，古典经济学是人类历史上首次各有侧重，又彼此联系形成有机体系的研究经济增长问题的璀璨时期。无论是重商主义，魁奈为代表的重农主义，斯密的劳动分工与市场机制学说，李嘉图的比较优势理论，马尔萨斯的人口原理，马克思的阶级斗争与收入分配，探讨的都是根本性的经济增长问题。但是，马尔萨斯《人口原理》的发表，也对古典经济学的经济增长研究给出了宿命性结论：人口增长使可用于生产的劳动力供应也获得了增加，扩大了劳动分工，提高了劳动生产率，但是，增加的人口还是导致资本淡化和市场工资向下回归到自然工资，最终还是结束于一种停滞状态——静态。受此影响，经济增长问题由长期分析向中短期分析收缩，集中到以利润率代表经济增长及其刺激的资本投入、技术发明、人力资本等生产力要素范畴的研究。甚至缩短到被马克思斥之为"庸俗经济学"的微小的边际分析中。

因此，同属古典经济学的马尔萨斯人口均衡所含有的否定性宿命是经济学理论研究和经济发展实践中都必须要否定的一个命题。如何否定这个命题成为众多研究者不断探索的课题。

---

① ［英］罗伊·哈罗德：《动态经济学》（1973 年版），黄范章译，商务印书馆 2013 年版，第 30 页。

② 张爱婷：《西方经济学的主要人口理论评述》，载于《生产力研究》2006 年第 2 期，第 251－254 页。

第二节　马歇尔的人口经济思想

英国经济学家阿弗里德·马歇尔（Alfred Marshall）在 1890 年发表了《经济学原理》，把古典派经济学发展到新的水平，成为古典经济学派的完成者。在该著作中，他引入马歇尔分析法、效用概念和数学公式等新的研究与分析框架，也使其成为古典经济学向新古典经济学发展的承转者。

集中反映马歇尔人口经济思想的是他在《经济学原理》中论述的消费者和生产者共同作用下的市场均衡论述。在《经济学原理》一书中，延续古典经济学的劳动价值论传统，马歇尔继承大卫·李嘉图等古典经济学家提出的资本、劳动力与土地是生产力三要素的论断，通过市场机制中供求关系分析，将这三种生产力要素对经济增长的实现过程模式化为消费者消费与生产者供给问题；于是，经济增长过程取决于参与市场活动的人群。斯密"看不见的手"也在新古典经济学中演变为"经济增长是市场机制自发运行的结果"。潜意识中受市场均衡思想影响，马歇尔表露出人口增长也有自发均衡的意识性论点。

一、人类历史中人口数量受人口增长目的的影响

马歇尔指出，世界各国历代所有有思想的人都早已注意到那形式多少有点模糊的人口研究。在东方和西方世界中，由立法者、道德家和那些无名思想家制定了法规、风俗和礼仪，而其中大部分都源于人口研究的影响，但这种影响往往未得到承认，有时甚至未得到清楚的认识。在强盛的民族中，在重大的军事冲突时期，他们力求增加能使用武器的男子的供给；而在进一步的发展阶段，他们谆谆教导人们要尊重人类生活的神圣不可侵犯性；但在低级发展阶段，他们又鼓励甚至强行残酷屠杀老人、智障者，有时甚至是杀一部分女婴。在动物界和植物界中，动植物的繁殖一

方面受个体繁殖自身种类的倾向的支配；另一方面又受生存竞争的支配。在人类中，这两种相反力量的冲突会因其他影响而变得复杂：一方面，对将来的顾虑使很多人控制他们的自然冲动；另一方面，社会以宗教、道德和法律制裁对个人施加压力，以达到时而加速、时而阻碍人口增长的目的①。马歇尔认为，马尔萨斯著的《人口论》，是所有关于这个（人口增长）问题的近代理论的起点。② 也就是说，人口增长的研究历史悠久。历史上的人口研究具有比较突出的人口控制目的。人口数量的控制远远超出当代的生育行为引导或管理。有关人类的生物自然繁殖本能在两个方面不同于其他生物一般性，也是对马尔萨斯人口增长仅受食物压力的修正。

马歇尔认为，从某种意义上说，生产要素只有两个，即自然和人类。资本与组织是人类在大自然的帮助下，在人类预测将来的能力以及甘愿为将来做准备的心理指导下进行工作的结果。③ 马歇尔指出，在 17 世纪下半叶和 18 世纪上半叶，中央政府竭尽全力凭借居住法律来阻止国内各地人口的供给与需求。地主和佃农竭力阻止外来人在他们的教区内获得"居住权"，因此就很难建造新茅屋，有时甚至将茅屋完全毁坏掉。结果，在到 1760 年为止的百年之中，英国的农业人口没有变化。1760 年以后无法在故乡谋生的人，到新的工业区或矿业区去找职业几乎没有什么困难。在这些地区，对工人的需求往往使地方当局不能执行居住条例中遣返原籍的规定。年轻人自由地到那些地区去，因而那里的人口出生率就变得特别高了，其结果是人口迅速增加。④ 人口如果有所增加，共同效率一般就会随之有超比例的提高。因为，人口的增长使他们能获得专门技能和专门机械，也能获得地方性工业大规模生产所带来的许多好处，能增加

---

① ［英］阿弗里德·马歇尔：《经济学原理》（1938 年第 8 版），廉运杰译，华夏出版社 2005 年版，第 152 页。

② ［英］阿弗里德·马歇尔：《经济学原理》（1938 年第 8 版），廉运杰译，华夏出版社 2005 年版，第 156 页。

③ ［英］阿弗里德·马歇尔：《经济学原理》（1938 年第 8 版），廉运杰译，华夏出版社 2005 年版，第 121 – 122 页。

④ ［英］阿弗里德·马歇尔：《经济学原理》（1938 年第 8 版），廉运杰译，华夏出版社 2005 年版，第 164 页。

一切的交通便利。同时，人们相距很近，因而他们之间的各种交易所耗费的时间和努力减少了，而且使他们有新机会获得各种社会享乐和文化生活方面的舒适品和奢侈品。① 也就是说，人口增长，能够产生集聚效应，体现在规模增加、交易费用下降和组织改进等方面。

二、报酬递减律约束只是一种倾向

马歇尔提出，报酬递减律是一种倾向的叙述，这种倾向可能由于生产技术的改良以及开发土壤全部作用的时断时续的过程一时受到阻碍。但是，假如对产物的需求无限制地增加，那么这种倾向最终必然成为不可抗拒的。② 人口的增长必将发展贸易和工业组织。所以，边际递减律适用于投在一个区域的全部资本和劳动，就不像适用于投在一块田地上的全部资本和劳动那样明确。人口对生活资料的压力，在很长时期内仍可能受到新的供给范围、铁路和轮船交通的低廉以及组织和知识的进步的遏制。③

因此，和马尔萨斯相反，马歇尔认为生活水平上升对生育率的影响是不确定的。马歇尔认为，持续性的繁荣似乎同样可能提高或降低生育率。劳动供给是如何紧密适应劳动需求这个问题，在很大程度上都可以归结为这样的问题：在一般人的现时消费中，有多少是用来维持青年人和老年人的生活及效率的必需品（从严格意义来说）；有多少是这样的习惯上的必需品——在理论上可以免除，但实际上很多人宁愿要它也不愿要某些真正用来维持效率的必需品；虽然作为目的的本身来看，有些必需品当然极其重要，但作为生产手段来看，又有些是多余的。④ 也就是

---

① ［英］阿弗里德·马歇尔：《经济学原理》（1938 年第 8 版），廉运杰译，华夏出版社2005 年版，第 264 – 265 页。

② ［英］阿弗里德·马歇尔：《经济学原理》（1938 年第 8 版），廉运杰译，华夏出版社2005 年版，第 133 页。

③ ［英］阿弗里德·马歇尔：《经济学原理》（1938 年第 8 版），廉运杰译，华夏出版社2005 年版，第 145 页。

④ ［英］阿弗里德·马歇尔：《经济学原理》（1938 年第 8 版），廉运杰译，华夏出版社2005 年版，第 424 – 425 页。

说，马歇尔认为，现时消费中向维持青年人和老年人的生活及效率的必需品倾向，会促进人口增长和劳动力供给。

三、劳动力流动具有等级性特点

马歇尔认为，劳动是指人类的经济工作，不论是体力方面的还是脑力方面的。[①] 个人成长和劳动中形成人的非物质财物。人的非物质财物分为两类：一类是由他自己的特点和活动及享乐的才能构成的，如人的经营能力、专门技能或从阅读及音乐中得到娱乐的能力，都属于这一类。这一切都在人体之内，所以称为内在的财物。内在的非物质财物具有不可转让的特点。另一类称为外在财物，是由对人有利的与别人的关系构成的。[②] 也可以将个人财富解释为：包括一切直接有助于人们获得工业效率的精力、才能和习惯在内的东西。[③] 一般资本这个名词，即从社会的观点来看资本的最重要的用途，在于研究生产的三个要素土地（即自然要素）、劳动和资本是如何有助于产生国民收入（或以后称为国民总效益）的，以及国民收入如何分配于这三个要素上。[④] 父母通常培养自己的孩子从事他们自己那一等级的职业。所以，在一代人当中，任何等级的劳动者的全部供给，都在很大程度上取决于前一代人当中该等级的人数。但在该等级本身之内，却有较大的流动性。如果该等级内任何一种职业的利益超过平均的利益，那么青年人就会从同等级内其他职业迅速转入这一职业。从一个等级到另一个等级的纵向流动不很迅速，规模也不大，但是，当一个等级的利益已高于所需工作的困难时，那么青年及成年劳

---

① ［英］阿弗里德·马歇尔：《经济学原理》（1938 年第 8 版），廉运杰译，华夏出版社 2005 年版，第 121 页。

② ［英］阿弗里德·马歇尔：《经济学原理》（1938 年第 8 版），廉运杰译，华夏出版社 2005 年版，第 45－46 页。

③ ［英］阿弗里德·马歇尔：《经济学原理》（1938 年第 8 版），廉运杰译，华夏出版社 2005 年版，第 48 页。

④ ［英］阿弗里德·马歇尔：《经济学原理》（1938 年第 8 版），廉运杰译，华夏出版社 2005 年版，第 65 页。

动者就会开始不断流入这一等级。虽然每次流入的人数也许并不很多，但合起来人数就多了，不久就足以满足这个等级的劳动者增长的需求了。① 也就是说，"子承父业"的现象表明某个行业劳动力供给受前一个时点（上一代）变量影响。

马歇尔论述，劳动的流动性足以使这一点成为事实：即在一个西方国家中，各个不同部门中的同级工人的工资有相等的趋势。② 人们常说竞争倾向于使同一行业中或者困难相同的各个行业中的人的工资相等，但这种说法需要谨慎地解释。因为竞争使效率不同的两个人在一定时间内所得的工资不是趋于相等，而是趋于不相等。③ 为了正确理解经济自由和创业精神有使附近地区困难相同的各行各业的工资相等的趋势这一论断，需要使用效率工资这一概念，或从广义上说的效率报酬。如果劳动的流动性越大、劳动的专业化越不精密、父母为子女谋求最有利的职业的心越迫切，同时，适应经济条件变化的能力越快，以及这些条件的变化越慢、越不剧烈，那么这种趋势就会越大。④ 经过修正的规律是：一般来说，经济自由和创业精神有使同一地区的效率工资相等的趋势。⑤ 劳动力流动导致工资趋同的观点，得到了后来学者的论证，被称为克拉克定律。⑥ 完全竞争条件下，整个社会的劳动力工资趋于相等，资本利息趋于

① ［英］阿弗里德·马歇尔：《经济学原理》（1938 年第 8 版），廉运杰译，华夏出版社 2005 年版，第 187 – 188 页。

② ［英］阿弗里德·马歇尔：《经济学原理》（1938 年第 8 版），廉运杰译，华夏出版社 2005 年版，第 431 页。

③ ［英］阿弗里德·马歇尔：《经济学原理》（1938 年第 8 版），廉运杰译，华夏出版社 2005 年版，第 437 页。

④ ［英］阿弗里德·马歇尔：《经济学原理》（1938 年第 8 版），廉运杰译，华夏出版社 2005 年版，第 438 页。

⑤ ［英］阿弗里德·马歇尔：《经济学原理》（1938 年第 8 版），廉运杰译，华夏出版社 2005 年版，第 439 页。

⑥ J. B. 克拉克在《财富的分配》（1938）中论述，在一个非常完善的自由竞争的制度下，每一单位的劳动所能得到的工资和最后一个单位的产量恰恰相等。即使竞争进行得不很完善，每一个单位的劳动所得工资的数目，还是倾向于这个产量（第 162 页）。这种情形也就是工资规律，即任何一个单位所得的工资，便是等于最后一个单位所能创造的产量（第 164 页）。从工资规律可以推导得到利息规律（第 165 页），见 ［美］J. B. 克拉克（John Bates Clark）：《财富的分配》（1938 年版），陈福生、陈振骅译，商务印书馆 1983 年第 2 版。

相等的情形，类似数学中的极限类，具备数学上的完备逻辑，符合经济学数学化分析形式，被称为经济收敛，也是人口经济水平收敛性过程的表现。

四、人口增长具有阶层差异性

和马尔萨斯否定"济贫法"一样，马歇尔（2005）指出人口增长的阶层差异。他认为，大自然倾向于优胜劣汰，但更多善意的人类活动却是遏制强者的增加，使弱者能够生存。有理由怀有以下这样的恐惧感：当医学和卫生进步到把身体和精神衰弱的人的孩子从死亡中救出来的人数不断增加时，最有思想并最富有精力、进取心和自制力的人，却要延迟结婚，并以其他方法来限制自己孩子出生的数目。因此，知识的进步，特别是医学的进步，在有关保健的一切工作上政府采取更多并且更明智的活动，再加上物质财富的增加——这些因素都会减少死亡、增进健康和延长寿命。另外，城市生活节奏的加快、人口中门第较高的人比较多的结婚迟并且生孩子少的倾向，却使生命力降低，而使死亡率上升。如果只是前一类原因在起作用，但加以调节以避免人口过多的危险，那么人类大概很快就会达到前所未有的身心俱优的程度；但如果是后一类原因起作用，并且不加以遏制，那么人类很快就会退化。也就是说，人口出生率在富裕人群中更低，而在那些为自己和家庭的将来不作过多打算并且过着忙碌生活的人当中更高。富裕的家庭奢侈的生活习惯使生殖力降低了，而剧烈的精神紧张恐怕也会使生殖力有所降低。他指出，《济贫法》盛行在 19 世纪初，工人阶级带来了一种缺乏保障的形式。该法规定：工人阶级的一部分工资，要以贫穷救济金的方式拿出来，而这种救济金在他们当中的分配，是与他们勤劳、节俭和远见成反比例的。其实际结果是使有许多孩子的父亲往往不必工作就能得到很多好处。如果他没有结婚或只有一个小家庭，即使辛苦工作也得不到这么多的好处。这个表述表明，马歇尔对

《济贫法》和医疗卫生进步等促进人口增长的措施有保留性意见，观点后面隐含着达尔文主义思想。马尔萨斯、马歇尔等对《济贫法》的反对，是从微观的经济主体激励逻辑出发，也引导了经济学向微观研究层面的发展。

此外，马歇尔（2005）的研究论述中还孕育了人力资本思想。他认为，仅仅将教育当作是一种投资，就能使大多数人拥有比通常能利用地大得多的机会，也会很有利。这是因为，依靠这个手段，许多原本会默默无闻地死去的人就能发挥他们潜在的能力。而且，一个伟大的工业天才的经济价值，足以抵偿整个城市的教育费用。

在经济史中，马歇尔被视为开启新古典经济学的代表者。但是，就其人口经济思想看，更接近古典经济学研究传统。而且，在马歇尔之后，除了继承马尔萨斯人口均衡思想的适度人口研究外，西方主流经济学近乎有一段时期没有体系性地研究人口与经济关系。

第三节　凯恩斯的人口经济思想

在古典经济学和马尔萨斯人口论中，人口均衡的形成是自发的。但是，斯密和后来的新古典经济学否定了马尔萨斯提出的人口与经济之间负相关性论断。同时期蓬勃发展的资本主义市场经济也使社会各界淡忘了马尔萨斯预言。但是，第二次世界大战爆发前席卷西方的资本主义社会有史以来最为深重经济大萧条，却对市场自发调节劳动力等生产要素的机制提出了挑战，隐含着商业周期是否是一种工业化社会的马尔萨斯均衡波动类型的潜命题。

对此，英国经济学家约翰·梅纳德·凯恩斯（John Maynard Keynes）开创的凯恩斯学派从总需求分析框架出发，论述了人口增长对经济增长的积极作用。

基于市场供需关系，凯恩斯在 1936 年出版的《就业、利息和货币通论》① 中，建构了总需求分析框架，明晰了人口与经济增长传导过程：生产者和消费者——商品供给和消费——有效需求问题——总投资问题——生产问题——经济增长问题。一般的认识是，在供给主导市场机制运行情况下，均衡点处于上移通道，生产要素的投入，以及产量的增加，就是经济增长过程。但是，资本主义市场经济已由供给主导转为需求主导，经济增长受制于一种市场经济传导机制：产出取决于投资与消费，投资决定于成本回收和利润率，成本回收和利润率决定于产品销售，产品销售取决于消费者经济收入与边际消费倾向，边际消费倾向决定于储蓄，在储蓄为正的情况下，产品的销售必然处于一种有效需求不足状况。这是因为人口下降和边际消费倾向递减，对某些种类的投资品和消费品（例如住宅和儿童服装等）的需求将大幅度减少。在这些市场上的需求不振会导致总需求的不足，产生一个存在着相当大量失业的均衡状态，引致资本边际收益率递减，出现了投入要素的成本回收问题，出现货币的流动性偏好现象，进而影响到下一轮的再生产问题。

凯恩斯论证指出，有效需求不足问题表明，市场机制本身不可能实现产品出清情况，这种情况实际就是指均衡点不可能出现。因此，市场机制存在一种先天的缺陷，即有效需求不足产生的市场经济衰退。为了解决有效需求不足问题，要求政府干预经济，通过增加公共消费、降低税率、加速货币发行、降低利率等方法增加需求，在短期内就可以刺激经济以减少失业，也就消除了通货紧缩启动的商业周期。② 凯恩斯在1937年发表的《人口缩减的若干经济后果》一文中展开短期的动态分析，进一步论述人口增长由于促进投资而促进经济成长，把人口增长率视为通过有效需求源泉的资本需要而对经济发展作出贡献。③ 和古典经济学和新古典经济学不同，凯恩斯从另一方面说明了人口增长会增加总消费支出，引致投资增加，劳动力工资竞争性上升，社会总生产函数曲线右移，社

---

①② ［英］约翰·梅纳德·凯恩斯：《就业、利息和货币通论》（英文珍藏版），陕西人民出版社2005年版。

③ 李仲生：《人口经济学的形成与发展》，载于《首都经济贸易大学学报》2002年第6期，第17－20页。

会经济水平也随之上升。

古典经济学认为，人口增长会出现资本淡化，导致再生产难以扩大，劳动力平均生产率下降，工资铁律效应出现。在此推论下，新古典经济学沉入到边际分析层面，更多地从技术角度研究生产中劳动力追加带来的成本收益比较问题，忽略了人口经济关系研究。凯恩斯的国民收入决定论中，为了消除经济周期，要求引入政府干预弥补有效需求不足、实施政府投资，这就导致劳动的市场工资（实际报酬）不再自发地回落到自然工资（或是生存工资）水平，劳动力供给和需求不再是市场自发调节。那么，古典经济学和马尔萨斯人口论所假定的劳动力供给需求背后人口增长变化受到自然工资限制就发生了社会性改变，开始受到政府干预的影响。而且，这种干预和《济贫法》提供的生存水平式救济不一样，是通过市场中需求和投资刺激传导的高于自然工资的实际劳动报酬。

在论述人口变动在经济上的作用，即论述人口效果时，一方面是劳动力变化情况反映人口对产出水平的影响；另一方面是通过抚养比反映人口对消费和资本积累的影响。这两方面的分析以凯恩斯的总需求分析最有代表性。

第四节　人口经济增长的长期视角

在现代经济学中，经济增长是指国内生产总值的增加或人均国内生产总值的增加。经济增长理论是一个令经济学家为之痴迷的领域，对经济学家而言经济增长始终是一个重要的课题，古典经济学家们如亚当·斯密（1776）、大卫·李嘉图（1817）、托马斯·马尔萨斯（1798）及其后的弗兰克·拉姆齐（1928）、阿林·杨格（1928）、约瑟夫·熊彼特（1934）、弗兰克·奈特（1944）的探索为现代经济增长理论开辟了道路。其中，竞争性行为和动态均衡的基本方法；报酬递减规律的作用及其与物质资本和人力资本积累的关系；人均收入和人口增长率的相互作用；以专业分工、新产品和新的制造方法等形式出现的技术进步的作用；垄断对技术进步的激励作用都成为现代经济增长理论的基本组成要素。①

20 世纪 30 ~ 50 年代，立足于约翰·梅纳德·凯恩斯的总需求分析框架，在经济增长理论中复活了人口增长问题研究。其中，具有代表性的有长期停滞理论、人口经济增长长波理论、推－拉力假说等。

一、长期停滞理论

"长期停滞理论"是由凯恩斯和美国经济学家 A. H. 汉森在 20 世纪 30 年代西方经济危机时期所提出的一种人口经济理论，提出人口衰退是经济衰退的重要原因。

资本主义发达国家到了 20 世纪 30 年代，出生率进一步下降。第一次世界大战后的政治不稳定，助长了人口减退的危机感，各国开始争先恐后地采取人口增加政策。而且，这时出现了一种长期停滞论，认为这一时期发生世界经济大萧条的一个原因就在于人口的减退。由于这一论调的出现，人口减退的危机，在理论上得到了论证，从而使人更加强烈地意识到这一危机。

凯恩斯就此论述道，经济危机和失业产生的主要原因是"有效需求不足"，而资本有效需求的决定因素是人口数量、生活水平和资本系数（技术特性和进步速度）。② 资本系数由于"节约资本技术"的发展而呈下降趋势，人们储蓄和消费习惯的稳定性也使生活水平不可能在短期内有大幅度的提高。假定生活水平和资本系数两个变量不变，人口数量增加（人口增长率为正）将鼓舞投资者，从而扩大投资需求，即使这种乐观投资错误了也得到迅速纠正。但是，由于人口下降而引起错误的悲

---

① ［美］罗伯特·J. 巴罗、哈维尔·萨拉伊马丁：《经济增长》，何晖、刘明兴译，中国社会科学出版社 2000 年版，第 9 – 10 页。

② Keynes, M. , Some Economic Consequences of a Declining Population. *Eugenics Review*, 29, 1937, pp. 13 – 27.

观预期要纠正就缓慢得多，结果也会更惨痛。因此，凯恩斯提出，早年马尔萨斯关注的是人口过剩带来的危害（P），晚年马尔萨斯关注的是长期失业问题（U）；当马尔萨斯幽灵 P 被拴住时，又会出现马尔萨斯幽灵 U，且 P 的消除使 U 的危害更明显。凯恩斯的人口衰减而导致有效需求不足的观点，被美国经济学家汉森等人继承。汉森明确地把 20 世纪 30 年代的经济增长的长期停滞归因于人口增长的长期停滞。汉森认为经济进步主要的构成因素有三个，即人口增长、新领土与资源的开发和技术革新。[①] 新领土和资源的开发随着时间的推移呈日趋枯竭的趋势，技术革新在经济由自由竞争向垄断竞争的发展过程中速度也开始放慢。

汉森认为，从马尔萨斯人口理论来看，人口减少是件好事，然而，在 20 世纪 30 年代，（北美、西欧）这种人口减少会使经济出现无法防止和难以缓和的停滞。他主张人口增长应成为经济发展的原动力，极力主张经济学家回到亚当·斯密有关人口增长对经济的积极作用的思想上来。如果说凯恩斯主要把人口看成消费人口，则人口增加意味着消费者人数增加，从而促使消费者需求增加；人口减少，则会导致消费需求不足。汉森更多把人口看成是生产人口，探讨劳动力人口的增减对资本需求的影响。[②]

汉森通过扩展资本系数含义，论述人口增长通过资本扩张直接促使产量增加与经济发展。他把资本形成分为资本扩张和资本深化。资本扩张是指在资本系数不变的情况下，由生产量或产出量的增加带来资本量的增加，而生产量的增加是以劳动力人口的增加和人均生产率的提高为前提的。资本深化是指资本量随着资本系数的增大而增加。一般使用中，资本系数的分母是产量。汉森把分母改为雇佣工人的数量。他在谈到资本深化时用的资本系数是资本量与工人数之比，即资本准备率。[③] 也就是

---

① Hansen, A. H., Economic Progress and a Declining Population Growth. *American Economic Review*, 29, March 1939, pp. 1–15.

②③ 彭松建：《现代西方人口经济学教程》，北京大学出版社 2014 年版，第 99 页。

将资本除以工人数以衡量资本深化，回归到了古典经济学的"资本淡化"的计算逻辑。如果用 L 表示劳动力，用 O 表示产出量，用 X = O/L 表示生产率，则可将资本需求公式写为：

$$K_d = \frac{K_d}{O} \cdot O = \frac{K_d}{O} \cdot L \cdot \frac{O}{L} \qquad (3-1)$$

由此可得：$K_d = VLX$。如果 V 不变，则对资本需求 K_d 的增加取决于劳动力（L）的增加和生产率（X）的提高，这就是资本扩张。这就是说，如果人口增加必然产生劳动力的增加，从而可以促使资本需求的增加，有利于经济的发展；相反，如果人口减少引起劳动力的减少，且若劳动生产率没有提高，则可能促使资本需求减少，不利于经济发展。也就是说，如果人口增长停滞下来，人口老龄化，社会总消费结构以资本节约型的消费品主导，会促使资本系数降低，资本积累会进一步受到阻碍。[①]

针对人口增长停滞对经济发展的影响，汉森提出，假设资本系数一定，设资本需求 K_d、劳动力人口 L 和生产率 X 作为时间的函数，取这些变量的对数如下式：

$$\log K_d = \log V + \log L + \log X \qquad (3-2)$$

对公式以时间 t 进行微分，

$$\frac{dK_d}{dt}\bigg| K_d = \frac{dL}{dt}\bigg| L + \frac{dX}{dt}\bigg| X \text{ 或 } \frac{\Delta K_d}{K_d} = \frac{\Delta L}{L} + \frac{\Delta X}{X} \qquad (3-3)$$

简化为 $GK_d = l + x$。

其中，l 是劳动力人口的增长率，x 是生产率的提高率。经济均衡的条件为 $l + x = s/v$，即劳动力人口的增长率 l 和生产率提高率 x 之和等于经济均衡条件下的储蓄率与资本系数之比。在总人口、劳动力人口比例为一定的情况下，又可得出 $p + x = s/v$。其中，p 为人口增长率。因此，汉森认为，人口增长率下降对经济发展会造成不利的影响。[②]

---

① 彭松建：《现代西方人口经济学教程》，北京大学出版社 2014 年版，第 100 页。
② 彭松建：《现代西方人口经济学教程》，北京大学出版社 2014 年版，第 100－101 页。

斯密和李嘉图也推论过经济停滞情形。斯密认为,劳动者的实际工资=生存工资情形长期存在,就会陷入经济停滞状态。[①] 李嘉图则换成为,当更大的人口压力要求耕种更贫瘠的土地时,自然工资在边际产品中所占份额太大,以致实际利润率趋近于无任何积累的最小利润率,在这种情形下,资本积累停止,人口保持不变,经济就处于停滞状态。[②] 在新马尔萨斯主义历史学中也有类似观点,新马尔萨斯主义历史学家认为,历史的进程是由增长阶段、紧缩阶段和危机阶段三个人口的循环周期构成。第一阶段人口增长较稳定,而且这个稳定性建立在农民有足够粮食储备的基础之上,这样就减轻了歉收所带来的负面影响。第二阶段的明显特征是土地匮乏,导致农民生活每况愈下。而且粮食歉收导致了大规模的饥荒,人口增长速度减缓甚至停滞。在这一时期死亡率超过出生率,所以,人口动态图出现了大幅度波动。这些不利的偶然因素迟早迟晚会破坏社会平衡的稳定性。随之而来的是第三阶段,其主要特征是人口灾难,瘟疫和内战此消彼长,人口急剧减少,这一时期的循环周期长短取决于战争的破坏程度。历史进程是在人口循环周期的变化中向前发展的。[③]

总体上,"长期停滞理论"认为在发达经济或成熟经济中,人口增长的下降是有效需求不足和投资动力减弱的重要原因,也是经济危机爆发的原因。走出危机困境的主要途径是,促使人口增长,刺激有效需求,提高资本有效需求。同时,人口的持续快速增长还有利于增加企业家对未来的乐观预期,激发更多的投资活动。因此,凯恩斯和汉森都认为,人口增加是有益的,作为对投资者和全面需求的刺激,甚至是必要的。[④] 凯恩斯和汉森的长期停滞论的主张,与马尔萨斯人口论和古典经济学理

---

① 胡乃武、金碚:《国外经济增长理论比较研究》,中国人民大学出版社 1990 年版,第 29 页。

② 胡乃武、金碚:《国外经济增长理论比较研究》,中国人民大学出版社 1990 年版,第 53 页。

③ [俄] C. 涅菲奥多夫:《历史的经济规律》,张广翔、回云崎译,载于《北方论丛》2014 年第 6 期,第 50 - 56 页。

④ [美] 朱利安·L. 西蒙:《人口增长经济学》,彭松建等译,北京大学出版社 1984 年版,第 19 页。

论形成的一般常识相反，不是人口增长，而是人口减退能增大失业而导致萧条。这一理论，虽仅限定适用于先进的工业国，但也是一种悲观论，而与马尔萨斯之流的过剩人口论具有完全不同的形式。在这一点上，它是令人深感兴趣的。[1]

二、人口经济增长长波理论

人口经济增长长波理论是一种参照商业周期，通过分析人口增长的周期性对经济增长的影响，并考察二者之间变量关系的人口理论。

现代市场经济发展和经济增长中存在波动、周期变化现象。[2] 这种波动、周期有长短之分。对于长期波动（又称长波）。美国经济学家西蒙·库兹涅茨（1930）在《生产和价格的长期运动》中提出了大体以20年为周期（被称为库兹涅茨周期）的长波理论。20世纪60年代，美国人口经济学家理查德·伊斯特林根据库兹涅茨的长波理论，认为存在人口增长和劳动力增长长波，这个长波和经济长波是相应的，构成了人口经济变动长波。[3]

库兹涅茨（1958）在《人口增长和有关经济变量的长期波动》一文中提出，19世纪70年代至20世纪20年代，美国经济增长波动的节律是由人口变动中的国外移民的迁入所引起的。移民规模的波动在很大程度上决定着非农业居民建筑的波动，并且大体上与铁路资本投资波动相一致，波峰重叠的时间在10年尺度上比较明显地体现。[4] 依据库兹涅茨的

---

① ［日］大渊宽：《人口思想和人口政策》，刘永鑫译，载于《国外社会科学》1979年第3期，第53－69页。

② 目前，学术界认为，在宏观经济中存在着也许与技术发展周期有关的50－60年的康德拉季耶夫周期（Kondratiev cycle），以及与基础设施投资建设有关的15～20年的库兹涅茨周期（Kuznets cycle）。

③ 伊斯特林：《美国人口和经济增长的长波：论历史格局的一些发现》，载于《人口学》1965年第Ⅱ卷，第490－507页；伊斯特林：《经济——人口的相互作用和经济增长长波》，载于《美国经济评论》1966年12月第56卷，第1063－1104页。见彭松建：《现代西方人口经济学教程》，北京大学出版社2014年版，第103－104页。

④ 彭松建：《现代西方人口经济学教程》，北京大学出版社2014年版，第105页。

分析，伊斯特林把美国人口经济长波的分析扩大到 1914 年后，他提出，在 20 世纪 20 年代之后，由于美国对从国外迁入移民加强了限制，人口变动中的活跃因素是人口生育率。同时，引起人口生育率波动的主要因素是经济条件。经济条件的变动引起了人口变动，人口增长长波、劳动力增长长波是和经济增长长波相联系的。人口和劳动力增长长波在非农业居民中最为典型，建筑业、运输业、贸易业、金融保险业、专业性服务业、家庭服务业以及个人服务业等行业的劳动力增长波动具有很高的规律性。[①]

在库兹涅茨和伊斯特林看来，从 20 世纪 20 年代以来，美国的人口经济长波的变动趋势是：20 年代末和 30 年代前期，美国的人口经济长波处于低谷，经济萧条，人口生育率低；到了 40 年代后期和 50 年代前期，正处于第二次世界大战之后的经济恢复和发展时期，经济增长率较高，人口出生率较高，出现了"婴儿热"；到了 60 年代末和 70 年代前期，出现能源危机和资源危机，经济增长率降低，人口生育率也急剧下降，人口增长率低。[②]

在第一章的"图 1 - 1　人口—经济环路示意图"中，收入是影响生育率的决定性因素，同时，又假定收入来源于货币工资。从图 1 - 1 中可以看出，家庭工资收入受三个因素的影响，即总产出水平、生产函数和就业人数。在西方人口经济学家看来，一个家庭作出生育决策是受工资率水平影响的。从工资率出发，影响生育率，从而影响出生人数，影响人口规模，大约经过 15 年又影响到劳动力规模，从而形成经济—人口环路。[③]

人口经济的这种波动，尤其是生育率的波动，导致（滞后约 20 年）劳动力市场的反向表现。于是，人口经济长波现象不会周期性进行下去。对此，人口经济长波现象推导出一种假说予以解释，被称为"伊斯特林假说"（Easterlin Hypothesis），也被称为"人群规模"假说，即当某一个年份出生的人群规模是以这个年份所处的一段时期内的人口自然出生率来估计时，这个人群所拥有的经济和社会财富的多少同人群规模的大小

---

① 彭松建：《现代西方人口经济学教程》，北京大学出版社 2014 年版，第 105 - 109 页。
② 彭松建：《现代西方人口经济学教程》，北京大学出版社 2014 年版，第 119 页。
③ 彭松建：《现代西方人口经济学教程》，北京大学出版社 2014 年版，第 116 页。

成反比。出生率高同经济社会后果之间的反向联系产生于一种机制，可称为"拥挤机制"，它在三种主要的社会结构——家庭、学校和劳动市场中发挥作用，促成大的人群规模中生育行为的适应调整，即与父母辈生育孩子数量大致呈现出相反倾向。于是，产生一个自发的生育周期，以代际间隔为长度的人口周期，会使高出生率和低出生率循环出现，即小的出生同批人群由于经济条件的影响（鼓励生育），在他们到达生育年龄时会具有较高的人口出生率，并生育了大的同批人群；同样由于经济条件的影响（不鼓励生育），当这个规模较大的同批人群到达生育年龄时，会有较低的出生率，继而产生出较小同批人群，如此循环往复。周期时间为 40～50 年，被称为"伊斯特林周期"，也伴随着由相对人群规模的波动导致的一系列社会和经济现象的变化。[①]

长波理论关于人口增长对经济增长的作用需要从长期视角评估的观点也得到西蒙的论证。西蒙甚至认为，人口研究中用短时期（25～55 年）模式存在严重危险。[②] 种种参数模拟表明，从长远看（120～180 年）正的人口增长比静态人口产生出好得多的经济行为，虽然从短期（60 年）看则以静态人口的情况稍好一些（从短期看，增长人口的家庭负担与公共设施负担大于静态人口）。一个减少的人口，从长远看非常坏。根据多次实验，用一个典型的亚洲发展中国家的"最好"的参数估算值所进行的基础运算结果，从长远看中等人口增长（50 年翻一番）的情况胜过快速的人口增长（35 年翻一番）或缓慢人口增长（大约 200 年翻一番）。[③] 也就是说，长期数据研究结果是认可人口增长，短期研究往往倾向于控制生育率，两者结论是对立矛盾的。也有学者认为，经济与人口变化的定量预测通常是被限定在 25～30 年的时间范围；如果时间更长的话，那

———————

① 理查德·A. 伊斯特林（Richard A. Easterlin）：《伊斯特林假说（Easterlin Hypothesis）》，陈一民译，载于约翰·伊特韦尔、默里·米尔盖特、彼得·纽曼：《新帕尔格雷夫经济学大辞典·第二卷：E-J》，经济科学出版社 1996 年版，第 1-4 页。

② ［美］朱利安·L. 西蒙：《人口增长经济学》，彭松建等译，北京大学出版社 1984 年版，第 368-369 页。

③ ［美］朱利安·L. 西蒙：《人口增长经济学》，彭松建等译，北京大学出版社 1984 年版，第 374 页。

么它就属于未来学家（而不是预测人员）考虑的领域。①

如果一个国家或地区的人口生育率和增长率波动较大，人口生育率将滞后并较大程度地影响到 20 年后的经济增长率。当一个国家或地区人口总和生育率长期为 2.1 左右时，人口长期平稳增长，人口增长率因素对20 年后经济增长率的波动影响较小；而人口总和生育率偏离 2.1 水平时，视幅度的大小，20 年后经济增长速度或者上行，或者下行。这是因为一个国家和地区工业化阶段的人口生育和增长是对后期主力消费、创新、创业和劳动力供应人口的跨期储备和积累，因此，须以工业化初前期的高人口增长来平衡和防备后期（包括进入后工业社会）由于社会市场自动调节机制导致推动经济增长人口的不足。也就是说，如果从跨期来看，当我们将 20~45 岁年龄的人口当作消费、创新、创业和劳动力供给的主体，即推动经济增长的主力人口是，人口高增长阶段的高生育率，对人口可能出现中低生育情况的市场经济环境中后期的经济增长，有一个人口的跨期储备和积累作用。先需要提出的一个重要范畴是经济主力人口。经济主力人口指 20~45 岁的人口。这部分人口在就业、创业、创新、投资和消费等方面，均是最富有能力的人口资源和人力资本。这部分人口的增加或者减少，也就意味着劳动力供给，住宅、耐用消费品、汽车、奢侈品消费，创业投资，发明专利和技术产业化等方面的增加或者减少。同时，经济主力人口是人口从出生到 20 余年后形成的，这部分人在出生20 余年之后逐渐进入工作领域，逐渐开始为其生存和发展需求进行消费，也就是说经济主力人口不仅意味着劳动力供给，更意味着有支付能力的需求。因此，他们是一国经济活跃和繁荣的主力。②

比较而言，人口经济长波理论既不是静态分析，也不是马尔萨斯式的所谓历史经验静态化分析。而是一种通过动态比较，揭示周期性特征的人口经济研究方法和理论。

————————

① 联合国专家组：《生态系统与人类福祉：评估框架》（千年生态系统评估报告集（三）），张永民译，中国环境科学出版社 2007 年版，第 124 页。

② 周天勇、胡谍、郭姗姗：《再论生育管制与国民经济的因果影响关系》，载于《财经问题研究》2018 年第 1 期，第 3–13 页。

三、发明拉力—人口推力假说

朱利安·L. 西蒙认为，经济学界在关于发展中国家人口增长的影响问题的看法基本是矛盾的。传统经济理论的主要论点是认为更多的人口会妨碍每个工人平均产量的增长。传统理论最重要的论点是马尔萨斯的劳动报酬递减，原因是包括土地在内的资本存量不是按劳动增长的同样比例增长的。另一个重要的理论要点是被扶养人口的影响，认为孩子较多的家庭，储蓄便格外困难，同时认为高生育率使得社会投资基金从工业生产中抽出去。但是，经验数据并不支持这种先验的推理。模拟表明，从长远来看（120~180 年），适度的人口增长所产生的经济效果比较慢的人口增长好得多，虽然从短期看（60 年）较慢的人口增长稍稍好些。同时，用一个有代表性的亚洲发展中国家的许多"最好"的参数估计值所作的试验（"基期运算"）表明，长期的适度人口增长（50 年翻一番）既胜过快速人口增长（35 年左右翻一番），也胜过缓慢的人口增长（200 年左右翻一番）。①

于是，两种相互矛盾的假说，发明拉力假说和人口推力假说，被用于说明接近维持生存的农业局面下的人口经济增长的原因。发明拉力假说（invention – pull hypothesis）认为，发明经常一次又一次地出现，它不依赖于人口增长，但是，发明增加生产能力并为更多人提供生活资料。因此，人口增加以便利用这种新的生产能力一直到所有的生产潜力被耗尽为止。于是，马尔萨斯主义者认为，人口增长的历史不过是自发发明史的一种反映。② 虽然发明拉力理论被贴上了"马尔萨斯主义"的标签，但并不是马尔萨斯在 1798 年发表的《人口论》中所阐述的。③ 1965 年，

---

① ［美］朱利安·L. 西蒙：《人口增长经济学》，彭松建等译，北京大学出版社 1984 年版，第 343 – 344 页。

② ［美］朱利安·L. 西蒙：《人口增长经济学》，彭松建等译，北京大学出版社 1984 年版，第 196 页。

③ ［美］朱利安·L. 西蒙：《人口增长经济学》，彭松建等译，北京大学出版社 1984 年版，第 199 页。

E. 博塞勒普发表《农业增长的条件》，提出人口推力假说（population – push hypothesis），认为虽然增加生产的发明可以不依赖于以前的人口增长率的大小而独自发生，但"新"知识的采用还是取决于人口增长。因此，为了促使生产技术方式变化，人口增长是必不可少的。[1] 发明拉力假说认为，新方法的传播立即开始于出现发明之后，而且这种传播使即将出现更多的人口增长成为可能。人口推力假说认为，每个时期都有许多未采用过的有用的农业知识，但是每一种更先进的生产方法都需要每个劳动者付出更多劳动。所以，按照人口推力假说，增加人口对于迫使采用更先进的生产方法是必要的。如果区分发明拉力假说中仅指的是那些比常用方法更节省劳动的发明，人口推力假说所指的仅是比新发明出现时所用方法需要更多劳动力以增加产量的那些发明，则应把这两种假说看作是相互补充的而不是相互排斥的。[2]

第五节　新古典增长模型中的人口经济理论

　　凯恩斯在《就业、利息和货币通论》中表明了如何促成劳动力实现充分就业。但是，没有提出如何使一个经济体在充分就业水平上连续生产所必须满足的长期条件。凯恩斯学派的后继者们把他的总需求分析理论长期化、动态化，讨论人口增长的变化对经济发展所产的影响。早期代表人物是英国经济学家哈罗德和美国经济学家多马。后来，英国的米德和美国的索洛等经济学家，也都提出自己的增长模型，把储蓄投资均衡分析长期趋势化、动态化，认为资本主义经济可以均衡增长并实现充分就业。另一代表人物是美国经济学家库兹涅茨。

---

　　① ［美］朱利安·L. 西蒙：《人口增长经济学》，彭松建等译，北京大学出版社1984年版，第196页。

　　② ［美］朱利安·L. 西蒙：《人口增长经济学》，彭松建等译，北京大学出版社1984年版，第225页。

一、库兹涅茨的人口经济增长思想

新古典增长理论认为人口增长是现代经济增长的一个明显特征和前提条件，[①] 将人口增长和人均产量增加视为现代经济增长的内容和表现。[②] 对此，美国当代经济学家库兹涅茨认为，经济增长主要体现为生产能力的扩大，而人口增长和技术进步、社会结构变化等是实现生产能力扩大的基本因素。"商业资本主义"时代（15世纪末至18世纪后半叶）中海外贸易对经济增长起到决定作用，[③] 海外扩张与开发"新世界"是西欧许多国家经济增长加快的主要源泉。[④] 与之不同的是，"工业资本主义"时代（19世纪），也就是现代经济增长时代，增长的动力源泉很大程度上存在于经济中的非农业部门，在于科学和技术被广泛地运用于经济生产领域。[⑤] 科学技术是以人为初始载体且体现为人的素质。因此，现代经济增长定义中包括人口与人均产量同时增长是必须的，因为它强调了现代经济增长的一个重要方面：人口持续增长与充分保证了人均产量不断上升的趋势的经济活动增长的相互作用。[⑥]

库兹涅茨认为，现代人口增长以几种较为直接的方式促进了人均产值的提高。第一，人口的年龄结构变动趋向于最富有生产能力的年龄组。第二，生育率的下降，完全或部分地为死亡率的下降所抵消，这消除了大量婴儿在对社会产值和财富作出贡献之前便死去的巨大浪费；而且生

---

① ［美］库兹涅茨：《现代经济增长》，戴睿、易诚译，北京经济学院出版社1989年版，第27页。

② ［美］库兹涅茨：《现代经济增长》，戴睿、易诚译，北京经济学院出版社1989年版，第15－16页。

③ ［美］库兹涅茨：《现代经济增长》，戴睿、易诚译，北京经济学院出版社1989年版，第2页。

④ ［美］库兹涅茨：《现代经济增长》，戴睿、易诚译，北京经济学院出版社1989年版，第4页。

⑤ ［美］库兹涅茨：《现代经济增长》，戴睿、易诚译，北京经济学院出版社1989年版，第7－9页。

⑥ ［美］库兹涅茨：《现代经济增长》，戴睿、易诚译，北京经济学院出版社1989年版，第16页。

育率的下降也将大量潜在的妇女劳动力释放出来参与有益的职业中去。第三，死亡率的降低意味着发病率的降低，即减少了暂时或永久影响人们生活能力的各种疾病。第四，在人均产值不下降的情况下人口不断增加，意味着总产值的不断增加以及获得规模经济的机会更多。第五，生产和市场的迅速扩张为带来风险性质的企业家经营提供了有利条件。第六，在给定一定的人均生活水准以及训练和技能水准的条件下，更多的人口意味着对有用知识宝库存在着更多潜在的贡献者；而且它的规模优势在有用知识的创造中与在简单经济物品的生产中同等重要。[①]

上述观点表明，以库兹涅茨为代表的新古典增长经济学家已从古典经济学和新古典经济学的劳动力数量转向以技术创新为指标的劳动力质量方面，突出考察技术在生产率提升中的作用贡献。

二、哈罗德—多马增长模型

在凯恩斯"储蓄—投资分析"框架基础上，英国经济学家罗伊·哈罗德（1939）和美国经济学家多马（1947）研究得出，长期充分就业就需要满足两个基本条件。第一，每个生产周期（也就是每年）投资等于充分就业的储蓄。如果投资小于储蓄，就会出现通货萎缩，经济衰退。这也是《通论》中解释商业周期的原因（储蓄出现的前提是边际消费倾向小于1）。第二，为了保持连续充分就业，产出的增长率必须等于实际劳动力增长率（n）加上劳动生产率的增长率（a）。哈罗德和多马从这两个基本条件中推导出相应的公式。[②]

假设 g 为经济增长率，等于 $\Delta Y/Y$，其中 ΔY 是"产出增量"，Y 是

---

① ［美］库兹涅茨：《现代经济增长》，戴睿、易诚译，北京经济学院出版社 1989 年版，第 49 – 50 页。

② 哈罗德增长模型是在 1948 年出版的《动态经济学》一书中首次提出，又在 1973 年再版中进一步阐述和补充的。在同一时期，美国经济学家多马也进行了类似的研究，先后发表了《资本扩大、增长率和就业》以及《扩张和就业》等论文，与哈罗德的分析方法一样，研究课题也一样，都是研究资本主义社会的经济增长问题，并得出了非常一致的结论。因此，学术界也将两人的增长理论研究合称为哈罗德—多马经济增长模型。本书叙述中，不再复述多马的研究。

产出水平。设 $\Delta K/Y$ 是"资本增量/产出（即投资/产出）"，$\Delta K/\Delta Y$ 是"资本增量/产出增量（即边际资本—产出比率）"，那么 $\Delta Y/Y = (\Delta K/Y) \div (\Delta K/\Delta Y)$。那么就有 $g = (I/Y) \div (\Delta K/\Delta Y)$，投资 $I = \Delta K$。也就是经济增长率等于产出投资率除以资本—产出比率（C）。

按照凯恩斯的推论，再生产的投资（I）至少等于储蓄（S），充分就业才能保持。因此，设充分就业条件下的产出储蓄率为 S_f（产出的另一面表述就是收入，S_f 也就是收入储蓄率，可简称为储蓄率。），则 $g = S_f/C$。但是，对于追求利润的资本投入者而言，资本—产出比率（C）需要达到一个预期值才能组织再生产。哈罗德以 C_r 表示。也就是说，符合凯恩斯投资等于储蓄，以及达到哈罗德所考虑的资本家合理预期回报的经济增长率 $g = S_f/C_r$（这个公式也就是哈罗德—多马模型的基本公式）。这也就是第一个基本条件。在维持充分就业目标下，再生产中就要解决新增劳动力就业问题和生产率提升导致的劳动力数量压缩问题。因此，实现充分就业的重复再生产中，经济增长率 $g = S_f/C_r = n + a$。哈罗德把 $g = S_f/C_r$ 时，S_f/C_r 称为"有保证的"增长率，即有保证的增长率由转换为投资的实际储蓄率与体现资本家意愿的资本—产出比所决定；$g = n + a$ 时，"$n + a$"称为"自然"增长率。对应于马尔萨斯命题，一个社会体系的经济增长率如果小于或等于"$n + a$"，发展就陷于马尔萨斯陷阱阶段）。实现充分就业的扩大再生产中，$g = (S_f/C_r) - (n + a)$。

哈罗德提出的三种增长率中：（1）实际增长率（g），是由实际发生的储蓄率（s）和资本—产出率（C）来决定的；（2）有保证的增长率（g_w），是在实际储蓄率（s）等于人们合意的储蓄率（s_f），实际资本—产出率（C）等于人们所需要的资本—产出率（C_r）的情形下出现的增长率，其方程式是 $G_w = s_f/C_r$；（3）自然增长率（g_n），是在劳动人口的增长率和技术改进的条件下所能达到的最大增长率，是一种"社会最适宜的增长率"，其方程式是 $G_n = s_0/C_r$，其中 s_0 代表在一定制度安排下最适宜的储蓄率。哈罗德认为，$G = G_w = G_n$ 时，既实现充分就业和充分发挥生产能力，又能避免通货膨胀，是最理想的均衡增长线。现实中这三种增长率不相等，是造成"短期"或"长期"经济波动（也就是资本主义商业周期）的基本原因。[1]

哈罗德（1939，1948）和多马（1947）的研究掀起了 20 世纪增长理论研究的第一个高潮，他们也成为新凯恩斯主义增长理论的代表人物。哈罗德—多马模型强调资本积累在经济增长中的核心作用，即一定时期内受困于技术难以突变和大规模推广使用，资本产出率会相对固定，于是增长率就决定于投资，投资越多则增长越快。由于假定资本和产出的不变比例以及投入要素之间不存在替代关系，从而得出了经济增长不存在均衡增长路径的结论。哈罗德增长模型提出初期虽然获得一些推崇。但是，随着时间推移，西方经济学界质疑和争议该模型中所谓的均衡增长线是否存在。现实中，由于 C 和 a 是经济体制、经济组织改进和技术进步的结果，且 S 和 I 之间有时滞和差异，因此，哈罗德—多马模型在实践应用中难以准确确定 g。众多学者认为，这三种增长率是各由不同因素决定的，实现这条均衡增长线极其困难，除非是一种侥幸的偶然。[2] 在哈罗德增长模型中，自然增长率（G_n），也就是"社会最适宜的经济增长率"的值有两个决定因素，即劳动人口的增长率以及可以得到的用以生产货物和服务的技术的改进率。[3] 其中，劳动人口的增加假设是外生因素给定的。[4] 该模型将劳动力增加量纳入公式，可以推论至人口增长率，对于人口经济政策的系统制订，具有很强的理论指导价值。

三、柯布—道格拉斯生产函数

生产函数表示在生产过程中，在一定技术水平下，各种投入要素与

---

[1] ［英］罗伊·哈罗德：《动态经济学》（1973 年版），黄范章译，商务印书馆 2013 年版。

[2] 黄范章：《评哈罗德的〈动态经济学〉》，引自［英］罗伊·哈罗德：《动态经济学》（1973 年版），黄范章译，商务印书馆 2013 年版。

[3] ［英］罗伊·哈罗德：《动态经济学》（1973 年版），黄范章译，商务印书馆 2013 年版，第 27 页。

[4] ［英］罗伊·哈罗德：《动态经济学》（1973 年版），黄范章译，商务印书馆 2013 年版，第 30 页。

其最大产出之间的关系。生产函数说明了在既定技术条件下，由给定数量的各种投入要素所能生产的最大产出量。生产函数假定在生产过程中所有投入的要素都得到了最充分的利用，不存在要素的闲置或低效率所产生的浪费。在经验性生产研究中最常用的一种生产函数模型是由数学家柯布（Charles W. Cobb）和经济学家保罗·道格拉斯（Paul H. Douglas）于 20 世纪 30 年代初提出的柯布—道格拉斯生产函数，也被简称为 C – D 函数。

（一）假设前提

（1）生产中只有资本和劳动两种投入。
（2）资本和劳动可以相互替代。
（3）资本和劳动均存在边际收益递减。

（二）柯布–道格拉斯（Cobb – Douglas）生产函数公式

$$Y = F(L, K) = AL^a K^{1-a} \qquad (3-4)$$

其中，Y 为产量；L 为劳动投入；K 为资本投入。

A 是现有技术的生产率，是一个大于零的参数，A 的数值越大，既定投入数量所能生产的产量也越大。α 是参数，大于 0，小于 1。分别代表增加 1% 的劳动和资本是产量增加的百分比，它反映在生产过程中劳动和资本的重要性。

柯布–道格拉斯生产函数对劳动生产要素的引入，使得有关人力资本因素在经济增长中的作用的研究在技术上成为可能。但柯布—道格拉斯生产函数中的劳动投入是指一般的劳动投入，看不出不同质量或不同技术熟练程度的劳动的投入对于产量所起的作用大小的差异，不能充分说明人力投资在经济增长中的作用。因此，上式是没有技术进步条件下的生产函数。

对式（3–4）两边取对数，得，

$$\ln Y = \ln A + a\ln L + (1-a)\ln K \qquad (3-5)$$

两边再对时间 t 求导，则得到，

$$(dY/dt)/Y = a(dL/dt)/L + (1-a)(dK/dt)/K$$

两边同时乘以"dt"，则有，

$$dY/Y = a(dL/L) + (1-a)(dK/K) \qquad (3-6)$$

其中，dY/Y 就是经济增长率，dL/L 是劳动增长率，dK/K 就是资本增长率。如果用 G_Y 表示经济增长率，用 G_L 表示劳动力增长率，用 G_K 表示资本增长率，该式就变为，

$$G_Y = aG_L + (1-a)G_K \qquad (3-7)$$

这就是新古典经济增长模型的基本公式。在这个基本公式中，经济增长是由劳动力增长和资本增长两种因素所引起的。[①]

如果将上式两端同时减去 G_L，可得到，

$$G_Y - G_L = (1-a)(G_K - G_L) \qquad (3-8)$$

该式左端是经济（收入）增长率减去劳动力增长率，可以认为是平均每人的收入增长率。右端中"$G_K - G_L$"是资本增长率与劳动力增长率之差，可认为是平均每个工人所使用资本的增长率。该公式就意味着：(1) 人均资本装备率即平均每人所使用的资本数量不变，则人均收入水平不变；(2) 在资本的边际产出大于 0 的条件下，提高人均资本装备率，可以提高人均收入。

由于是 G_K 资本增长率，即 $G_K = \Delta K/K = I/K$，由凯恩斯均衡条件 $I = S$ 可以得到，

$$G_K = I/K = S/K = (S/K)(Y/Y) = (S/Y)(Y/K) \qquad (3-9)$$

其中，S/Y 是储蓄率，用 s 表示；Y/K 是资本产出率，用 σ 表示，则 $G_K = s\sigma$，将其代入基本公式中，可得到，

$$G_Y = aG_L + (1-a)s\sigma \qquad (3-10)$$

于是，得到储蓄率等于投资条件下的新古典增长模型，

$$G_Y = aG_L + (1-a)s\sigma$$

---

① 胡乃武、金碚：《国外经济增长理论比较研究》，中国人民大学出版社 1990 年版，第 97 页。

$$G_K = s\sigma \qquad (3-11)$$

假定参数 a、储蓄率 s 和劳动力增长率 G_L 都是既定的常数，因而经济（收入）增长率 G_Y 和资本增长率 G_K 仅与资本产出率 σ 有关。于是，以上两式分别对 σ 求导，得到，

$$dG_Y/d\sigma = (1-a)s \qquad (3-12)$$
$$dG_K/d\sigma = s \qquad (3-13)$$

由于 $0 < 1-a < 1$，所以，

$$dG_K/d\sigma > dG_Y/d\sigma \qquad (3-14)$$

上式表明，当 $G_K \neq G_Y$ 时，G_K 随 σ 变动而变动的速度大于 G_Y 随 σ 变动而变动的速度（也就是资本投入规模报酬递减或递增）。因此，索洛认为，不论是经济增长率大于资本增长率的状态，还是经济增长率小于资本增长率的状态，都不会长期维持下去，只有当收入增长率等于资本增长率时，才达到了均衡增长。均衡增长时的基本公式也就呈现为，

$$G_K = aG_L + (1-a)G_K \qquad (3-15)$$

于是得到，

$$G_Y = G_L = G_K \qquad (3-16)$$

由于劳动力增长率是既定的，所以，要实现均衡增长，就要使资本增长率与既定的劳动力增长率相等，进而使经济增长率也与之相等，并且增长率的大小取决于既定的劳动力增长率水平。一旦经济增长率和资本增长率偏离了这个水平，它们会自动恢复到这个水平。因此，索洛认为，在技术水平不变条件下，社会既定的劳动力增长率或人口增长率决定了均衡的经济增长率水平。尽管实际经济增长率的大小可能偏离这个水平，但绝不会偏离长久及偏离太远，只有可能在这个水平附近波动。[1]

实际上，新古典增长模型中所说的均衡增长率，事实上就相当于哈罗德的自然增长率。在实现了长期的稳定增长时，即哈罗德的实际增长率等于有保证的增长率等于自然增长率时，或者说，索洛的实际增长率

---

[1] 胡乃武、金碚：《国外经济增长理论比较研究》，中国人民大学出版社 1990 年版，第 98 – 101 页。

等于均衡增长率时，两个模型所描述的增长途径是一样的，这时的经济增长速度都等于人口增长速度。[1]

在技术进步条件下，科布-道格拉斯生产函数为，

$$Y_t = L^a(t)K^{1-a}(t)e^{\lambda t} \qquad (3-17)$$

其中，λ 的值取决于技术进步的状况。将式（3-17）两边取对数，

$$\ln Y(t) = a\ln L(t) + (1-a)\ln K(t) + \lambda t$$

等式两边对时间 t 求导，

$$(dY/dt)/Y = a(dL/dt)/L + (1-a)(dK/dt)/K + \lambda$$

即，

$$G_Y = aG_L + (1-a)G_K + \lambda \qquad (3-18)$$

这就是技术进步条件下新古典经济增长理论的基本公式。

一般情况下，λ 不会小于 0，λ 值越大，对经济增长也就越有利。λ 的值不可能直接测定出来，因为技术进步融合在劳动力和资本设备中。[2] 因此，λ 的解是以"$\lambda = G_Y - aG_L - (1-a)G_K$"方式获得，这就是所谓的"索洛技术残余"。

四、索洛增长模型

哈罗德—多马模型与新古典模型都认为，促进经济增长的第三个因素——技术进步，是外在决定的、偶然的、无成本的资源。但是，索洛（Robert Solow，1956）指出了哈罗德模型的问题在于隐含了资本与劳动不可替代的假定。放松这一假定后，索洛首先假设，如果说增长取决于这一种要素，就是资本的话，一定会跟土地那种要素一样出现报酬递减的现象。往上增加资本，开始的时候增加一点资本的效果很大，即产出会有很大的增加；但资本加多了以后，效果就会下降，这就是报酬递减的

---

① 胡乃武、金碚：《国外经济增长理论比较研究》，中国人民大学出版社 1990 年版，第 105－106 页。

② 胡乃武、金碚：《国外经济增长理论比较研究》，中国人民大学出版社 1990 年版，第 108－109 页。

规律。资本跟土地要素是一样的，增加资本、增加投资，但投资的比重是不可能不断提高的，所以就会出现增长率下降。去验证一下先行的工业化国家的发展情况，这几条结论都不成立——增长率没有下降，而是保持一个大体上不变的增长率，另外，投资占 GDP 的比重没有提高，还有点下降。因此，他认为除了资本等要素外还有另外的因素。他假设技术进步是外生的。于是，索洛等对哈罗德-多马生产函数的推演，基于以下一般假设：（1）技术水平持续不变；（2）生产函数中使用劳动和资本两种生产要素；（3）储蓄率外生；（4）劳动供给外生，并以固定速率增长，产生了著名的索洛增长模型：

他把总量生产函数 $Y = F(k, AL) = K^{\alpha}(AL)^{1-\alpha}$ 和人均生产函数 $y = k^{\alpha}A^{1-\alpha}$ 解出的含技术进步的"稳态解 $y^{*}(t) = A(t)\left(\dfrac{s}{n+g+d}\right)^{\alpha/(1-\alpha)}$"表明：

推论 1：无论从任何一点出发，经济向平衡增长路径收敛，在平衡增长路径上，每个变量的增长率都是常数。在其他外生变量相似的条件下，人均资本低的经济有更快的人均资本的提高，人均收入低的经济有更高的增长率。

推论 2：投资率或人口增长率的变动仅影响单位劳动产出的长期水平，但不会影响单位劳动产出的长期增长率。人均产出（Y/L）的增长来源于人均资本存量和技术进步，但只有技术进步才能够导致人均产出的永久性增长。[1]

推论 3：政策变化（投资率 S 增加）没有长期增长效应；政策变化有水平效应，也就是说政策的永久性变化能永久地提高（或降低）人均产出水平。

上述推论中，推论 1 就是所谓条件收敛预测，即真实人均 GDP 的起始水平相对于长期或稳态位置越低，增长率越快。这一性质是由递减资

---

[1] 索洛 1956 年创立新古典经济增长模型后，又在 1957 年提出全要素生产率分析方法，并应用这一方法检验他的新古典增长模型时发现：资本和劳动的投入只能解释 12.5% 左右的产出，另外的 87.5% 的产出无法用资本和劳动的投入来解释。于是，索洛用外生的（即不是由经济过程本身决定的）技术进步对那部分不是来自劳动和资本投入的产出"余数"做了说明。

本报酬导出的；人均资本更少的经济（相对于其长期人均资本而言）趋于有更高的回报率和更高的增长率。收敛之所以有条件，是因为在索洛—斯旺模型中资本和人均产出的稳态水平依赖于储蓄率、人口增长率以及生产函数的位置——一些在各国经济之间差异甚大的特征性因素。条件收敛推论对于各国和地区之间经济增长有着相当大的解释能力。推论2的含义就是，在缺乏技术的连续进步的情况下，人均增长将最终停止，这个类似于马尔萨斯和李嘉图所作出的预测，也是来源于递减报酬的假设。①

由推论3得出一个重要结论是，储蓄率只有水平效应而没有增长效应（储蓄率的变化只会暂时性地影响增长率，而不会永久性地影响；储蓄率的显著变化对平衡增长路径上的产出变化只有较小的影响，且作用缓慢），长期增长率由技术进步的速率唯一地决定。

另外，标准的新古典增长模型，把净人口增长（生育率减去死亡率）当作外生的。外生不变的人口增长率假设是索洛—斯旺模型的一个关键要素。当资本的边际产量等于净再生产率时，人均消费最大。这个模型就得出了"最优"死亡率等于生育率超过替代生育率（也就是总和生育率）的数额的结果。②

外生不变的人口增长率假设违反了生育率——以及人口增长率——趋于随着一国经济的发展而在某些时期持续下降的经验模式。③ 对此，萨缪尔森（1975）在交叠世代增长模型中论述，最优的人口增长率是无限大的，因为复利持续增加会有更多的年轻人来养活老人。因此，带有资本的交叠世代模型对任何无界生产函数并没有得出有关最适度人口增长

---

① ［美］罗伯特·J. 巴罗、哈维尔·萨拉伊马丁：《经济增长》，何晖、刘明兴译，中国社会科学出版社2000年版，第11页。

② K. 沃尔平：《婴儿死亡率（Infant Mortality）》，陈孟平译，载于约翰·伊特韦尔、默里·米尔盖特、彼得·纽曼：《新帕尔格雷夫经济学大辞典·第二卷：E－J》，经济科学出版社1996年版，第896－897页。

③ ［美］罗伯特·J. 巴罗、哈维尔·萨拉伊马丁：《经济增长》，何晖、刘明兴译，中国社会科学出版社2000年版，第9页。

率的内部解。[1]

从学术继承角度看，从哈罗德增长模型到索洛增长模型，是一个深化完善的替代。但是进入 21 世纪，加里·汉森和爱德华·普雷斯科特指出，发展过程中可以划分经济增长类型或阶段，在索洛式增长之前存在着马尔萨斯式增长阶段，并且尝试将两个阶段或类型置于一个统一的分析框架中。[2]

加里·汉森和爱德华·普雷斯科特认为，索洛增长模型和马尔萨斯是研究不同阶段经济发展（或经济增长）的分析方法。前者描述了现代工业化经济体的特质，而后者为解释 1800 年以前的经济增长提供了研究框架。假如在标准的一般均衡增长模型中引入两个新的技术变量。两种技术都用来生产同一种产品，两者的全要素生产率皆为外生性增长。把其中一个称为马尔萨斯技术，对于投入的土地、劳动力和可再生性资本，其生产过程的规模收益不变。在模型里假设这些生产过程都是在家庭式农场和作坊里完成。土地区别于资本的一大特性是其固定性，既无法再造也不折旧。另外一个技术标记为索洛技术，它与马尔萨斯技术的唯一区别在于它只需投入劳动力和资本。这一技术下的生产活动在工厂中进行，人们根据开设一家新工厂的盈利状况作出进入或退出决策。在均衡增长路径上，在发展初期，当知识存量匮乏时，仅应用马尔萨斯技术。在这一时期，假设人口增长率等于产出增长率，则人们的生活水平保持不变。随着科技的不断发展，索洛技术开始得到应用。具体说来，一定比例的劳动力和资本被投入应用索洛技术的部门。此时，人口增长对人均收入增长率的影响不断减弱，人们的生活水平开始提高。极端情况下，当索洛技术应用到所有部门时，经济体的增长符合标准的索洛增长模型，表现出与现代工业化经济体一样的增长特性。从土地为基础的农业经济转变为现代工业化经济有一个条件：在应用索洛技术之前，这些部门的

---

① Deardorf, A., The optimum growth rate for population: comment, *International Economic Review* 17 (2), June 1976, pp. 510 – 515.

② ［美］加里·汉森、爱德华·普雷斯科特：《从马尔萨斯到索洛》，载于《比较》2012年第 2 期，第 26 – 43 页。

全要素生产率为正增长。这一期间，索洛技术必须发展得足够迅速，使资源投入这些起初未应用索洛技术的部门有利可图。索洛技术采用后开始出现的生活水平提高，与索洛技术部门和马尔萨斯技术部门的相对技术进步率无关。生活水平的提高与否只取决于从土地密集型的马尔萨斯技术向资本密集型技术的转变。实际情形是，生活水平的提高速度的确取决于索洛技术部门的技术进步速度。[①] 对照之下，新中国成立以后以重工业化为主导的现代发展起步，符合了各部门全要素生产率为正，且索洛技术足够迅速的观点。改革开放以及快速城市化进程，也符合生活水平提升取决于索洛技术部门的论点。

五、评议

作为对后凯恩斯增长理论——哈罗德－多马模型的替代，以索洛为代表性人物的新古典增长理论，把古典经济学中相对粗放式的劳动力和资本投入决定经济增长的观点，推进到更明确的技术进步，也就是说表现为内涵型扩大再生产，不是靠增加劳动力和资本的投入量，而是靠提高生产要素的使用效率。比古典经济学更精确地确立了三个增长源泉：与储蓄率相关的资本积累、受人口增长制约的劳动力供给，以及技术进步和其他效率改善带来的全要素生产率（total fact productivity，TFP）。

人口经济关系方面，新古典增长理论继承了马尔萨斯人口论中将土地收益递减和人口理论联系的研究传统，并加入技术进步假设。该理论得出，在土地收益递减情况下，如果人口增长率 n 没有上限，那么人均收入的增加不久就会使 n 达到一个收入递减的作用刚好与技术进步相抵消的水平，使人均收入保持不变，然后，n 将停止进一步增长。所以，技术进步的高速度会导致高水平的收入和高人口增长率，但它不会带来人均收入的持久增加。如果 n 有上限，当 n 处于最大值时，技术进步速度

---

① ［美］加里·汉森、爱德华·普雷斯科特：《从马尔萨斯到索洛》，载于《比较》2012年第2期，第26–43页。

能达到足以抵消土地收益递减影响的程度，经济持久增长就是可能的。于是，得出结论：若技术进步速度低于让 n 达到其最大值的那个临界点，其差额将影响人均收入水平；反之，若技术进步速度高于那个临界点，其差额将影响人均收入的增长率。对于发展中国家，人均收入一开始处于低水平，如果技术进步速度高于临界水平，则增长过程将由两个阶段构成，在第一阶段，人口增长速度递增，而人均收入仅有缓慢的增加；在第二阶段，人口以一个高的，但却不变的速度增长，人均收入将比以前有较快的增加。在第一个阶段，如果技术进步被土地收益递减抵消，人均收入就会保持不变，但是又没有低到足以使人口增长，就会陷入一个"低水平的均衡陷阱"。进入第二阶段就被称为经济起飞。[①]

新古典增长模型显示人口增长率提高会导致资本稀释（capital dilution）。也有研究直接在模型中引入年龄结构得出了同样的结论。[②] 在数量分析方面，还有研究者评价了人口结构的变动对总储蓄的影响，显示了人口增长率和总储蓄之间的负相关关系。[③] 在人口结构变化对利率的影响方面，有实证研究证明资产回报率和人口结构之间很难找到可靠的联系。[④]

第六节　新增长理论中的人口变量

凯恩斯理论及生产函数概念中，决定经济增长的劳动力、资本等变

[①] ［美］F. H. 哈恩、R. C. O. 马修斯：《经济增长理论：一份研究报告（节译）》，见罗伯特·M. 索洛等：《经济增长因素分析》，史清琪等选译，商务印书馆 1991 年版，第 283 – 319 页。

[②] Diamond, P. A., National Debt in a Neoclassical Growth Model. *American Economic Review*, Volume 55, issue 5, 1965, pp. 1126 – 1150; Blanchard, Olivier. Debt, Deficits and Finite Horizons. *Journal of Political Economy*, 93, 1985, pp. 223 – 247.

[③] Auerbach A. & Laurence Kotllikoff. *Dynamic Fiscal Policy*. Cambridge University Press, Cambridge, 1987.

[④] Poterba, M., Demographic Structure and Assets Returns. *The Review of Economics and Statistics* 83 (4), 2001, pp. 565 – 584.

量是外生变量。经济增长过程只是生产过程的扩大。索洛对生产函数实证研究得出的"技术余数"则表明，劳动力和资本投入等外生变量并不能完全解释经济增长问题；于是，经济增长的决定因素从外生变量向内生变量演变。

到了20世纪60年代，对经济增长的研究日趋式微。如果按索洛所说的，后进国家因为可以从先进国家引进技术，它的增长速度、增长效率就会提高。慢慢地，世界各国的发展水平就会趋同。但事实上没有趋同，很多研究报告指出，有些发展中国家与先进国家的差距却越拉越大。新古典经济增长理论很难对经济增长提供令人信服的解释。经济增长理论逐渐与实际运用失去联系，新思想的枯竭导致了这门学科从经济学家关注核心的逐渐淡出。但是，在20世纪80年代中期，源于罗默等的开创性工作，通过递增报酬、人力资本、研究与开发、干中学和外部性等研究，经济增长理论又获得了新生。由于摆脱了新古典经济增长理论中技术进步被假定为外生变量的束缚，新的经济增长模型能够在模型之内决定经济的长期增长，因此，新的理论体系被称为内生增长理论或新增长理论。经济增长重新成为宏观经济学研究的中心议题。

一、新增长理论

新古典增长模型中，无法在分析框架内模型化技术进步。在该分析框架内，完全竞争下接受价格的企业可以获得在资本和劳动上具有不变规模报酬的生产函数。这是因为，由于技术是非竞争的，企业可以通过简单地自我复制来成倍地扩大自己的生产规模：用完全相同的投入（最佳的技术经济比例）来建立一个新厂。也就是在不同地点设厂使用相同的技术，投入的资本和劳动力（线性）翻番。不变规模报酬仅仅运用在资本和劳动力上面。即，

$$Y = F(\lambda \cdot K, \lambda \cdot L, A) = \lambda \cdot F(K, L, A) \qquad (3-19)$$

其中，A 是技术水平，K 是资本数量，L 是劳动力数量。

按照凯恩斯总需求分析框架，完全竞争的新古典企业的支出等于投入，即，

$$Y_t = R_t \cdot K_t + w_t \cdot L_t \qquad (3-20)$$

换言之，一旦企业为其投入进行支付，其全部产出也就成本付出，没有积累来改善技术。因此，如果技术进步存在，它一定是外生于该模型。如果要技术进步过程模型化，就需要放弃新古典理论的完全竞争基石，转而引入不完全竞争。①

20 世纪 80 年代，内生经济增长的理论被经济学界普遍接受。该理论认为，作为劳动力的人口，在生产过程中，是不断累积技能的人力资源乃至技术创新和进步的根源。在此视角下，假定技术外生于生产过程，简单看待人口数量与经济增长关系的学说就站不住脚了。为了解释经济增长的来源，弥补索洛模型（1957）的缺陷，罗默（1986）提出了一个具有外溢性知识的增长模型，认为增长来自于人力资本的增加及其外溢效果，在这个模型中，罗默假设技术进步是通过中间产品的种类增加来实现的，并假定存在一个专门的人力资本生产部门，这个部门的生产决策由追求效用最大化的消者个人作出决策。他通过将资本与技术均视为一种中间产品，以中间产品的种数来表示技术的进步，因而巧妙地避开了新古典增长模型无法与规模报酬递增及边际报酬不变自洽的矛盾，而且也避开了因直接处理递增报酬生产函数所带来的一系列麻烦。由于知识的这种中间产品性质，使技术具有了外部性，因而知识的规模报酬递增。并由此解决了收益递增与平衡增长路径稳定性之间的问题。

经济增长理论取得进展的关键是，根据生产函数和几种投入来简易地描述生产可能性边界。新增长理论引入了新古典增长模型未予考虑的其他内生状态变量。创意、制度和人力资本已成为增长理论的核心，实物资本则被边缘化。现代增长理论已经在实物资本和工人的基础上，增加了创意存量和人力资本存量。它还重新考虑了古典经济学所关注的内

---

① ［美］夏威尔·萨拉－伊－马丁：《15 年来的新经济增长理论：我们学到了什么?》，黄少卿译，载于《比较》2005 年 7 月第 19 辑，第 127 - 142 页。

生的人口动态变化。①

在基本公式 $Y = F(A, K, L)$ 式中，基于竞争性物品所具有的可复制性，K 和 L 的规模收益不变，如果将 A 转为创意（新增长理论的处理），X 是自然资源形式的 K，于是，人均产出为 $Y/L = F(A, X/L, 1)$。这个公式中不言自明的观点可以追溯到马尔萨斯，即在任意一个固定的创意组合下，人均福利随着人口规模 L 的增大而下降。②

如果假设创意存量 A 与 L 成比例，那么人均产出 $Y/L = F(A, X/L, 1)$ 就转换为 $Y/L = F(L, X/L, 1)$。L 的增加导致人均竞争性物品减少，这是它的不利之处。但是 L 的增加有可能导致非竞争性物品（创意）存量的增加，这又是其有利之处。实践中，城市化、贸易的扩大、各种形式的全球化以及人均收入的增长趋势几乎都是正相关的。从长期来看，人口增长会导致创意存量的增长，由此带来的好处将压倒资源稀缺产生的负面效果。人口和创意间的良性循环说明了（经济）增长的加快。在这种情况下，人们之间任何形式的相互交往和新创意的共享都是有利的，即便人口规模是有限的，这种益处也未必会穷尽。③

美国经济学家爱德华·F. 丹尼森 1988 年在中国的一份研究报告中介绍了美国 1948～1973 年中经济增长因素贡献情况，他得出美国该时期以不变价计算的国民收入计量国民潜在产出年均增长率为 3.9%，工作量增加（也就是就业增加、平均每周工作时间减少及单位时间劳动者人均工作量等）促成该增长率的贡献是 28%，教育程度提高而使劳动者能力提高的贡献是 10%，加上资本增加的贡献共 57%。单位投入的产出的增长贡献了剩余的 43%。在 43% 的贡献中，农业剩余劳动力转移和非农领域不领酬家庭劳动力转移（也就是农业和家庭经营劳动力的再配置）对经济增长率的贡献是 7% 多点，市场规模扩大的贡献也是 7% 多点，知识进步的贡献是 28%。④

---

①②③ ［美］查尔斯·琼斯、保罗·罗默：《新卡尔多事实：创意、制度、人口和人力资本》，马少强译，载于《比较》2009 年第 6 期（第 45 辑），第 47-64 页。

④ ［美］爱德华·F. 丹尼森：《增长因素分析的应用》，见［美］罗伯特·M. 索洛等：《经济增长因素分析》，史清琪等选译，商务印书馆 1991 年版，第 251-269 页。

爱德华·F. 丹尼森计算得出知识进步和教育程度提高的合计贡献是 38%，如果加上市场规模增长的贡献，就是 45%。这些数据验证了新增长理论对知识的强调。

新增长理论还得出劳动力影响技术进步的三个假定：（1）劳动力相对于需求的稀缺促进了技术进步；（2）劳动力相对于资本的稀缺引起技术进步的高速度；（3）劳动力相对于土地的稀缺促进了技术进步。[1]

二、人力资本

从学术借鉴角度看，新增长理论强调创意、突出人力资本的作用，不仅继承了古典经济学中人口质量的思想，也引入了微观人口经济学的人力资本理论。

人力资本是指劳动者受到教育、培训、实践经验、迁移、保健等方面的投资而获得的知识和技能的积累，亦称"非物力资本"。由于这种知识与技能可以为其所有者带来工资等收益，因而形成了一种特定的资本——人力资本。在经济中，人力资本涉及人类作为生产收入的行为者的生产能力。

配第在 1676 年把作战中军队、武器和其他军械的损失与人类生命的损失进行了比较，一般被认为是首次严肃地运用了人力资本概念。斯密为人力资本研究确定了总的方向。《国富论》把工人技能的增强视为经济进步和经济福利增长的基本源泉。该书还包含了首次论证人力资本投资和劳动者技能如何影响个人收入和工资结构的内容。马歇尔强调人力资本投资的长期性质和家庭在从事这种投资中的作用。J. R. 沃尔什作出了第一个人力资本价值的成本估算。[2]

---

① ［美］F. H. 哈恩、R. C. O. 马修斯：《经济增长理论：一份研究报告（节译）》，见罗伯特·M. 索洛等：《经济增长因素分析》，史清琪等选译，商务印书馆 1991 年版，第 283－319 页。

② Walsh，J. Capital concept applied to man. *Quarterly Journal of Economics* 49，February 1935，pp. 255－285. 见舍温·罗森（Sherwin Rosen）：《人力资本（Human Capital）》，载于约翰·伊特韦尔、默里·米尔盖特、彼得·纽曼：《新帕尔格雷夫经济学大辞典·第二卷：E－J》，经济科学出版社 1996 年版，第 736－744 页。

人力资本概念出现，表明人口经济关系研究从人口数量向人口质量方面深入。这种转变表明古典经济学仅将生产力要素区分为土地（自然资源）、劳动力和资本三者的粗糙划分，已不能满足比较精确的生产力产出计算要求。

促进人力资本理论迅速发展的因素是第二次世界大战以后经济学的计量革命。大量对经济增长要素的计量研究，促成代表性的"索洛残余"出现。舒尔茨将其归因于以教育、培训和扫盲为基础的工人技能的长期改善。[①] 他将人力、人的知识和技能认定为资本的一种形态即人力资本，认为它的形成是对教育、卫生、健康、劳动力迁移等影响人力资本投资的结果，它能更大程度上带来经济效益，从而在现代经济发展中起着决定性的作用。舒尔茨认为人力资本和物质资本不一样，物质资本是报酬递减的，人力资本是报酬递增的；物质资本投进去以后，别人就不能用，而人力资本中的知识不存在这个问题，很难排他性使用，具有报酬递增性。同样，科学这类事务也是收益递增的，会给社会带来很大贡献；同样很难排他地使用。因此舒尔茨认为，一定要大力增加人力资本的投资，强调教育，因为这是报酬递增的。

人力资本概念揭示了社会经济发展不仅考虑人口增长数量，还要考虑落实到人口中个人素质的提高问题。因此，人力资本的核心是提高人口质量，也就是人力资本投资。

就人力资本领域所有后来的著作而言，分析的基本概念框架是由加里·贝克尔确定的，即教育和培训对人力资本形成具有重要作用，一个社会人力资本投资均衡的收益，也就是正规学校教育函数，是一个使放弃的机会和就学的其他成本均等化的差额。如果人人都是相同，为补偿直接成本和成本利息，收益必须随受正规学校教育时间增加而增长。否则，不会有人倾向于承担收受教育性人力资本投资。在此基础上，贝克尔进一步扩展，将具体个人人力资本差异，是人与人之间在利率 r 方面的

---

① ［美］西奥多·W. 舒尔茨：《对人进行投资——人口质量经济学》，吴珠华译，首都经济贸易大学出版社 2002 年版。

差异，被视为与家庭背景和相关因素有联系的人力资本投资的财务约束。[1] 贝克尔还剖析人力资本投资、收入与年龄之间的关系，并提出了若干具有开创性的人力资本分析的方法，并将人力资本供给问题转换为将使投资达到边际收益等于资金机会成本的合理行为决策问题。[2]

人力资本投资的收益或报酬在于提高了一个人的技能和获利能力，在于提高了市场经济和非市场经济中经济决策的水平和效率。人力资本投资和收益的比较可用收益率折现反映。假设一个人中学毕业或达到法定就业年龄后就工作，$X_0(t)$ 是其所预期的 t 年收益流量。这个人如果不是工作，而是继续学习，设 $X_1(t)$ 是可以被预期的收益。一般来说，$\sum X_1(t) > \sum X_0(t)$。如果从中学毕业或达到法定就业时点起算每年的 $(X_1(t) - X_0(t))$，设两者差值等于 $Z(t)$，那么，在理想的经济收敛性中，人力资本投资的内在收益率 i 可以通过 $\sum Z(t)/(1+i)^t = 0$ 计算得到。欧美发达国家以中学毕业生和大学毕业生做典型进行比较计算的估算结果是 $i \approx 10\%$，类似于实物资本的收益率；在各个国家和各种经济制度中都可以估算到 10% 左右的教育收益率。现实中，如果某个行业或职业的 $\sum Z(t)/(1+i)^t > 0$，表明这个行业和职业的人力资本比较稀缺，产值高于一般人力资本产值。[3]

贝克尔还区分了对在一个企业中现时就业联系的特定人力资本，和在更广泛就业中具有更一般价值的人力资本。与具体企业关联的特定人力资本概念与组织资本密切相关，劳动产出与专用资产结合体现，其价值将在雇佣关系解除时丧失。一般人力资本表示并非与某个具体企业有关的技能，这类技能使用可以从一个企业转到另一个企业，不会发生任何严重的价值

① 舍温·罗森（Sherwin Rosen）：《人力资本（Human Capital）》，载于约翰·伊特韦尔、默里·米尔盖特、彼得·纽曼：《新帕尔格雷夫经济学大辞典·第二卷：E - J》，经济科学出版社 1996 年版，第 736 - 744 页。

② ［美］加里·S. 贝克尔：《人力资本》，梁小民译，北京大学出版社 1987 年版。

③ 舍温·罗森（Sherwin Rosen）：《人力资本（Human Capital）》，载于约翰·伊特韦尔、默里·米尔盖特、彼得·纽曼：《新帕尔格雷夫经济学大辞典·第二卷：E - J》，经济科学出版社 1996 年版，第 736 - 744 页。

损失。特定人力资本和一般人力资本的区分，与人力资本的教育塑成联系，则传授一般知识并转换成科学技术常识的学历性教育投入形成一般人力资本，前沿性研究训练和专门性技能培训则形成特定人力资本。[①]

以后的学者在贝克尔分析框架下，研究整个生命周期中个人技能和获利能力的发展，将人力资本理论演化为"持久收入"和财富的理论。这种理论解释了现代社会中，个人延续孩童期开始的教育至成人后一段时间才进入意向性就业领域，是基于意向性就业领域的劳动收益能够补偿甚至超过成人后不就业阶段的预先投资。

人力资本理论之前，经济学家只是把人看作物质资本的附庸，并没有单独地研究过人以及附着在人身上的潜能。在这之后各分支学科经济学家都非常重视人口以及人力资本对经济增长的影响。但是，他们的研究有一个特点，就是截然分开人口和人力资本，这导致了此后的"二分法"：研究人口学的学者分别从人口、人口结构、劳动年龄人口、劳动年龄人口结构等来研究这些因素对经济增长的影响，而研究人力资本的学者则从人力资本总量、人力资本结构、人力资本的影响因素、人力资本的计算方法等方面刻画人力资本对经济增长的影响。客观上，人力资本与人口之间是不能被分开的，人力资本的变化会影响人口对经济增长的作用，而人口的变化也会影响人力资本对经济增长的作用，可见有必要建立一个既包含人口结构又包含人力资本结构的经济增长模型，用这样的模型去解释影响经济增长的各个因素对经济增长的贡献。[②]

三、评议

新增长理论的一个重要论述是：考虑到知识的生产，生产函数有可

---

① 舍温·罗森（Sherwin Rosen）：《人力资本（Human Capital）》，载于约翰·伊特韦尔、默里·米尔盖特、彼得·纽曼：《新帕尔格雷夫经济学大辞典·第二卷：E－J》，经济科学出版社1996年版，第736－744页。

② 方福前、祝灵敏：《人口结构、人力资本结构与经济增长》，载于《经济理论与经济管理》2013年第8期，第5－16页。

能是规模报酬递增的。于是，罗默模型建立在三个基本假定之下：（1）对经济增长起根本推动作用的因素是技术水平的变化，即如何在生产过程中将投入转化为产出的知识技能的改进；（2）技术进步是由经济系统内生给定的，即由受利益驱动的厂商和个人的有意识行为所决定的；（3）新知识和新思想是非竞争性的产品，同时也只具备部分排他性。由于新知识和新思想的非竞争性，人均知识占有水平可能无限积累；因为新思想的非完全排他性，其生产必然产生正的外部性。技术进步的以上特性为生产的规模报酬递增提供了可能，并在某种程度上为知识经济的发展提供了理论依据。

因此，新增长理论一个重要结论就是稳态增长率是由经济系统参数决定的，也就是人口规模和储蓄率影响着稳态增长率。新增长理论中的规模效应不是古典经济学的静态规模经济。在古典经济学中，当一个经济体拥有较多的人口时，有条件产生更为细致和深入的分工、较大规模的需求，并可以更有效率地利用公共基础设施。这是一种来自分工演进的规模经济，它受交易成本影响。当分工的深化、市场需求和公共设施的利用达到极限时，规模经济也就停止了。新增长理论中的规模经济来自于知识非竞争性。在技术内生经济增长中，经济增长的最终性质取决于对知识这种非竞争性要素的利用程度。而较大的人口规模意味着对知识的较高的利用程度，会出现增长上的规模效应。增长规模效应的存在，意味着大规模的经济应有较高的增长率，以及正的人口增长率会导致经济增长率的不断上升。[1]

在很长的人类发展历程中，新创意伴随着人口规模的增加而发展。但是在占主导地位的农业经济国家，技术进步的成果都被导向了人口的增长，由于农业技术的规模报酬递减，所以并没有促进人均 GDP 水平的提高。这一状态被称为马尔萨斯陷阱或马尔萨斯均衡。随着新创意的状态越过某一临界点，规模报酬不变的技术摆脱了土地的限制，供给就变

---

[1] 李小宁：《经济收敛的逻辑》，北京航空航天大学出版社 2006 年版，第 41 页。

得有利可图，实物资源与人力资本开始被重新配置到城镇地区的工业革命兴起。[①] 因此，人口增长和人力资本是新增长理论的基点。

新增长理论与新古典增长理论相比，强调人力资本和物质资本一样是生产过程所不可缺少的。人力资本理论突破了传统理论中的资本只是货币及其承载器物的束缚，将资本划分为人力资本和物质资本，从全新的视角来拓展了经济研究理论和实践。该理论认为物质资本指现有物质产品上的资本，包括厂房、机器、设备、原材料、土地、货币和其他有价证券等，而人力资本则是体现在人身上的资本，即对生产者进行普通教育、职业培训等支出和其在接受教育的机会成本等价值在生产者身上的凝结，它表现在蕴含于人身中的各种生产知识、劳动与管理技能和健康素质的存量总和。按照这种观点，人类在经济活动过程中，一方面不间断地把大量的资源投入生产，制造各种适合市场需求的商品；另一方面以各种形式来发展和提高人的智力、体力与道德素质等，以期形成更高的生产能力。这一论点把人的生产能力的形成机制与物质资本积累类同，突出了生产者本身、生产知识与技能的存量总和等在经济增长中地位和作用。

---

① ［日］青木昌彦：《经济发展的五个阶段及中日制度演化》，王旭译，载于《比较》2011年第5期，第1-24页。

第四章

人口转变

在人类 20 多万年的漫长历史中，近几百年来人口增加的激烈程度，被夸张地称为"人口爆炸"。回顾历史，人口增长不是单一不变，也不是按马尔萨斯预测进行的。经验数据显示，有三种人口增长模式，"高产多死"型，又称为传统型人口增长模式；"高产少死"型，又称为过渡型人口增长模式；"低产少死"型，即现代型人口增长模式。一个地区的人口增长从"高产多死"向"低产少死"转变过程就是人口转变。人口转变不仅是出生率和死亡率数据变化，作为结果的表现，其后需要深入的原因解释。同时，人口—经济关系逻辑也揭示，人口转变也会启动出新的因果关系，同样需要认真考虑。

第一节　人口转变的经验数据

人口转变，又称人口变迁、人口转换，或称"人口过渡"或"人口循环"。1909 年，法国人口学家兰德里利用西欧的人口数据描述了人口从"高死亡率、高出生率"向"低死亡率、低出生率"的演变规律，并奠定了经典人口转变理论的雏形。其中的重要观点就是，受经济因素的驱动，为了维持较高的生活水平，人们开始有意识限制生育。① 1930 年，美国社会学者、人口学家沃伦·汤普森出版《人口问题》一书，把世界人口分成三类地区，实际上区分了人口发展的三个阶段。② 1945 年，金斯利·戴维斯明确提出了世界人口转变。③

后来的相关研究，主要参考弗兰克·诺特斯坦，他在 1953 年完整和系统地阐述了工业化过程中生育行为变动情况，归纳出人口转变理论。④ 人口转变理论认为，人口自然增长是在死亡率和出生率两个因素共同作用下形成的。该理论指出，在经历马尔萨斯式的"高出生率—高死亡率—低（自然）增长率"之后，伴随人均收入的实质性提高，人口转变进入"高出生率—低死亡率—高（自然）增长率"的新阶段，以至随后才会在更高经济发展水平上形成"低出生率—低死亡率—低（自然）增长率"的阶段。⑤

美国人口学家 A. 科尔和 E. 胡佛分析农业低收入经济地区在工业化和城市化的影响下的人口转变过程，研究得出：（1）人口发展过程同社会经济发展过程有着密切关系；（2）人口转变主要通过出生率和死亡率的变动来实现，且存在着由高位均衡向低位均衡转变的趋势；（3）出生率的下降滞后于死亡率的下降。⑥

历史数据也验证了人口转变。据估算，公元 1 年到公元 1500 年，世

---

① 吴忠观：《人口经济学概说》，四川人民出版社 1985 年版，第 164 页。

② Warren Thompson. *Population Problems.* New York：McGraw Hill，1930.

③ Kinsley Davis. The world demographic transition, *Annals of the American Academy of Political and Social Science* 237，January 1945，pp. 1 – 11.

④ Frank Notestein. Economic problems of population change, in *Proceedings of the Eighth International Conference of Agricultural Economics*, Lodon：Oxford University Press. 1953. 见安斯利·J. 科尔 (Ansley J. Coale)：《Demographic Transition（人口转变）》，黄劲生译，载于约翰·伊特韦尔、默里·米尔盖特、彼得·纽曼：《新帕尔格雷夫经济学大辞典·第一卷：A – D》，经济科学出版社 1996 年版，第 857 – 860 页。

⑤ Caldwell，John C.，"Toward a Restatement of Demographic Transition Theory"，*Population and Development Review*，2，1976，pp. 321 – 366.

⑥ 张爱婷：《西方经济学的主要人口理论评述》，载于《生产力研究》2006 年第 2 期，第 251 – 254 页。

界人口死亡率在 3% ~ 4% 左右，出生率也差不多同样水平，人口增长非常缓慢，世界人口递增率每年不超过 1‰。[①] 《世界人口简史》也推算得出，公元 1 年到公元 1750 年（工业革命开始）间，世界人口年平均增长率为 0.6‰。[②] 历史经验和数学逻辑，促成马尔萨斯人口原理推导出生育率与社会经济发展之间的正相关性。但是，工业革命和城市化发展的实际情形是，人类生活水平持续上升中，出生率并没有伴随增长。

英国在 18 世纪初到 20 世纪初之间率先完成了传统型向现代型的人口增长模式转变，共经历了 200 来年。[③] 随后，其他欧美工业发达国家也完成人口转变（见表 4-1）。人口转变是以死亡率下降开启转变过程。欧洲死亡率下降大致在 18 世纪中后期开始，出生率的普遍下降从 19 世纪后期开始。在 1983 年，出现了人口自然增长率为零的瑞典、奥地利、民主德国（原东德）、匈牙利，人口自然增长率为 -0.1% 的丹麦，-0.2% 的联邦德国（原西德）。整个西欧和北欧的人口自然增长率平均值 0.2%，人口基本处于静止状态，是完成人口转变的典型。[④] 即使人口转变后人口自然增长率水平甚至和人口转变前相当，但是，由于死亡率下降先于生育率下降，且生育率下降过程相对更长，人口转变后的总人口还是远远多于人口转变前。人口转变开始与结束时的人口数量比率可以被称为人口转变"乘数"。[⑤]

表 4-1　　　　部分国家人口变迁的开始、结束、持续期和乘数

国家	人口转变开始和结束	持续期（年）	乘数
瑞典	1810~1960 年	150	3.83

① ［英］阿瑟·刘易斯：《经济增长理论》（1955 年版），周师铭、沈丙杰、沈伯根译，商务印书馆 2011 年版，第 372 页。

② ［意］马西姆·利维巴茨：《繁衍：世界人口简史》，郭峰、庄瑾译，北京大学出版社 2005 年版，第 7 页。

③ 谢飞：《人口大爆炸——地球能住多少人？》，载于《科学大众》（小学版）2014 年第 10 期，第 1-6 页。

④ 吴忠观：《人口经济学概说》，四川人民出版社 1985 年版，第 166 页。

⑤ ［意］马西姆·利维巴茨：《繁衍：世界人口简史》，郭峰、庄瑾译，北京大学出版社 2005 年版，第 119 页。

续表

国家	人口转变开始和结束	持续期（年）	乘数
德国	1876～1965 年	90	2.11
意大利	1876～1965 年	90	2.26
苏联	1896～1965 年	70	2.05
法国	1785～1970 年	185	1.62
墨西哥	1920～2000 年	80	7.02

资料来源：转引自［意］马西姆·利维巴茨，《繁衍：世界人口简史》，郭峰、庄瑾译，北京大学出版社 2005 年版，第 120 页。

比较而言，欧洲国家人口转变的历史条件和亚洲国家不同，是一个长期的自发的人口过程，前后用了 100 多年的时间，死亡率和出生率下降都非常缓慢。所以，欧洲传统人口再生产到 20 世纪才完成向现代人口增长模式的发展。日本是另一种类型的人口转变。日本在第二次世界大战后，人口出生率经历了一个从高峰急剧下降，然后达到基本稳定的过程。1947～1949 年是生育高峰阶段，年出生人口达到 270 万人，出生率 3.4%，一个母亲平均生育孩子 4.5 个；1950～1957 年是锐减阶段，出生率从 1950 年的 2.8% 下降到 1957 年的 1.7%，一个母亲平均生育的孩子数由 3.65 个下降到 2.04 个。1957 年后出生率一般在 1.7%～1.9%，进入稳定阶段，1973 年后又出现新的下降趋势。1983 年人口自然增长率为 0.7%。[①] 与欧洲相比，呈现出快速人口转变型式。1975～1980 年，较发达国家的整体总生育率为 2.05%；女性的预期寿命为 75.7 岁。这两者的结合将在长期内带来大致相等的出生率和死亡率，分别是 12.8‰ 和 13.6‰。[②]

第二次世界大战结束后，进入和平发展正轨的发展中国家在死亡率快速下降后也出现低生育率下降长期趋势，收入和生育率之间也有一种

---

① 吴忠观：《人口经济学概说》，四川人民出版社 1985 年版，第 168 页。

② 安斯利·J. 科尔（Ansley J. Coale）：《人口转变（Demographic Transition）》，黄劲生译，载于约翰·伊特韦尔、默里·米尔盖特、彼得·纽曼：《新帕尔格雷夫经济学大辞典·第一卷：A-D》，经济科学出版社 1996 年版，第 857-860 页。

明显的、强烈的长期否定关系，也进入人口转变过程。[①]

新中国成立前，中国处于传统型人口增长阶段。中国 1930 年人口出生率约为 3.8%，死亡率约为 3.3%，人口自然增长率约为 0.5%。[②] 新中国成立后，中国很快进入人口转变。图 4-1 显示，中国在短短不到 30 年内就完成了人口转变，人口转变乘数稍稍超过 2。

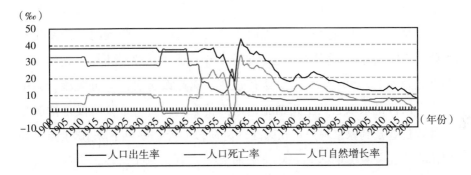

图 4-1　1900~2021 年中国人口出生率、死亡率和自然增长率统计和估测数据比较

资料来源：（1）1949~2021 年数据来自国家统计局，https://data.stats.gov.cn/easyquery.htm?cn=C01，2022 年 12 月 16 日查询；（2）1949 年前数据基于多个来源资料估算，[③] 1949 年以前的估算数据主要是对比表现人口转变前高出生率—高死亡率—低增长率的人口增长指标特征。

20 世纪 70 年代以来发生在中国的生育率转变，是世界上最为引人瞩目的一场人口革命。作为世界第一人口大国和最大的发展中国家，中

---

① ［美］朱利安·L. 西蒙：《人口增长经济学》，彭松建等译，北京大学出版社 1984 年版，第 442 页。

② 陈达：《人口问题》，商务印书馆 1935 年版，第 171 页。转引自吴忠观：《人口经济学概说》，四川人民出版社 1985 年版，第 170 页。

③ 资料 1：根据麦迪逊的估计，中国在 1870~1936 年间人口增长率为 5.2‰，见青木昌彦：《经济发展的五个阶段及中日制度演化》，王旭译，载于《比较》2011 年第 5 期（第 56 辑），第 1-24 页。资料 2：《15 亿人口的挑战》中的文献（第 37 页）给出中国 1934 年出生率 38‰，死亡率 33‰，自然增长率 5‰。资料 3：葛剑雄主编，侯杨方著：《中国人口史（第六卷，1910~1953 年）》估算"20 世纪上半期，中国人口粗出生率可能在 35‰—40‰。""总的说来，20 世纪上半期中国人口的粗死亡率在 25‰—35‰。""1911~1936 年全国人口平均年增长率为 10.27‰，1936~1946 年为 -1.33‰，1946~1949 年为 8.00‰，1911~1949 年为 7.06‰。"因此，图 4-1中 1900~1949 年的人口增长情况也结合历史，分为四个数据时段 1900~1911 年，1912~1936 年，1937~1945 年，1946~1949 年，以资料 3 中数据为基础，参考资料 1 和资料 2 估算。

国仅用了不到 30 年的时间就完成了生育率的转变，不仅创造了世界人口发展史上的一个奇迹，而且还改变了中国乃至整个世界的人口增长轨迹。[①]

在人口转变过程中，死亡率实现从高位水平到低位水平的转换。这种改善，可以视为三个阶段的发展过程。或者换句话说，由于三组因素而有所下降。第一，死亡率下降是因为粮食供应得到保障，这或者是由于产量增加了，或者是由于分配改善了。经过了这一阶段的可能使死亡率降低 10 个多点。这就意味着，如果一个国家的出生率不变，它的人口将开始每年上升 10‰。第二，医疗改善。医疗改善有两个分阶段，其中一个分阶段是采取公共卫生措施，消除传染病；另一个分阶段是把医疗方便广泛普及到家家户户。在医疗改善阶段，死亡率再下降 10 个点。如果出生率还是 40‰，人口每年将增加 20‰。到第三个阶段，也就是人口转变完成后死亡率将下降到 10‰ 左右，是多还是少，取决于人口的年龄结构。[②]

考察三个促成死亡率下降因素的综合达成条件，是现代社会的综合发展。因此，从 18 世纪下半叶开始于资本主义工业国家，在 20 世纪出现在众多发展中国家的死亡率下降，通常被部分地归因于外部的因素，包括传染病周期频率的下降和瘟疫的消失；部分因为更有效率的经济组织使饥荒减少；部分是由于社会文化的实践，有助于减少传染病的扩散以及改善生存条件，尤其是对于婴幼儿。死亡率的下降刺激了人口增长，增加了人口对于可用资源的压力，促成结婚率降低和蓄意控制生育的推广，这又导致了生育率的降低。因此，人口转变，否定了马尔萨斯模型，它暗示了人口通过生育控制——生育越来越少地受生物因素的制约，而越来越多地依赖于社会制度和文化发展情况。[③] 成为断定马尔萨斯分析已

---

① 李建民：《中国的生育革命》，载于《人口研究》2009 年第 1 期，第 1 - 9 页。

② ［英］阿瑟·刘易斯：《经济增长理论》（1955 年版），周师铭、沈丙杰、沈伯根译，商务印书馆 2011 年版，第 373 - 375 页。

③ ［意］马西姆·利维巴茨：《繁衍：世界人口简史》，郭峰、庄瑾译，北京大学出版社 2005 年版，第 120 页。

经无效的一个重要事实。[1]

在库兹涅茨的新古典增长理论中，人口转变中伴随着工业化和城市化两大过程，这两大过程之中实用知识的增加，也就是科学与技术的发展与应用，不仅关系到人们的健康长寿，而且关系到经济生产。人口转变确立的低死亡率、低生育率和低人口增长率的现代人口格局，也为现代经济增长提供了条件，而对人均经济水平的提高有重大作用。[2]

当然，"人口转变理论"也存在几个理论上的缺陷。缺陷一是婴幼儿死亡率的下降部分内生于生育率的下降。缺陷二是即使婴儿死亡率下降是完全外生的，也可能产生两种相互抵消的影响。[3] 缺陷三是尽管世界人口转型已有两个世纪，但人类还没有经历一个完整的转型周期，而人口与经济社会的互动关系如此之复杂，也使人类对人口与经济的关系认识模糊。[4] 因此，一种综合的认识是，工业革命以来，死亡率和出生率相继下降造就了人口转变，给世界带来人口爆炸、人口红利、老龄化和少子化。发达国家作为转型的先行者，其低估了人口的作用和老龄化、少子化的严重性，高估了教育科技、鼓励生育、完善养老的作用。[5]

历史经验上，人口转变否定了马尔萨斯所描述，在古典经济学和新古典经济学中得到广泛认同的一个假说：人口增长与工资收入正相关。于是产生新的问题：人口增长和什么因素相关？也就是怎么样阻止生育率下降长期趋势问题？

① ［美］朱利安·L. 西蒙：《人口增长经济学》，彭松建等译，北京大学出版社1984年版，第583页。

② ［美］库兹涅茨：《现代经济增长》，戴睿、易诚译，北京经济学院出版社1989年版，第27－49页。

③ ［美］蒂莫西·吉内恩：《生育率的历史性转变：给经济学家的指导》，王旭译，载于《比较》2012年第4期（第61辑），第129－152页。

④⑤ 陈浩、徐瑞慧、唐滔、高宏：《关于我国人口转型的认识和应对之策》，载于《中国人民银行工作论文》No. 2021/2，2021年3月26日。

第二节　生育率下降长期趋势

人口转变以死亡率下降起始，以出生率（或生育率）下降并稳定在低水平为转变过程完成标识。但是，世界上几乎所有人口转变结束后的国家，其生育率水平并没有如人口转变理论所预期的那样稳定下来，而是进一步迈向超低生育率和极低生育率。[①]

马尔萨斯人口原理发表以来，一般认识是社会经济发展水平与生育率之间具有正相关性。但是，进入 20 世纪，越来越多的发达国家出现生育率下降长期趋势。到了 21 世纪，《世界人口展望 2022》报道更多的国家出现人口减少趋势，颠覆了马尔萨斯关于生活水平提升刺激生育的论点。《世界人口展望 2022》数据显示，全球人口的出生率都在经历断崖式的下跌，2021 年全球人口总和生育率从 1950 年的 5 下降至 2.3，到 2050 年预计下降至 2.1。

生育率长期下降的趋势体现在社会总和生育率长期低于 2.1 个的更替水平。社会总和生育率高，超过 2.1 临界水平，人口就呈现增长；低于 2.1 临界水平，人口增长就呈现衰退。因此，生育率长期下降的趋势预示着人口下降。

世界银行的数据显示，自 1960 年以来，出生率最低的十国绝大多数为高收入国家。德国作为低出生率国家的时间最长，美国 2020 年人口增速降至近 100 年来的最低水平，仅次于大萧条时期。澳大利亚和加拿大等国出生率徘徊在 1.5 ~ 2，人口大国印度，总和生育也正在下降至 2.1。2019 年韩国生育率仅 0.9，2020 年再次跌至 0.84，为发达国家中最低。这意味着，平均每名韩国妇女生育不到一个孩子。2020 年 7 月，华盛顿大学研究人员在学术期刊《柳叶刀》发表的研究预测，全球人口总数将

---

① 李建民：《中国的生育革命》，载于《人口研究》2009 年第 1 期，第 1－9 页。

会在 2064 年左右达到最高峰的 97 亿，之后会在世纪末下跌至 88 亿。届时，西班牙、葡萄牙、泰国、韩国和日本在内的 23 个国家人口预计在 2100 年减半。联合国 2013 年公布的《世界人口展望 2012》中的中间方案预测，世界平均总和生育率在 1995 年已不到 3.0，到 2100 年会下降到替代水平，见图 4-2。

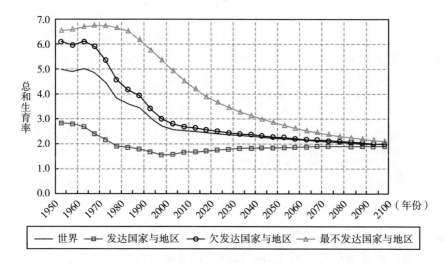

图 4-2　1950～2100 年世界总和生育率轨道（中间方案）
资料来源：引自联合国秘书处经济和社会事务部人口司（2013），《世界人口展望》。

从人口普查数据来看，在全面实施计划生育后，中国总和生育率显著下降，1980 年中国总和生育率为 2.23，90 年代初便降至更替水平以下，2000 年的第五次人口普查资料显示更是下降到 1.46，即使考虑相关因素进行校调也就 1.6 左右。[1] 第七次人口普查数据显示，2020 年中国总和生育率是 1.3，低于更替生育率 2.1，更低于国际社会通常认为 1.5 的警戒线，掉落这一水平以下通常被认为会陷入"低生育率陷阱"。[2] 事实上，20 世纪 90 年代以来，中国总和生育率已经下降到更替水平以下，中

---

[1] 石智雷：《超低生育率与未来生育政策导向》，武汉大学出版社 2016 年版，第 15-16 页。

[2] 陈华罗：《人口出生率创 43 年新低，是什么影响了年轻人的生育意愿？》，载于《新京报》2021 年 12 月 31 日。

国进入低生育时代已经 30 多年，人口内在增长率已经转变为负值。① 人口预测结果显示，如果总和生育率长期维持在 1.5 的水平，中国人口在未来每 54 年将会减半，这意味着中国人口将发生崩塌式的缩减。② 《中国统计年鉴 2021》显示，2020 年全国人口出生率为 8.52‰，首次跌破 10‰，创下了 1978 年来的新低。同期全国人口自然增长率（出生率—死亡率）仅为 1.45‰，同样创下 1978 年以来的历史新低。③ 2023 年 1 月 17 日国务院新闻办举行的 2022 年国民经济运行情况新闻发布会相关数据显示，2022 年末全国人口（包括 31 个省、自治区、直辖市和现役军人的人口，不包括居住在 31 个省、自治区、直辖市的港澳台居民和外籍人员）141175 万人，比上年年末减少 85 万人，全年出生人口 956 万人，人口出生率为 6.77‰；死亡人口 1041 万人，人口死亡率为 7.37‰；人口自然增长率为 -0.60‰。更是呈现出近 60 年来的唯一负值。

当前的形势是一定时期积累的显现。新中国成立后，随着经济发展和人民生活改善，人口转变进入了第二个阶段，剔除 20 世纪 50 年代末60 年代初的非正常波动后，主要表现为在死亡率大幅度降低的同时，出生率继续保持在高水平上，因而人口自然增长率过快。相应地，一直到20 世纪 70 年代之前，总和生育率通常处在 6 的高水平上。并不像许多人想象的那样，生育率下降只是计划生育政策的结果。其实，总和生育率大幅度降低发生在 1970～1980 年期间，即严格的计划生育政策实施之前，从 5.8 下降到 2.3，共下降了 3.5 个百分点。如果假设目前总和生育率为

---

① 人口内在自然增长率是指稳定人口中固定的自然增长率。人口内在自然增长率受到人口净再生产率的高低和平均世代隔年数长短的影响。如以 r 表示，当 r 大于 0 时，表明这个人口再生产发展的内在趋势是呈扩大的趋势；当 r 等于 0 时，表明这个人口再生产发展的内在趋势是一种简单的再生产态势；当 r 小于 0 时，表明这个人口再生产发展的内在趋势是呈缩小的态势。2000 年第五次人口普查数据计算得到的 r 是 -0.0255，由此可见，中国人口内在的发展趋势呈人口再生产规模的不断下降。见温勇、尹勤：《人口统计学》，东南大学出版社 2006 年版，第210-220 页。

② 陆杰华、郭冉：《从新国情到新国策：积极应对人口老龄化的战略思考》，载于《国家行政学院学报》2016 年第 5 期，第 27-34 页。

③ 在总和生育率低于临界水平几十年后，人口总量才会下降。因为在先前高生育时期形成的金字塔形的年龄结构，甚至在年龄别生育率下降时，出生人口的绝对数仍然可以保持在高水平若干年。

1.6～1.8 的话，1980 年以后总共才下降了 0.5～0.7 个百分点。这个事实验证了经济学家和人口学家关于人口转变规律所取得的学术共识：三个主要的人口转变阶段的依次更替，是经济和社会发展的结果。①

如果以更为长远的历史眼光来看待人类生育率的下降时就会发现，生育率降到更替水平时生育率转变虽然结束，但是进入了一个新的阶段，或者说，是第二次生育率转变。美国人口经济学家伊斯特林（Easterlin）和克里明斯（Crimmins）就把人口转变后生育率从高向低转变并成为不可改变的全球性趋势，称之为"生育革命"。他们在合著的名为《生育革命》一书中指出，随着经济发展和社会现代化，生育行为的这种变化是人类历史上最剧烈的变革，堪称是一场"生育革命"。伊斯特林和克里明斯认为，从本质上看，"生育革命"是 18 世纪中叶滥觞于西北欧并逐渐向整个欧洲乃至全世界扩散的"现代化"的一个组成部分。"生育革命"具有两个表征：一是生育从高向低的转变（平均每个妇女在整个生育期生育的孩子数从 6 个以上减少到 2 个左右）；二是从"自然生育率"向"个体家庭有意识地节育"转变。②

总之，生育率长期下降趋势是多种因素综合影响的结果，主要原因是育龄妇女特别是生育旺盛期妇女数量的持续下降，还有人们生育时间的推迟，以及生育养育成本的提高，这些都导致出生人口规模有所收紧，这是中国经济发展特别是工业化、城镇化发展到一定阶段的客观结果，也是世界尤其是发达国家普遍面临的问题。③

一个社会的人口增长如果长期处于低生育水平，会形成一系列严重的人口和社会经济问题。首先，会带来人口红利的丧失，甚至是人口"闪爆"，也就是在较短时期内人口总量减半。例如，在一个稳定人口结构中，如果育龄妇女的平均生育年龄为 30 岁，总和生育率为 1.5 时，人

---

① 蔡昉：《人口转变、人口红利与刘易斯转折点》，载于《经济研究》2010 年第 4 期，第 4－13 页。

② 李建民：《中国的生育革命》，载于《人口研究》2009 年第 1 期，第 1－9 页。

③ 国务院新闻办公室：《国新办举行第七次全国人口普查主要数据结果发布会图文实录》，www. scio. gov. cn，2021 年 5 月 11 日。

口总量下降一半需要 65 年；当总和生育率下降至 1.3 时，人口减半时间缩短到 45 年。其次，会带来严重的人口结构失衡，形成日趋深化的老龄型人口年龄结构。最后，会导致家庭自我发展能力不足。[①]

第三节　人口城市化

城市化或城镇化是指第二、第三产业在城市集聚，农村人口不断向非农产业和城市转移，使城市数量增加、规模扩大，城市生产方式和生活方式向农村扩散、城市物质文明和精神文明向农村普及的经济、社会发展过程。[②] 城市化是与工业化相联系的一种社会组织形态，它不仅是现代化大生产方式的要求，也是社会结构变迁的重要环节，是现代化的必然过程和表现形式。至今为止，没有任何一个国家能在排斥城市化的情况下实现现代化。城市化社会不仅是人类一种居住方式的改变，它是一种完全不同于农业社会的新的文明层次，是人类发展的必经阶段。发达国家的经历表明工业化是城市化的动力，人口迁移是城市化的途径。[③]

城市化中的人口迁移体现在两个方面：一方面，城市间的人口迁移，属于城市人口空间再分布，短期内不影响城市化水平；另一方面，短期内比较明显地推进城市化水平上升的是吸引农村人口为城市人口，转换农业人口为非农业人口，由农村居住变为城市居住的人口分布变动过程。这种居住聚落、生产生活方式的变化，也称为人口城市化。人口城市化受经济发展的制约，反过来又影响经济的发展。主要表现在：

---

① 石智雷：《超低生育率与未来生育政策导向》，武汉大学出版社 2016 年版，第 16 – 17 页。

② 简新华、黄锟：《中国城镇化水平和速度的实证分析与前景预测》，载于《经济研究》2010 年第 3 期，第 28 – 39 页。

③ 杨云彦：《中国人口迁移与城市化问题研究》，载于《人口研究》2001 年第 4 期，第 23 – 28 页。

（1）手工业和近代工业的发展使人口城市化迅速进行；（2）交通运输、商业以及科学、教育与文化事业的发展，也是城市化的必要条件，制约着城市化的速度与发展规模；（3）人口城市化的基础是剩余农业劳动，城市人口规模一般均取决于农业发展水平，主要是取决于农业所能提供的剩余农产品的多少。人口城市化会促使城市劳动和产业分工及规模经济，使城市向大工业和商业中心，科学和文化中心等方面发展，有利于生产的专业化和协作化。但是，城市人口过度膨胀也会妨碍经济的增长。在近代人口城市化历史上，有两种完全不同的农业人口转化为非农业人口、农村人口转化为城市人口的转化方式。一种是盲目地、自发地向大城市和特大城市集中，农村人口大量减少，城市人口大量增加，城乡完全对立，这是资本主义的转化方式；另一种方式的人口城市化是有计划地使农村人口向城市转移，使人口的城市化过程和农业、工业的现代化相适应，和经济发展的水平相适应，使城乡结合起来，城市和乡村都能得到发展。这是社会主义的转化方式。中国的城市化是社会主义城市化。

人口城市化的持续性在于转移进入城市的劳动人口就业机会和保障。劳动人口从生产效率低下的农业地区，转移到生产率高的城市地区，这种就业转移对人均 GDP 增长的贡献比较明显。有学者把这种现象称为"库兹涅茨过程（效应）"。比较中国、日本、韩国的库兹涅茨过程，日本和韩国的农业就业人口比率分别在 1970 年前后和 1990 年前后下降至20%。同一时期，这两个国家的高度增长期都结束了。因此可以得出一个经验性的规律，农业就业人口"20%"将成为一个重要的阈值。日本经济学家青木昌彦认为，从趋势上看，中国的两个高度增长要素，即人口红利和库兹涅茨过程，将会像当年在日本和韩国所发生的那样逐渐消失，这是新常态中人口/经济常态的一个侧面。人均 GDP 的增长将越来越依赖于城市制造业和服务业的劳动生产率。理论上，这可以进一步分解为全要素生产率（TFP）和资本/产出比率（资本产出比）的提高带来的贡献。在 21 世纪初，比起资本产出比的提高，TFP 的贡献并不高。但是，资本量的单纯增大，如果没有人力资本的补充性积蓄，根据收益递减规律，其对人均 GDP 增长的贡献将逐渐衰减。由此可知，在新常态下，TFP 的增加对人均 GDP 增长的影响将比以往更加重要。[①]

发展经济学家 H. B. 钱纳里 1960 年对发展中国家的规模经济（包括市场规模扩大的效应，劳动分工以及其他因素的影响）做出了最好的全面估价，他估计，产量与人口规模的弹性是 0. 20。也就是说将人口规模对社会基础结构的影响包括在整个规模经济之中，以致人口规模每增长 1%，则生产率增长约为 1% 的 1/5。[②] 虽然 H. B. 钱纳里的估算仅适用于制造业部门。但是，制造业部门也就是城市经济。

中国幅员辽阔，人口众多，特别是农民在全国人口中占有很大的比例，经济落后，是一个发展中的国家，这就决定了中国的城市化和其他国家的城市化过程不尽相同，既有其他国家的传统意义上的城市化，也有中国特色的乡镇层面的城镇化。

乡镇层面的城镇化与以城市为中心的城市化不同，它除了从需求角度影响存量劳动力的就业外，还会从多个维度冲击农村劳动力的劳动供给意愿，并改变劳动力蓄水池的容量。有研究基于河南、湖南、山东、四川、甘肃五省的调查发现，乡镇城镇化普遍提高了各类劳动力的劳动供给意愿；但与此同时，城镇化并没有绝对地反推非农产业的发展，或为新增劳动力提供新的就业机会。因而导致了不同的就业后果。依托中心城市辐射效应来推动城镇发展的地区，由于中心城市或大中城市的集聚效应明显，工业化与城镇化协调推进，其就业带动功能是毋庸置疑的，而且由于受市场信号的调节，劳动力流入数量乃至劳动力供给总量基本能维持均衡的格局，非自愿型失业明显减少；在那些脱离周边城市的协同效应而孤立推动城镇化的地区，非农产业的发展滞后，集聚效应

---

① ［日］青木昌彦：《从比较经济学视角探究中国经济"新常态"》，载于《21 世纪经济报道》2015 年 4 月 15 日。

② ［美］H. B. 钱纳里：《工业增长的格局》，载于《美国经济评论》1960 年第 50 期，第 624 – 654 页。转引自［美］朱利安·L. 西蒙：《人口增长经济学》，彭松建等译，北京大学出版社 1984 年版，第 342 页。

和供求均衡这两个因素都将面临更大的不确定性（正面的以日本为例，日本在城市化进程中非常注重与工业化的协同。东京、大阪、名古屋等城市群的人口快速膨胀，于 20 世纪 80 年代初，就集聚了全国总人口的40% 以上，与此同时，这些城市也快速发展为日本最重要的工业带。由于工业化与城市化良性互促，工业发展为新增人口提供了大量的就业岗位，所以在日本城市化进程中并没有出现大的失业问题。相对而言，发展中国家更容易出现城市化不能带动产业发展及劳动需求扩张的非良性循环。如巴西 1980 年城市化率已达到 52%，但工业部门只能提供20% 的就业岗位，"城市病"由此而生）。非自愿型失业现象反而加剧。因此，如果在乡镇层面推动中国城镇化迫切需要解决产业融合的问题。[①]

　　1978～2011 年，中国城市化率年均提高 1.01 个百分点，到 2010年城镇化率达到 49.68%，2011 年中国历史上城镇人口首次超过了农村人口，实现了中国社会结构的历史性转变。党的十八大以来，中国农业转移人口市民化制度基本建立，市民化质量稳步提高。户籍制度改革取得历史性突破，城市落户门槛大幅降低，城区常住人口 300 万人以下城市基本取消落户限制，城区常住人口 300 万人以上城市有序放宽落户条件。2014 年以来，全国有 1.3 亿农业转移人口成为城镇居民。城镇就业人员从 2012 年的 37287 万人增加到 2021 年的 46773 万人，累计增加9486 万人。2021 年末，常住人口城镇化率达到 64.7%，比 2012 年末提高 11.6 个百分点，年均提高 1.3 个百分点。2021 年末，全国城市数量达 691 个，比 2012 年末增加 34 个。其中，地级以上城市 297 个，增加 8 个；县级市 394 个，增加 26 个。建制镇 21322 个，比 2012 年末增加 1441 个。城市人口规模不断扩大，按 2020 年末户籍人口规模划分，100 万～200 万人、200 万～400 万人、400 万人以上人口的地级以上城市分别有 96 个、46 个和 22 个，分别比 2012 年末增加 14 个、15 个和 8

① 丁守海：《中国城镇发展中的就业问题》，载于《中国社会科学》2014 年第 1 期，第30－47 页。

第四章 人口转变

157

个；50 万以下、50 万～100 万人口的城市分别有 47 个和 86 个，分别减少 7 个和 22 个。"19＋2"城市群布局总体确立，[①] 京津冀协同发展、粤港澳大湾区建设、长三角一体化发展取得重大进展，成渝地区发展驶入快车道，长江中游、北部湾、关中平原等城市群集聚能力稳步增强。长三角以上海为核心，带动南京、杭州、合肥、苏锡常、宁波五大都市圈共同发展。粤港澳大湾区以香港、澳门、广州、深圳四大中心城市为引擎，辐射周边区域。京津冀以北京、天津为核心城市，带动河北省及周边省区邻市，成为中国北方经济规模最大、最具有活力的经济圈。成渝、长江中游、关中平原等城市群省际协商协调机制不断建立健全，一体化发展水平持续提高。2019 年，《中共中央 国务院关于建立健全城乡融合发展体制机制和政策体系的意见》印发实施，城乡一体的基本公共服务提供机制逐步建立。多层次轨道交通网络加快形成，中国铁路网对 20 万以上人口城市的覆盖率由 2012 年的 94% 扩大到 2021 年的 99%，高铁网对 50 万人口以上城市的覆盖率由 2012 年的 28% 扩大到 2021 年的 90%。[②]

第四节　人口红利

　　人口转变中，出生率下降滞后于死亡率下降，会形成年轻型人口年龄结构，在一段时期内出现抚养系数下降，生产函数中劳动力投入增加，

---

　　① "19＋2"即京津冀、长三角、珠三角、山东半岛、海峡西岸、哈长、辽中南、中原地区、长江中游、成渝地区、关中平原、北部湾、晋中、呼包鄂榆、黔中、滇中、兰州－西宁、宁夏沿黄和天山北坡 19 个城市群，以及以拉萨、喀什为中心的两个城市圈。19 个城市群源于《全国主体功能区规划》（2010 年）。2016 年，李克强在政府工作报告中明确提出：在"十三五"时期要规划建设 19 个城市群，外加拉萨和喀什两个城市圈。至此，以"19＋2"为总体框架的城市群发展规划正式确定。

　　② 国家统计局：《新型城镇化建设扎实推进 城市发展质量稳步提升——党的十八大以来经济社会发展成就系列报告之十二》，http://www.stats.gov.cn/tjsj/sjjd/202209/t20220929_1888798.html，2022 年 9 月 29 日。

积累大于消费的有利于生产资本形成的经济较快增长过程，这种情形也被称为人口红利。

一、人口红利内涵

人口红利概念是美国学者布鲁姆（Bloom）和威廉姆森（Williamson）在研究人口转变对东亚经济增长的推动作用时提出的。他们发现，婴儿死亡率的下降和移民涌入带来了劳动适龄人口的增加，高比例的劳动年龄人口会产生较可观的经济利益。[①] 他们把这种人口转变期的劳动人口增加导致的人均 GDP 增长被称为人口礼物。[②] 1998 年，联合国人口基金会将人口红利界定为：经济由于人口年龄结构的转变获得的潜在增长能力，主要是由于劳动年龄人口（15～64 岁人口）在总人口中比例上升而产生的。

人口转变理论说明，人口再生产类型由"高出生、低死亡、高增长"模式向"低出生、低死亡、低增长"模式的演变过程中，出生率的下降速度和人口老化的速度不是同步发生的，前者先于后者发生，前者与后者也是原因和结果的关系。在生育率下降的初期，由于人口再生产的惯性作用，孩子数量下降的速度会快于老年人口增长的速度。经过几十年的发展，一个人口中的老年人口才会逐步超过未成年人口，从而进入老龄化社会和随之而来高龄化社会。在这一人口变动过程中，会形成一个有利于经济发展的人口年龄结构，也就是未成年人口和老年人口占总人口的比例在一个时期内都比较低的局面，并且这个时期在人口进入高龄社会之前，会持续很长时间。总人口"中间大，两头小"的结构，使劳动力供给充足，而且社会负担相对较轻，对社会经济发展十分有利，人口学家则称这段时期为"人口机会窗口"（demographic window of opportunity）

---

① David E. Bloom and Jeffrey G. Williamson, "Demographic Transitions and Economic Miracles in Emerging Asia", Oxford University Press, *World Bank Economic Review*, 1998, 3, pp. 419 – 455.

② ［日］青木昌彦：《经济发展的五个阶段及中日制度演化》，王旭译，载于《比较》2011 年第 5 期（第 56 辑），第 1～24 页。

或"人口红利"（*demographic bonus*）。[1]

一个国家或地区的人口机会窗口开启期间，其人口有如下三个特征为发展提供机遇：一是劳动力人口供给充分，劳动力人口年龄结构比较轻，且价格比较便宜，如果就业充分，会创造出较多的社会财富；二是由于劳动力人口年龄结构较轻，使储蓄率较高，如果资本市场健全，能将储蓄转化为投资，会加速经济增长；三是由于人口老龄化高峰尚未到来，社会保障支出负担轻，财富积累速度比较快。[2] "人口机会窗口"一般可以持续开放 30~50 年，主要取决于生育水平下降的速度。生育水平下降越快，劳动力比例越高，潜在发展机会就越大，但是人口机会窗口持续的时间却相对比较短。反之，生育水平缓慢下降带来的人口机会窗口开启的时间相对较长，但是带来的潜在发展机会不够明显。从战略的角度看，世界各国都特别重视人口转变所带来的总人口负担系数下降时期，因为类似的机遇基本上是属于一次性的，而且稍纵即逝。

中国在较短的时期，大幅度降低了生育水平，属于典型的发展机会大，但持续时间短的模式。见表 4-2。纵观 20 世纪后 50 年和 21 世纪前 50 年，中国的人口负担系数，即 0~14 岁和 65 岁及以上人口负担人口之和与 15~64 岁劳动力人口的比率，呈现出一个先降后升的"U"型趋势，而谷底就在今后的二十年，一直保持在较低水平。如果以 50 作为人口负担系数高低的一个门槛，那么中国的人口机会窗口大致是从 1990 年开始，到 2030 年结束，前后持续大约 40 年。从 1990 年开始，人口负担系数下降到 50 以下，一直到 2010 年前，人口抚养比还会继续下降；到 2010 年前后，人口负担系数将会降到最低点。2010 年后，由于人口老龄化速度加快，人口负担系数将逐步停止下降转而开始上升。到 2030 年前后，人口负担系数回升到 1990 年前后的水平，也意味着人口机会窗口开始关闭。[3]

---

① Bloom, D. E. &Williamson, J. G. , *Demographic Transitions and Economic Miracles in Emerging Asia.* Working Paper 6268. Cambridge, M. A. NBER, 1997.

②③ 于学军：《中国人口转变与"战略机遇期"》，载于《中国人口科学》2003 年第 1 期，第 9-14 页。

表 4 – 2	中国人口普查年份人口抚养比					单位:%	
年龄段	1953 年	1964 年	1982 年	1990 年	2000 年	2010 年	2020 年
少儿抚养比	61.2	73.0	54.6	41.5	32.6	22.3	26.2
老年抚养比	11.5	7.7	8.0	8.3	9.9	11.9	19.7
总抚养比	72.7	80.7	62.6	49.8	42.5	34.2	45.9

资料来源: 1~6 次普查数据来自《2011 中国统计年鉴》, 2020 年数据来自 "国新办举行第七次全国人口普查主要数据结果发布会图文实录, 国务院新闻办公室网站（www. scio. gov. cn）, 2021 年 5 月 11 日。也可由第一章中 "表 1 –1 中国人口普查年份各年龄段人口占总人口的比重（％ ）" 中数据计算得出。

二、刘易斯拐点

人口红利背后的理论逻辑可以追溯到马尔萨斯均衡和刘易斯二元经济论。马尔萨斯均衡再解释是要说明劳动力增加背后的人口增长前提条件, 刘易斯二元经济论是解释人口增长主体的农村劳动力怎么转移到城市以实现人口红利。也就是说, 人口红利的实现, 一是需要实现就业, 提高劳动参与率; 二是需要市场化人口流动。缺乏这两个条件, 即使劳动年龄人口相对较多, 如果不能契合经济发展的需求, 或者户籍制度对劳动力流动造成了限制, 又或者没有对劳动力的适当激励制度, 那么人口红利也会演变为人口负担和人口压力。

（一）马尔萨斯均衡的破解

一般而言, 马尔萨斯均衡是指任何有利于收入提高的扰动都是短命的, 收入高于生存水平会导致出生率提高和死亡率下降, 从而人口自然增长率提高, 进而造成人口—土地关系的恶化; 结果是, 土地压力的严峻化最终又会把人均收入拉回到仅够生存的均衡水平上。只有在死亡率实质性下降的情况下, 高出生率仍然保持其惯性, 人口的自然增长率才得以大幅度提高。由此可以确立以下判断准则: 与经济发展相联系的人口转变就是符合规律的长期趋势, 是跨出马尔萨斯陷阱的最初表现, 否则便是因特殊的或者周期性的因素造成的扰动性变化, 表明一个国家尚未摆脱马尔萨斯陷阱。传统观念把人口在较长时期内的持续增长看作是经济起飞的标志。经济学家认为，正是工业革命打破了马尔萨斯贫困陷阱，人均收入不再因人口—土地比率的硬制约而被拉回到生存水平，从而人口增长可以超越在漫长的岁月里支配人类生产的马尔萨斯均衡，才实现真正的经济起飞。例如，西蒙·库兹涅茨（1989）所概括的（早期）现代经济增长的特征化事实，第一条就是"发达国家所实现的人均产出的高增长率和人口的高增长率"。人口学家的观察以及由此抽象出的人口转变理论，补充了经济学家的观点，就是说人口高速增长最初可能作为经济起飞的条件，随后的一段时期则是经济发展进入现代阶段的结果（蔡昉，2015）。

青木昌彦（2011）认为，依据 GDP（以购买力平价为基准）、人口以及人口年龄构成及其在部门间分布的数据，将宏观核算应用于中国、日本与韩国的官方数据分析，根据人均 GDP 增长来源的不同模式，可将马尔萨斯均衡向现代人口经济增长转换过程划分出 5 个连续阶段，即 M、G、K、H 以及 PD 阶段。这些来源包括：（1）人口—经济变化，即就业人口占总人口比重的变化，$g(E/N)$；（2）结构转变，$g(S)$，包括劳动人口从第一产业（在下文标为 A 部门）向第二产业与第三产业（在下文标为 I 部门）的转移，以及 A 部门劳动者人均产出对于 I 部门的相对增长；（3）部门人均产出的变化，$g(Y_I/E_I)$，只要能可靠地获得 I 部门的资本存量数据，这最后一项还可以进一步分解为全要素生产率（TFP）的变化和资本—产出比变化。

分解的计算方法如下：令 $Y = GDP$，$N = $ 人口规模，$E = $ 总就业人数，$Y_i = i$ 部门的产出，$i = A$（第一产业），I（第二与第三产业），$E_i = i$ 部门的就业人数，$i = A$，I 由 $Y = Y_A + Y_I$，$E = E_A + E_I$，因此，

$$y = Y/N = E/N[E_A/E \times Y_A/E_A + E_I/E \times Y_I/E_I] = E/N \times Y_I/E_I[1 - \alpha\Delta]$$

其中，$\alpha = E_A/E$，$\Delta = [E_I - E_A]/E_I$，令 $[1 - \alpha\Delta] = S$，衡量农业就业人数所占比重下降的结构变化所带来的影响。如果 A 部门就业比重 α 下降，以及/或者 MS – 部门与 A 部门之间的生产率差异 Δ 变小，这一衡量值将

会上升，对于人均 GDP（y）有正向影响。用 g（.）表示增长率，那么，

$$g(y) = [g(E) - g(N)] + g(Y_I/E_I) + g(S)$$

如果 K_{MS} = MS - 部门的资本服务投入，θ_{MS} = I 部门可用的资本份额，因此 I 部门劳动生产率的增长可以进一步分解为：

$$g(Y_I/E_I) = [1/(1 - \theta_I)]g(TFP_I) + [\theta_I/(1 - \theta_I)]g(K_I/Y_I)$$

最初是马尔萨斯阶段（以下简称 M 阶段）开始，在这一阶段，农业就业率较高，一般来说在 80% 以上，人均收入维持在较低水平。根据这一简单的标准，将中国的晚清时期、日本的幕府时期与韩国的朝鲜王朝后期等发展阶段划分为 M 阶段。马尔萨斯阶段后期又可以分为两个子阶段：第一个子阶段为国家工业化，特点是人均 GDP 的温和增长，伴随着中等程度的结构转变：1952~1977 年的中国与 1880~1956 年的日本可视为 M 阶段的第一个子阶段；第二个子阶段，也就是 1977~1989 年的中国与 1955~1969 年的日本，在快速的结构转变与人口红利的影响下，人均 GDP 迅速增长。第一个子阶段对应着政府对工业积累的显著干预，又可称为 G 阶段。在第二个子阶段，人口因素，即劳动人口占总人口比重的增加，以及劳动力从 A 部门向 I 部门的转移，对人均收入的高速增长贡献了 1/4 或 1/2。西蒙·库兹涅茨（1957）的一篇经典论文将横向与纵向的农业劳动人口比重下降概括为"经济增长的数量方面"。相对于西欧，在东亚的中日韩，这一转变被压缩到了很短的时期，并辅以之前的 G 阶段不断提高的生育率和不断下降的死亡率所带来的人口红利。因此，可将 M 阶段的第二个子阶段划分为 K 阶段，意指库兹涅茨过程。在 K 阶段结束之后，人均 GDP 可持续增长的可能性取决于经济稳定提高 I 部门人均产出的能力，尤其是对 TFP 和人力资本的投资。可称这一阶段为 H 阶段，因为它是以人力资本为基础的内生增长。日本看似在 20 世纪 70 年代到 80 年代之间已经顺利地完成了这一转变，但在接下来的 10 年中却没能维持人均产出的持续增长，在 21 世纪的头 10 年出现了细小的逆转。韩国在 1989~2008 的 20 年间成功维持了 I 部门较高的人均产出水平。从 1990 年至今，中国人均 GDP 的持续高增长因计划生育政策的实施失去了人口红

利的持续支持（脚注表述：根据官方发布的数据，2008～2012 年期间，中国年均 GDP 增速为 9.1%。去掉同期 0.5% 的人口增长率后，人均 GDP 增速为 8.6%。那么，这样的增长可以分解为：中国劳动适龄人口（15～64 岁）占总人口比率上升带来的人均 GDP 增长，即人口红利的贡献是 0.46%。劳动参与率降低带来的影响是 -0.57%。这一负面要素主要是年轻人升学率上升导致的。此外，劳动人口从生产效率低下的农业地区，转移到生产率高约 5 倍的城市地区，这种就业转移对人均 GDP 增长的贡献约为 3.11%。最后，城市产业的人均劳动生产效率上升的贡献达到了 5.46%。[①] 几个数字汇总后有出入，或可视为索洛残余？），但是在 21 世纪的头 10 年结构转变依然贡献近 1/4 的人均 GDP 增长。这是生育率下降而导致的抚养比的急剧下降（1985～2005 年，15 岁以下人口占总人口的比重下降超过了 10%）的人口红利，这是 H 阶段在快速增长背景下的典型现象。结构转变的贡献是否可以持续下去成为当今中国经济—人口争论的核心议题。对于日本和韩国来说，由 K 阶段向 H 阶段的转变是以农业就业人口比重低于 20% 为标志的。中国在 2009 年，沿海省市的农业就业人口比重为 26.4%，内陆省份为 46.3%。如果将 20% 作为一个经验性标准，沿海地区很快就要跨过 K 阶段，或者可能已经在发生，但是对于内陆地区来说则还尚待时日。

展望未来，三个东亚经济体积极从事经济活动的那部分人口将会显著减少。日本的平均寿命达到了世界最高水平，但是其潜在劳动力（15～65 周岁）所占比重在 21 世纪中叶将下降到仅占总人口的一半。中国的这一比例在 2010 年就已经达到了峰值，甚至其潜在劳动力的绝对规模也将于 10 年后开始萎缩。韩国的潜在劳动力比例将于 2015 年达到最高点（73%），但是之后它的人口老龄化速度将比日本更快。东亚发生的这些剧烈的人口变化，源于 H 阶段的低生育率和这一阶段医疗保健与生活舒适度提高所带来的平均寿命延长。此外，更长的学校教育带来的人力资

---

① 青木昌彦：《从比较经济学视角探究中国经济"新常态"》，载于《21 世纪经济报道》2015 年 4 月 15 日。

本投资的成本增长，降低了年轻人群实际的工作参与率。在东亚，这三种趋势正以前所未有的速度发生，这是因为由 G 阶段向 H 阶段的转变被高度压缩了。只要人均产出进一步增加，各种力量的平衡能够提高劳动参与率并扭转生育率的下降趋势等，人均产出也许依然可以持续增长。但是，如果技术与人口特征的这种发展趋势从根本上要求人们以新的方式参加社会博弈，那就有可能出现一个新的经济发展阶段，即后人口转变阶段，简称为 PD 阶段。

（二）二元经济结构及劳动力转移

人口转变理论只是说明了转变结束后一定时期的人口增长及劳动人口增加。但是，劳动人口转移，或者青木昌彦五个连续阶段假说的理论逻辑起源是英国经济学家刘易斯提出的二元经济论及其模型。派生于刘易斯二元结构论的传统经济部门（也就是农业）劳动力向现代经济部门无限转移供给（也就是继承古典经济学的工资铁律推论，以基本生存工资水平持续提供劳动力人口）过程的人口红利概念，更直接地描述了人口转变中抚养比下降的同时劳动年龄人口比例和绝对数量大幅上升的劳动力生产要素投入增加带来的经济增长效应。

刘易斯（1954）在《劳动力无限供给条件下的经济发展》一文中，第一次建立了人口流动模型，提出了完整的二元经济发展理论。该理论把一个典型的发展中国家区分为传统部门（即农业经济部门）和现代经济部门，前一部门以农业为代表，存在着相对于资本和土地来说严重过剩的劳动力，因而劳动的边际生产力为零甚至负数。随着现代经济部门的扩大，在工资水平没有实质性增长的情况下，剩余劳动力逐渐转移到新兴部门就业，这形成了一个二元经济发展过程。其经济扩张的速度从而资本积累的速度，决定着能够以怎样的速度吸纳传统部门的剩余劳动力。这个过程一直持续到某个时刻，这时劳动力需求的增长超过劳动力供给的增长，继续吸引劳动力转移导致工资水平的提高。可把劳动力需求增长速度超过供给增长速度，工资开始提高的情形称作刘易斯转折点，此时农业劳动力的工资尚未由劳动的边际生产力决定，农业与现代部门的劳动的边际生产力仍然存在差异；而把农业部门和现代经济部门的工资都已经由劳动的边际生产力决定，两部门劳动的边际生产力相等的情形，称作商业化点，这时才意味着二元经济的终结。[①] 图4－3中，E点就是刘易斯转折点，也称为刘易斯拐点。在E点以前，经济发展中劳动力人口投入从L1大幅增加到L3，但是劳动力工资水平维持在W0不变，这种情形也就是古典经济学中"工资铁律"现象，也是马尔萨斯人口均衡阶段。

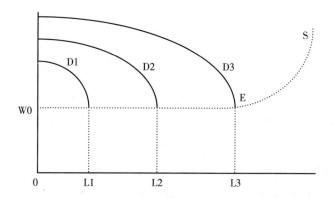

图4－3　无限供给情况下劳动力转移情况（刘易斯二元经济模型）

蔡昉（2010）认为，理解人口转变与二元经济发展阶段之间逻辑关系的关键，是理解人口红利的产生和获得的机制。定义二元经济结构中的重要部门农业时，刘易斯解释说"相对于资本和自然资源来说人口如此众多，以致……劳动的边际生产力很小或等于零"，因而"劳动力的无限供给是存在的"。这里所隐含的就是人口转变的第二个阶段，即外生的人口死亡率下降和高出生率的惯性，导致人口自然增长率处在很高的水平上。在死亡率下降与出生率下降之间的时滞期间，人口的自然增长率处于上升阶段，需要抚养的少儿人口比重相应提高。再经过一个时间差，当婴儿潮一代逐渐长大成人，劳动年龄人口的比重依次上升。随着社会经济发展，生育率下降，人口增长率趋于降低，随后人口开始逐渐老龄

---

① 蔡昉：《人口转变、人口红利与刘易斯转折点》，载于《经济研究》2010年第4期，第4－13页。

化。换句话说，当人口自然增长率先上升随后下降形成一个倒"U"型曲线的变化轨迹之后，以大约一代人的时差（20～25 年），劳动年龄人口也呈现类似的变化轨迹。又由于农业是更初级的生产部门，所以过剩的人口和劳动力被积淀在这个部门。当人口年龄结构处在最富有生产性的阶段时，充足的劳动力供给和高储蓄率为经济增长提供了一个额外的源泉，这被称作人口红利。从理论上预期这样一个人口转变与经济增长的关系：当总和生育率处于很高水平时，经济增长率也相应处在很低的（假设没有人口转变和技术进步）稳态水平上；随着生育率下降，并由于随之逐渐形成了富有生产性的人口年龄结构，经济增长率加快，从而获得人口红利；而当生育率继续下降到更低的水平时，由于老龄化程度提高，经济增长率逐渐回落到较低的（不再有我们认识到的人口转变，但是技术进步处在创新前沿）稳态水平上。相应地，生育率下降从而形成具有生产性的人口年龄结构的特定人口转变阶段，即所谓的"人口机会窗口"。

蔡昉（2015）认为，各国经济史上都经历过积累起大规模农业剩余劳动力，从而形成二元经济结构的过程，可称之为"格尔茨内卷化"经济发展阶段。这样，可以把东西方各国的经济发展，典型地概括为马尔萨斯贫困陷阱、格尔茨内卷化、刘易斯二元经济发展。刘易斯若隐若明地发现了人口转变与二元经济结构之间的关系，并且这种关系可以从当代许多发展中国家的现实得到验证。一旦现代经济增长部门具备了伴随着吸纳剩余劳动力而扩张的条件，刘易斯式的二元经济发展过程便开始。也进入现代意义上的人口转变的起点。

与库兹涅茨着眼于宏观的、全面的现代人口格局形成中工业化、城市化滋生的科学技术促进经济增长不同。刘易斯二元经济论解释了现代经济发展中非均衡到均衡的劳动力人口转变情况。刘易斯二元经济论的提出，机械地综合了两个不同的模型：劳动力无限供给的古典模型和完全竞争的劳动力市场的新古典模型。[①] 逻辑依存的出发点是，农业劳动力

---

① 青木昌彦：《经济发展的五个阶段及中日制度演化》，王旭译，载于《比较》2011 年第 5 期（第 56 辑），第 1－24 页。

向非农部门流动的主要原因是农产品供给的增长速度要快于对其需求的增长速度，以及非农部门的工资率的上升趋势。

回顾中国改革开放以来快速发展的 30 多年，本质是人口红利加速释放的 30 多年。改革开放以来，生育率和人口增长率的变化，相应改变了中国的人口年龄结构。以 15 ~ 59 岁年龄组作为劳动年龄人口，根据联合国数据（UN，2015），其总量从 1965 年的 3.7 亿人增加到 2010 年的 9.4 亿人的峰值，同期以劳动年龄人口作为分母计算的人口抚养比，从 0.89 下降到 0.43 的谷底。有利的人口结构帮助形成了高水平的储蓄率和资本积累率、劳动力供给充分、人力资本改善迅速，以及劳动力流动带来资源重新配置为特征的发展条件，共同构造了中国很高的潜在增长率，缔造了世界经济史上的发展奇迹，这就是人口红利成为中国重要的经济增长动力之一。也就是说，这个时期中国人口结构表现出最富于生产性，其与改革开放时期重合的部分即 1978 ~ 2010 年间，即成为有利于经济增长的人口红利的机会窗口。以人口抚养比为代理指标，估算人口红利对 1982 ~ 2000 年人均 GDP 增长率的贡献为 26.8% 。2010 年是一个明显的转折点，随着此后劳动年龄人口的负增长和抚养比的上升，人口红利加速消失。相应的现象是，先后出现 20 多个城市出台了新的人才引进政策。"抢人大战"一方面体现了中国经济高质量发展对于人才的渴求，另一方面也映射出中国人口出生率屡创新低、人口红利消失的严峻现实。[①]

---

① 蔡昉：《年轻人越来越少，中国怎么办?》，载于《中国金融四十人论坛》2018 年 5 月 25 日。

第五章

家庭生育计划与决策

人口增长是家庭生育行为的集合表现。马尔萨斯虽然将人口增长与生活资料联系在一起，建立了人口变化的因果关系逻辑，但是，这种宏观叙事更多地沉陷于历史决定论或是未来悲观论中。在社会发展迅速，科技进步发达，个人权利普及的时代，人口增长现象需要更准确的主体行为分析，也就是家庭生育行为解释。

第一节 家庭生育的经济分析与决策

一、生育意愿降低的经验数据

从 18 世纪末至 20 世纪初，欧洲和北美发生了生育率的历史性转变，在此之前，妇女会生育 8 个甚至更多的孩子。[①]

社会经济水平提升中，中国的生育率也一样呈现下降趋势。中国的

---

① ［美］蒂莫西·吉内恩：《生育率的历史性转变：给经济学家的指导》，王旭译，载于《比较》2012 年第 4 期（第 61 辑），第 129 – 152 页。

生育率不仅在 20 世纪 90 年代初降到更替水平之下，而且在那之后继续显著下降。自 1998 年以后，人口自然增长率便一直低于 10‰，2004 年以来进一步降到 6‰以下。人口快速增长的势头得到了控制。中国用了大约 30 年的时间，完成了发达国家用多一倍的时间，甚至上百年才完成的从高生育水平到低生育水平的转变过程。[①] 第七次全国人口普查表明，2020 年中国育龄妇女总和生育率为 1.3，已经处于较低水平。这主要受到育龄妇女数量持续减少，"二孩"效应逐步减弱的影响。[②]

比较而言，马尔萨斯将高生育率视为生活物质得到保障并有剩余后本能性生理行为结果。但是，现代低生育水平是经济社会发展的一个结果，生育水平的高低既受政策因素的影响，也受经济、社会、文化等因素的影响，后者的影响力在逐步增强。而且，随着各国经济社会的持续发展，尤其是工业化、现代化带来的人口生育观念转变等方面的影响越来越凸显。

一般而言，学术界采用"理想子女数"来测量人们的生育意愿，这个概念反映了生育的社会规范或个人生育观念，是人们心目中的完美家庭构成。相关研究基于 1980～2011 年开展的 227 项关于中国人生育意愿的调查结果，运用横断历史元分析方法，考察了生育意愿的纵向变化趋势后发现，1980 年以来中国人理想子女数呈减少趋势。2000 年之后主要表现为"儿女双全"的二孩生育意愿，平均理想子女数基本稳定在 1.6～1.8 人。20 世纪 80 年代中国人生育水平高于生育意愿，随着经济和教育发展水平的提升，二者均呈下降趋势，但是生育水平下降快于生育意愿。1990 年之后生育水平低于生育意愿，即人们实际生育子女数少于理想子女数[③]。简单地说，经济发展水平与理想子女数之间有负相关关系，即人

---

① 蔡昉：《中国如何通过经济改革兑现人口红利》，载于《经济学动态》2018 年第 6 期，第 4-14 页。

② 《国新办举行第七次全国人口普查主要数据结果发布会图文实录》，国务院新闻办公室网站（www. scio. gov. cn），2021 年 5 月 11 日。

③ 侯佳伟、黄四林、辛自强等：《中国人口生育意愿变迁：1980—2011》，载于《中国社会科学》2014 年第 4 期，第 78-97 页。

均 GDP 高时理想子女数少，人均 GDP 低时理想子女数多。

2021 年国家卫生健康委调查显示，育龄妇女生育意愿继续走低，平均打算生育子女数为 1.64 个，低于 2017 年的 1.76 个和 2019 年的 1.73 个，作为生育主体的"90 后""00 后"仅为 1.54 个和 1.48 个。[①] 还有研究对上海、北京、浙江、江苏、贵州、广西等地数据进行了对比研究，结果表明，经济发达地区理想子女数要明显少于欠发达地区，二者的平均理想子女数分别为 1.55 人和 2.01 人，前者比后者少 0.46 人。[②]

二、孩子需求与供给的经济分析

在生育率转变之前，大多数文献利用马尔萨斯模型来理解人口与经济之间的关系，并将生育率转变视为对马尔萨斯世界的脱离。例如，直到 19 世纪初期，英格兰与威尔士的生育率与实际工资之间就存在正相关关系。接下来，这一关系瓦解：由资本累积和技术变革带来的更高的工资水平不再转化为更高的生育率水平。相应地激发了人们对于生育率历史性转变的经验研究的兴趣：它是何时、为何发生的，它经过了多长时间导致目前大多数富裕国家低生育率的出现。尽管人们对于生育率下降已经有了至少一百年的学术兴趣和官方关注，然而经济学家对这一问题仍然没有明确的、在实证上有说服力的解释。[③]

（一）宏观层面的认识

经济学与经济史文献中更加概括地描述生育率历史性转变的经济学解释可以归纳为六大类。第一类是婴幼儿死亡率的外生性下降。长期以

---

① 中共国家卫生健康委党组：《谱写新时代人口工作新篇章》，载于《求是》2022 年第 15 期，第 46－51 页。

② 陈华罗：《人口出生率创 43 年新低，是什么影响了年轻人的生育意愿？》，载于《新京报》2021 年 12 月 31 日。

③ ［美］蒂莫西·吉内恩：《生育率的历史性转变：给经济学家的指导》，王旭译，载于《比较》2012 年第 4 期（第 61 辑），第 129－152 页。

来，人们认为死亡率的下降是导致生育率转变的原因。弗兰克·诺德斯坦（Frank Notestein，1945）认为，在高死亡率的社会，夫妻需要生育更多的孩子以维持家庭规模。外生性的死亡率下降会使夫妻生育较少的孩子，因为他们不需要如此多的"候补"。诺德斯坦的观点并不适合历史上生育率和死亡率同时下降的时期。在死亡率出现明显下降之前的几十年，美国的总和生育率在19世纪初开始下降；但是，直到19世纪90年代，婴儿死亡率才出现持续的下降。法国的情况也是如此，生育率转变先于死亡率的下降。表明了诺德斯坦的观点只能部分解释生育率的变化。后来有许多文献提出了有关婴儿死亡率对生育的冲击问题，这些文献假定从个人看婴儿死亡率的变化率，唯一的或主要地产生于不受控制的随机事件。对此反映，出现了两种不同的生育策略——替代和存贮。替代是指生育对已实现的死亡的反应（替代行为在具有婴儿存活不确定性的最简单的动态模型中产生，婴儿死亡必然增加追加生育孩子的边际效益），而存贮是指在对未来死亡的预期获得孩子的"存货"（对事先存活不确定性的反应）这样一种策略。[①] 存贮反映实际是一种生物学上物种延续的生物学本能反应。第二类为避孕技术的创新，或者避孕的普及。迈克尔与威利斯（Michael and Willis，1976）最早将避孕成本纳入微观经济学模型。他们的模型假设，夫妻可以采取措施影响孩子数量，这些措施的实施会带来一些效用，也会产生相应的成本。夫妻的最优化行为既考虑了避孕成本，同时又考虑了生育"太少"或"太多"孩子的效用成本。第三类为孕育孩子的直接成本上升（对于生育率转变的一个合乎逻辑的解释是：养育孩子的直接成本变化使得夫妻更愿意组建小规模的家庭。直接成本唯一显著的上升是由于城市化的发展。童工是导致直接成本变动

---

① Ben – Porath, Y. Fertility response to child mortality: micro data from Israd. *Journal of Political Economy* 84, August 1976, S163 – S178; Schultz, T. P. Interrelationships between mortality and fertility In *Population and Development: The Search for Selective Interventions*. ed. R. Ridker, Baltimore: Johns Hopkins Press. 1976. 转引自K. 沃尔平：《婴儿死亡率（Infant Mortality）》，陈孟平译，载于[英] 约翰·伊特韦尔、默里·米尔盖特、彼得·纽曼：《新帕尔格雷夫经济学大辞典·第二卷：E – J》，经济科学出版社1996年版，第896 – 897页。

的另外一种源泉）。第四类基于孕育孩子的机会成本的变动（工业化进程改变了妇女在工作中的角色。工厂工作为妇女提供了新的机会与取舍。工业化进程从两个方面提高了养育孩子的机会成本。女性收入几乎压低了所有年龄段的生育率，所以这一效应看起来似乎不仅是通过促进女性晚婚而发挥影响）。第五类为孩子质量回报的净增加。第六类假设孩子是规避风险与养老的重要方式，国家社会保险以及私人保险与储蓄工具使家庭减少对孩子的需求。关于这一说法，人们从两个方面来解释生育率的转变。一种是工业化，以及随之而来的流动性的增加，特别是由农村到城市的移民，使父母难以将子女留在代际间的讨价还价中，也就是难以以抚养换取赡养，孩子成年成家后普遍出现不顾老人的"子女违约"观点，表明在发展中工业化经济体，关于子女作为储蓄工具的角色需求逐渐减弱。需要指出的一点是，关于这一论证，"子女违约"版本同死亡率下降的版本是类似的（虽然方向是相反的）：从父母的角度来讲，子女违约率的上升类似于婴幼儿死亡率的增加。父母可能会更多投资于低质量的子女，以确保至少有一些子女保持忠诚。这一说法的第二种形式指向替代养老方式的发展，特别是社会保险与福利国家的发展。[①]

美国人口经济学家伊斯特林在 1985 年的《生育率革命：供给——需求分析》一书中用实证的方法，描述了整个现代化过程中生育率的变动趋势，并建立了"生育供给与需求模型"及"生育率临界假说"。伊斯特林认为。在现代化进程中，社会经济等变量诉诸一系列"中间环节"对生育率产生影响。现代化对生育率的影响机制为：首先，社会、经济、教育等"基本因素"直接影响孩子需求 Cd、孩子供给 Cn 和生育控制成本 Rc 之间的变动关系；其次，需求 Cd 和供给 Cn 变动产生的"自觉控制生育动机"与成本 Rc 的变动关系最终导致生育率的变动。[②]

中国一项研究显示，在改革开放的第一个 10 年，计划生育政策、人

---

① ［美］蒂莫西·吉内恩：《生育率的历史性转变：给经济学家的指导》，王旭译，载于《比较》2012 年第 4 期（第 61 辑），第 129 – 152 页。

② 张爱婷：《西方经济学的主要人口理论评述》，载于《生产力研究》2006 年第 2 期，第 251 – 254 页。

均 GDP 水平和人力资本水平都对生育率的急剧下降有明显作用。但是，在随后的 10 年里，计划生育政策对生育率下降的边际效果几乎消失，而其他两个变量的作用则依然存在。① 蔡昉利用世界银行世界发展指数（World Development Indicators）数据库，对 1960 年以来各国 GDP 年增长率与总和生育率的关系进行一些描述性的统计刻画，发现 GDP 增长率与总和生育率之间，并非简单的线性关系，而是呈现较为复杂的非线性关系，在 95% 的置信区间里表现为随着生育率下降经济增长率先上升随后降低②。也就是说，在现代化进程中，生育率下降已经不与 GDP 增长率简单相关，而是形成了趋势。

从家庭的社会视角看，封建社会以后，生育率变动基本上就是家庭生育决策及行为的结果。家庭经济利益通过生育观影响家庭生育行为。生育观是指人们对生育问题的根本看法和态度，属于社会意识范畴，是支配人们生育动机和生育行为的观念。生育观包括三项主要内容：（1）在生育目的和意义上的观念，即为什么要生孩子，人口学家把这叫作孩子的价值；（2）在生育子女性别组合上的观念，即想生男还是想生女，或儿女双全，人口学家称为性别偏好；（3）在生育子女数量上的观念，即生多少，人口学家叫作理想的子女数。③ 在发达国家，生育观念深受现代消费观念影响。按照杜蒙—班克斯的观点，平均收入增加，会增进人们对提高社会进步的欲望，这种欲望可以被认为是想充实其他商品，它与那种以家庭收入抚养孩子的欲望是相互对立的，这有助于减少人们生育孩子人数。④ 生育观念还受夫妻的文化程度影响。除最发达国家之外，妇女教育与生育率负相关，而男性教育与生育率正相关。这些力量的净效应是生育率——以及人口增长率——趋于随着一国经济的发展而在某些

---

① 蔡昉：《中国如何通过经济改革兑现人口红利》，载于《经济学动态》2018 年第 6 期，第 4 – 14 页。

② 蔡昉：《人口转变、人口红利与刘易斯转折点》，载于《经济研究》2010 年第 4 期，第 4 – 13 页。

③ 吴忠观：《人口经济学概说》，四川人民出版社 1985 年版，第 133 – 134 页。

④ ［美］约瑟夫·A. 班克斯（Joseph A·Banks）：《繁荣与父母》（1954 年版），转引自朱利安·L. 西蒙：《人口增长经济学》，彭松建等译，北京大学出版社 1984 年版，第 379 页。

时期持续下降。① 另外，持续的技术进步将导致对人力资本投资的偏好，以及人力资本投资的回报和/或成本的增加，于是，人们倾向于生育更少的孩子。②

从妇女视角也可以发现现代化对生育率下降的作用。在 1936 年 11 月 15 日进行的盖洛普民意测验中，82% 的美国人（包括男性和女性）认为如果丈夫的收入足以维持家庭生活需要，那么妇女就不应当外出工作，坚持这一观点的人在 1977 年、1985 年和 1991 年的相同测验中分别下降为 58%、37% 和 34%。现实情况确实如此，在 1900 年的美国，仅有 20% 的妇女参加有酬市场劳动，这一指标在 15 岁以上的已婚妇女中则低于 6%。100 年之后，16 岁以上的美国妇女有 60% 走向了劳动力市场，已婚妇女的劳动参与率更是高达 62%。与妇女有关的另一变化是，20 世纪 70 年代后期仅有 14% 的博士学位授予女性，法学和医学院的女生入学率更是低于 8%，但是到 90 年代这两个统计数据都超过了 40%，一些应用学科的变化则更为明显。与此同时，美国的家庭结构出现了明显变化，离婚和没有再婚的人在总人口中所占比重由 1960 年的 2.3% 上升到 1981 年的 6.7%。与始于 50 年代的婚姻相比，始于 70 年代的婚姻以离婚而告终的可能性上升了 60%；与此同时，美国妇女的生育率从 50 年代末到 80 年代初下降了 100%。无独有偶，西方世界许多国家在第二次世界大战后也都经历了类似的变化。这些特征事实可以被概括为：在劳动力市场上，妇女尤其是已婚女性参加市场工作的数量剧增，女性对自身的人力资本投资明显增加；在家庭内部，离婚率持续上升而生育率在急速下降。③

（二）家庭层面的孩子需求供给分析

人口转变及生育率下降长期趋势促使许多学者研究生育行为及孩子

---

① ［美］罗伯特·J. 巴罗、哈维尔·萨拉伊马丁：《经济增长》，何晖、刘明兴译，中国社会科学出版社 2000 年版，第 9 页。

② ［日］青木昌彦：《经济发展的五个阶段及中日制度演化》，王旭译，载于《比较》2011 年第 5 期（第 56 辑），第 1－24 页。

③ 吴科英：《家庭内部决策理论的发展和应用：文献综述》，载于《世界经济文汇》2002 年第 2 期，第 70－80 页。

需求。对此，学术界形成了两种较有影响的生育率经济理论（模型）。

第一种理论模型以哈维·莱宾斯坦（Harvey Leibenstein）和加里·S. 贝克尔（Gary Stanley Becker）为代表。他们基于消费者选择理论，各以略微不同的方式试图使有关生育行为的解释与家庭需求的经济理论结合起来，主导构筑的孩子需求的成本效用比较模型，也可称为孩子价值评估论。

莱宾斯坦作为当代有关人口出生率的经济理论分析首创者，最早运用西方微观经济学的理论和方法分析家庭抚养孩子的成本和效用，提出了有关生育决策的边际合理模型。[①] 他提出，当夫妇决定所希望的孩子出生人数时，随着家庭收入的变化而逐渐发生变化：（1）根据孩子可望对家庭经济的贡献，计算来自一个孩子的经济收益。（2）根据家庭在扶养孩子方面所预期的支出，计算一个孩子的费用。（3）经济收益和费用以效用和非效用表示。效用包括消费效用（直接效用），劳动或所得效用（间接效用）和保障效用。非效用则包括直接费用（养育费和教育费）和机会选择费用（为养育多子女而放弃的双亲所得）。（4）随着孩子人数的增加，其有限效用降低，而有限非效用则增加。夫妇将使有限子女数量带来的效用和非效用保持平衡。一般来说，这种合理性计算只适用于多子女家庭。因此，社会上多子女的家庭数将会减少。

第二种理论模型是以贝克尔为代表。他吸收了莱宾斯坦有关微观人口经济学的成果，运用消费者行为理论分析家庭的生育决策，对孩子需求的成本进行了更广度的分析。他把孩子看作耐用消费品，区分了孩子的数量和质量，从而研究家庭收入和父母行为对生育子女数量的影响。[②] 贝克尔认为，对生育率所作的经济分析应依据收入变化不改变偏好和价

---

① Leibenstein, H. *Economic Backwardness and Economic Growth*. New York：John Wiley, 1957；Leibenstein, H. An interpretation of the economic theory of fertility：promising path or blind alley? *Journal of Economic Literature*, 12（2）, June 1974, pp. 457 – 479.

② Becker, G. S. An economic analysis of fertility In Demographic and Economic Change in Developed Countries. *Universities National Bureau Conference Series*, *No.* 11, Princeton：Princeton University Press. 1960.

值的这个假定进行。随着经济收入水平的提高，人们将希望有更多的孩子。这说明经济收入水平和出生率呈正比例。然而现实情况是，经济收入水平和出生率都成反比例，理论和实际不一致。对于这个难题，贝克尔提出想要孩子如同想要"消费品"一样的观点。他区别了决定一个家庭的生育率的两个方面，即一个家庭所"购买"孩子的"量"（人数）与决定购买的每个孩子的"质量"（如教育）。贝克尔及其追随者认为，这是因为小孩的价值不是一个固定值，价值效果比收入效果更重要些。养育小孩的费用增加，将提高小孩的质量。收入水平高的家庭希望优质量的孩子，每个孩子的平均费用就要更多。因此，尽管收入高，但要求孩子的质量也高，从而收入高的家庭的子女数反而自然减少。贝克尔还从母亲的生育成本角度，把家庭中的时间分配理论运用到出生力分析。[①]这种分析可以称作机会选择费用的价值效果论。与传统的经济理论不同，这一新的经济学认为家庭中也存在生产活动。家庭的生产活动是同商品和时间相互适当结合的，所以，生孩子和养孩子也是家庭产品的重要部分。生孩子和养孩子，对母亲来说是一种时间约束最大的劳动。朱利安·L. 西蒙应用 1960 年美国人口普查资料所作的计算发现，假设每个育龄妇女至少生一个孩子，每增加一个孩子则在产后两年内，每个母亲减少 0.45 个工作年。每增加一个孩子使父亲 25 年要总共增加 0.1 个男子工作年。[②] 母亲的时间价值，在生孩子时，具有最重要的意义。时间的价值是人的资本储备的增加函数，收入高的家庭，教育水平也高。所以，生养小孩的机会选择费用，在收入高的家庭中也就越高，小孩的价值较比其他财产也就越大。所以，生育孩子数量减少的问题不在于替换为提升数量变少的小孩质量，而在于母亲的人力资本（教育与收入能力）的培育成本和机会成本。

　　从贝克尔模型中可以得出，生育率与收入应该是负相关的，而且

---

　　① Becker, G. S. A theory of the allocation of time. *Economic Journal*, 75. September 1965, pp. 493 – 517.

　　② ［美］朱利安·L. 西蒙：《人口增长经济学》，彭松建等译，北京大学出版社 1984 年版，第 148 – 149 页。

随着生育率转变拉开帷幕，在时间序列上二者也应为负相关。贝克尔的模型表明存在着一种标准的替代效应，即孩子不是劣等商品：收入越高的夫妻，他们时间的机会成本越高，那么抚养孩子最主要的成本是时间。贝克尔模型的简单版本从一个家庭的效用函数 $U = U(n, Z)$ 开始，其中 n 是孩子的数量，Z 是所有其他商品的一个向量。家庭在标准预算约束下最大化其效用。养育孩子成本的上升导致家庭希望用更多的 Z 商品来代替孩子。我们预计收入的净增长将增加家庭对孩子的需求量。但是如果较高的收入反映了逐渐增长的工资水平，那么工资的增长可能表现为抚养孩子的机会成本上升，并通过替代效应降低家庭对孩子的需求（在常被称为"伊斯特林综合"的一系列文章中，伊斯特林（Easterlin，1978）将贝克尔方法与人们对于节育成本和繁殖的生物限制的更好认识结合起来。后来人们对于贝克尔模型的兴趣集中在孩子数量与质量之间的权衡，通常被称为数量/质量模型，或"Q – Q"模型（孩子的质量通常意味着儿童的健康状况或受教育水平）。Q – Q模型始于 $U(n, q, Z)$ 形式的家庭效用函数，其中 q 表示孩子的质量。贝克尔（1981）将抚育子女的成本分为三类：一是成本 P_n 只取决于孩子的数量，如与母亲怀孕与生产等相关的成本；二是成本 P_q 与孩子的质量相关，但不取决于孩子的数量，如家庭公共产品的购买——孩子们可以共享的书籍；三是成本 P_c 为提高任一孩子质量的成本。该家庭的预算约束则为：

$$P_n n + P_q q + P_c nq + \pi_z z = I$$

其中，I 为家庭收入，π_z 为商品 Z 的价格。数量与质量的边际替代率取决于数量与质量分别的固定成本与可变成本之比，同时取决于质量的边际可变成本与平均可变成本之比。数量与质量之间的替代效应在 Q – Q 模型中要强于在贝克尔初始的模型中。考虑 P_n 的增加。一般人可能会认为，家庭会用孩子的质量和 Z 商品来替代对孩子数量的需求。但是由于 $P_c nq$ 项的影响，n 的影子成本取决于 q，所以子女数量的下降提高了数量的影子成本，包括质量对于数量的更大替代。奥戴德·盖勒（Oded Galor）、大卫·韦伊（David Weil）等提出的"统一增长理论"（unified growth theory，UGT）将对孩子的需求的微观经济学模型与增长模型的反馈机制结合在一起。近期的一系列研究主要关注经济体如何从高生育率和低人均收入增长的"马尔萨斯"经济模式转变为低生育率、人均收入增长迅速的经济模式。[①]

贝克尔将孩子需求的成本向家政发展，把家庭生产、人的资本和时间分配的理论巧妙地加以处理，从而不仅对生育率，连同结婚、生育间隔、抚养、教育和保健等这些从来不为经济学所涉及的活动，都能够在消费者选择理论的结构中进行分析，不仅创新性地拓展应用微观经济理论，也在经济理论中开辟了新的研究领域。因此，贝克尔的模型分析广受关注和认可。目前所有对于生育率的经济学分析都从贝克尔的孩子需求模型出发。[②]

总体上，孩子需求效用成本比较模型认为，可将孩子以某种程度的抽象等同于耐用消费品，夫妇需求孩子的数量与家庭收入成正比。社会经济发展后人口出生率下降背后是对孩子数量需求的减少，归因于孩子的相对价格（也就是直接抚育费用和时间成本）上升所造成的强烈负效应，超过了收入提高所产生的微弱的正效应。直接抚育费用上升与资本有关的劳动力培育要求关联，时间成本上升则与女性普遍受教育后文化水平提高引致机会成本的上升。[③]

除孩子需求效用成本比较模型外，同时期还存在另一类从供给角度分析的理论假说。该类观点借用人口学中"自然人口出生率"观点，即对前现代化社会的人口统计调查表明，几乎所有阶层的居民都并不有意地限制人口出生率，但是，高出生率和婴幼儿高死亡率综合形成一种低水平的自然人口出生率。这也是为什么工业革命以前漫长历史时期里，世界人口增长缓慢。在马尔萨斯《人口原理》中，归结为人口增长和食物

①② ［美］蒂莫西·吉内恩：《生育率的历史性转变：给经济学家的指导》，王旭译，载于《比较》2012 年第 4 期（第 61 辑），第 129－152 页。

③ Schults，T. W.（eds.）. *The Economics of Family*. Chicago：University of Chicago Press，1974.

供给之间周期性平衡结果。日本学者称其为"伊斯特林假说"①。该理论假说认为除孩子需求以外，还存在着另外两个决定出生率的因素：（1）孩子的潜在供应，即如果父母并未有意限制出生率，他们将会拥有的存活子女的数目；（2）生育管理的成本，既包括主观的（心理的）障碍，也包括客观代价，也就是节育费用。② 这两个因素需要放在前现代化婴幼儿高死亡率的情形中考虑。婴幼儿死亡率高会在思想意识上促成父母多供给孩子。生育管理中节育技术低下所反映的高成本高风险也促成生育孩子中供给收缩难以落实。因此，在社会经济发展、卫生条件改善降低死亡率的由传统社会向现代社会转变阶段，依然存在的高出生率与降低的死亡率会导致人口高增长率。

第一种理论模型和第二种理论假说从需求和供给两方面分析生育率的方法汇合成供给学派研究方法，该方法得出，孩子的供应、控制生育的成本以及需求，都是严重影响现代化社会和出生率持续下降的早期阶段观测到的高出生率的因素。但是，随着现代化的进展，大多数家庭最终转向了一种相信孩子的潜在供应严重过剩的立场，并且越来越认为控制生育的成本是低廉的。为此，在决定出生率方面，需求的影响变得越来越具有支配作用。③ 伊斯特林（1980）和罗森茨韦克（1985）等人通过与生育技术相联系的生育经济模型提供了一般性的理论框架。在这个理论框架中，生育和怀孕被看作性行为的副产品。这类副产品可以通过使用节制生育方法或避孕技术予以免除。性行为与生育行为、避孕行为之间一系列关系类似于夫妻或生育者的人口再生产技术选择。因此，生育者可以通过再生产投入要素选择一样。考虑生育行为以确定家庭预期人口规模。计划生育实施就是通过人口再生产投入补贴或信息提供，借助生育费用变化，以促成生育计划目标。

---

① ［日］大渊宽：《人口经济学的现状》，曹南译，载于《人口与经济》1980年第1期，第63－67页。

②③ 理查德·A.伊斯特林：《人口出生率（Fertility）》，朱明权译，载于约翰·伊特韦尔、默里·米尔盖特、彼得·纽曼：《新帕尔格雷夫经济学大辞典·第二卷：E－J》，经济科学出版社1996年版，第324－330页。

总体上，"伊斯特林假说"较好地从逻辑上论证了人口转变起始阶段的高生育率和低死亡率并存现象。综合后的供给学派研究方法则论证了现代社会人口增长中的家庭生育逻辑和经济考量。也放宽了传统的生育孩子偏好稳定假设，提出了生育率变动是对孩子需求偏好变化的结果的论点。[1]

（三）中国家庭生育的调查研究

中国生育水平的变动在不同历史时期受到不同因素的影响。不过由于历史条件的局限，20世纪80年代以来的生育行为在很大程度上与当地生育政策相关，大部分地区的生育政策对生二孩有较为严格的要求，仅个别地区允许普遍生二孩。如果说，生育率的迅速转变是在国家计划生育政策干预下启动的，那么，在90年代生育率的下降应该主要是社会和经济发展的结果。20世纪70年代末，中国社会科学院社会学研究所和青少年研究所对四川汉族农村地区北京城区青年的生育目的调查显示，农村地区认为家庭人口投资和家庭人口收益比较，在经济上还是"合算"的，因此，生育目的排序依次为"养老送终""传宗接代""维系夫妻感情""调剂家庭生活的内容和气氛"和"父母应尽的社会职责"。北京城区青年则主要在于子女的精神价值，生育目的排序反差程度很大，依次为"父母应尽的社会职责""调剂家庭生活的内容和气氛""维系夫妻感情""养老送终"和"传宗接代"，且倾向于少生、晚生、优生、优育。[2]进入21世纪，群众生育观念已总体转向少生优育，经济负担、子女照料、女性对职业发展的担忧等成为制约生育的主要因素。也就是说，制度、技术和文化等因素的变革已经为中国个人生育决策理性化创造了条件，低生育水平的稳定机制已经开始从政策控制为主转向群众自我控制为主的转变。[3]

---

① ［日］大渊宽：《人口经济学的现状》，曹南译，载于《人口与经济》1980年第1期，第63－67页。

② 吴忠观：《人口经济学概说》，四川人民出版社1985年版，第140页。

③ 李建民：《生育理性和生育决策与我国低生育水平稳定机制的转变》，载于《人口研究》2004年第6期，第2－18页。

中国有关生育成本效用的研究始于 20 世纪 80 年代，社会科学研究者结合中国实际，围绕生育成本效用相关理论展开讨论，并开展了有关生育成本效用的调查和实证研究。由于中国大多数已婚夫妇都生育至少一个孩子，大部分调查研究的重点是关于生育二孩及更多孩子的成本和效用问题。2006 年在大连市开展的一项生育成本调查主要关注养育孩子的可测量经济成本，调查结果认为，由于生育成本持续上升，尽管当地符合计划生育政策生育二孩的人群不断扩大，但大连市的生育水平不会有显著提高。[①]

李建民认为，根据主导动力机制的不同类型把生育行为社会结果体现划为三个阶段：死亡率转变驱动阶段、生育意愿转变驱动阶段、生育成本约束驱动阶段。20 世纪 80 年代以来，我国已经进入以成本约束驱动为主导的低生育率阶段。[②] 随着经济和社会发展，孩子的成本变化可以划分为两个阶段：第一个阶段，孩子的直接成本变化最为明显；第二个阶段，孩子的机会成本变得更为重要。如果说，在 20 世纪末期的 20 多年中，中国经济的发展和收入水平的提高，提高了孩子的直接成本；那么，在未来对中国孩子成本影响更大的将是机会成本。这意味着机会成本将会成为限制人们生育行为的主要约束条件。[③]

2015 年国家卫生和计划生育委员会生育意愿调查的结果显示，因为经济负担、太费精力和无人看护而不愿生育第二个子女的分别占到 74.5%、61.1%、60.5%。腾讯的一份"中国人'二孩'生育意愿调查"问卷于 2016 年 1 月 28 日～2 月 2 日投放，共回收有效问卷 10 万份，其中：男性 23.1%，女性 76.9%，70 年代以前出生 1.1%，70 年代后出生 18.6%，80 年代后出生 56.6%，90 年代后出生（包括 2000 年后出生）23.7%。根据上述调查统计分析得出的"中国人'二孩'生育意愿调查

---

① 尹豪、徐剑：《"大连市生育成本调查"结果分析》，载于《人口学刊》2008 年第 1 期，第 15 - 18 页。

② 李建民：《中国的生育革命》，载于《人口研究》2009 年第 1 期，第 1 - 9 页。

③ 李建民：《生育理性和生育决策与我国低生育水平稳定机制的转变》，载于《人口研究》2004 年第 6 期，第 2 - 18 页。

报告"，再抚育一个孩子时间精力不足（24%）、经济状况不允许（21.9%），是国人不敢生二孩的主因。而男性多因经济原因不生二孩，女性更多考虑时间精力因素。此外，社会保障、社会福利不完善（15.3%），基础教育设施不健全（10.4%），公共卫生体系不完善（7.6%），身体状况不允许（5.7%），家庭成员反对（1.9%），对求职或职业发展有不利影响（8.2%），一个孩子正好（1%）以及其他原因（4%），都会影响二孩生育意愿。[①]

2021 年国家卫生健康委员会调查再次显示，经济负担重、子女无人照料和女性对职业发展的担忧等因素已经成为制约生育的主要障碍。[②]

华中科技大学社会学院在 2022 年 10 月发布的一项对 25 个省（区、市）共计 7642 人进行的调查同样表明机会成本限制情况。调查显示，与生育之前相比，生育一个孩子使妻子的就业几率下降约 6.6%；继续生育第二个孩子的妻子，其就业几率再次下降 9.3%。调查结果还显示，生育一个孩子将使家庭劳动力市场总收入下降约 5.6%；继续生育第二个孩子的家庭劳动力市场总收入再次下降约 7.1%。[③]

第二节　中国的计划生育政策

计划生育是指主要目标在于改变夫妻或生育者关于家庭人口规模的决策及行为的一套规划、机构、政策和措施。按其抑制或是鼓励人口规模目标差异，可以分为抑制性计划生育和激励性计划生育。在 20 世纪后

---

① 林小昭：《去年各省份人口变化：山东最敢生二孩》，载于《宏观经济第一财经网》2017 年 6 月 12 日。

② 中共国家卫生健康委党组：《谱写新时代人口工作新篇章》，载于《求是》2022 年第 15 期，第 46—51 页。

③ 李桂杰：《延长产假增设育儿假能否缓解生育焦虑》，载于《中国青年报》2021 年 12 月 7 日第 3 版。

半叶，计划生育一般指的是抑制性计划生育。进入 21 世纪，计划生育转向激励性计划生育。

计划生育是一种人口生育政策，是一个国家或地区从社会、经济、政治、资源、生态环境等综合战略利益出发，同时考虑到大多数群众的接受程度，对所有人口的生育行为所采取的措施和方法。[①]

相比世界上大多数经济发达大国，人口多、底子薄是中国的基本国情。为了解决庞大的人口规模与相对匮乏的资源和较低的经济发展水平之间的矛盾，尽快缩小与发达国家之间的差距，新中国成立后不久就开始考虑人口生育问题，逐渐推行实施以计划生育为主导内容的相关政策。

以生育政策的主要内容划分，可将新中国成立以来的生育政策划分为以下几个阶段。[②]

第一，鼓励生育阶段（1949～1953 年）。这一阶段，政府对生育及人口增长采取了放任自流的态度，并出台了限制避孕和人口流产的政策，鼓励人们生育。

第二，政策转变及反复阶段（1954～1959 年）。鼓励生育的政策在1953 年第一次人口普查后发生了急剧的转变。远远高于预期的人口数，与当时中国有限的资源与落后的综合国力形成鲜明对比。从中央领导到学术界都提出一些节制生育的观点。

第三，提出计划生育号召，在部分市、县的试行阶段（1960～1969年）。这一阶段，人口增长的现实压力使控制人口和节制生育的思想得以复苏。计划生育工作开始首先在城市，然后在农村逐步展开。

第四，限制人口增长的"晚、稀、少"政策逐步形成和全面推进阶段（1970～1980 年）。1969 年全国总人口突破 8 亿大关，使人口与经济

---

① 马小红、孙超：《中国人口生育政策 60 年》，载于《北京社会科学》2011 年第 2 期，第 46－52 页。

② 王思北、胡浩：《关于"生孩子"的那些政策——中国人口政策演变"编年史"》，中国政府网（www. gov. cn），2015 年 2 月 9 日；蔡昉：《中国如何通过经济改革兑现人口红利》，载于《经济学动态》2018 年第 6 期，第 4－14 页；中共中央党校教务部、国家计划生育委员会宣教司：《人口理论概要》，中共中央党校出版社 2001 年版，文献附录。

本来已尖锐的矛盾更加突出。这种客观现实迫使政府在国民经济恢复后不得不重申控制人口的重要性。1970 年，中央正式把人口计划列入国民经济发展规划之中。1971 年，国务院批转《关于做好计划生育工作的报告》，批示中强调指出："除人口稀少的少数民族地区和其他地区外，都要加强对这项工作的领导，深入开展宣传教育，使晚婚和计划生育变为群众的自觉行为"，强调"要有计划生育"。从此之后，真正意义上的计划生育开始在全国范围内开展起来，并且逐步形成了明确的政策要求。在当年制定"四五"计划中，提出"一个不少，两个正好，三个多了"。1973 年 12 月，第一次全国计划生育汇报会提出"晚、稀、少"的政策。"晚"指男 25 周岁、女 23 周岁以后结婚，女 24 周岁以后生育；"稀"指生育间隔为 3 年以上；"少"指一对夫妇生育不超过两个孩子。1974 年 12 月 31 日，中共中央在转发《上海市革命委员会关于上海开展计划生育和提倡晚婚工作的情况报告》和《中共河北省委员会、河北省革命委员会关于召开全省计划生育工作会议的情况报告》的通知中肯定了两地对生育"晚、稀、少"的政策要求。1978 年 3 月，第五届全国人民代表大会第一次会议通过的《中华人民共和国宪法》第五十三条规定"国家提倡和推行计划生育"。计划生育第一次以法律形式载入中国宪法。为完成在 20 世纪末把人口总量控制在 12 亿以内的目标，1978 年 10 月 26 日，中央下发《关于国务院计划生育领导小组第一次会议的报告》，肯定了其中提出的具体政策要求："晚婚年龄，农村提倡女 23 周岁，男 25 周岁结婚，城市略高于农村。提倡一对夫妇生育子女数最好一个，最多两个，生育间隔 3 年以上"。以此为标志，中国明确而全面的人口与计划生育政策初步形成。

第五，全面推行一胎化的紧缩政策阶段（1980 年秋至 1984 年春）。1980 年 9 月 25 日，中共中央发表《关于控制我国人口增长问题致全体共产党员、共青团员的公开信》号召，"为了争取在本世纪末把中国人口总数控制在 12 亿以内，国务院已经向全国人民发出号召，提倡一对夫妇只生育一个孩子"。这就是最为人知的"独生子女"政策。1982 年，《中共中央、国务院关于进一步做好计划生育工作的指示》，提出照顾农村独女户生育二孩。计划生育被确定为基本国策。

第六，计划生育政策的调整阶段（1984～1991年）。为了缩小政策与生育意愿的差距，缓和干群矛盾，1984年4月13日中央批转国家计生委党组《关于计划生育工作情况的汇报》的七号文件，文件要求进一步完善当前计划生育工作的具体政策。主要是：①在农村继续有控制地把口子开得稍大一些，按照规定的条件，经过批准，可以生二胎；②坚决制止大口子，即严禁生育超计划的二胎和多胎；③严禁徇私舞弊，对在生育问题上搞不正之风的干部要坚决予以处分。即所谓的"开小口子，堵大口子"。1988年中共中央政治局常委会第18次会议在讨论同年3月国家计划生育委员会呈送的《计划生育工作汇报提纲》后，明确提出："中国计划生育工作的现行政策是：提倡晚婚晚育，少生优生，提倡一对夫妇只生育一个孩子。国家干部和职工、城镇居民除特殊情况经过批准可以生育第二个孩子外，一对夫妇只生育一个孩子；农村某些群众确有特殊困难，包括独女户，要生育二胎的经过批准可以间隔几年以后生二胎；不论哪一种情况都不能生三胎。少数民族地区也要提倡计划生育，具体要求和做法由有关省自治区根据当地实际情况制定。"

第七，计划生育政策地方性法规化时期（1991～2002年）。在20世纪90年代，各省级政府相继制定了地方计划生育条例，经各地人大常委会通过后，作为地方性法规强制执行。

第八，计划生育政策逐步放松时期（2002～2021年）。

进入21世纪，随着社会经济的发展，中国人口形势发生了重大变化。劳动力持续问题、老龄化问题、人口结构性问题等开始显现。计划生育政策的背景、目标、内容、方法也开始发生了很大的变化。开始从1971年呼吁"一个不少，两个正好，三个多了"，到1980年提倡"一对夫妇只生育一个孩子"的严控生育，转向放松控制。最初是个别性放松的2002年9月"双独二胎"政策（2002年9月1日施行《中华人民共和国人口与计划生育法》，将原有的政策性规定法律化为："国家稳定现行生育政策，鼓励公民晚婚晚育，提倡一对夫妻生育一个子女；符合法律、法规规定条件的，可以要求安排生育第二个子女"），2014 年松解到"单独两孩"政策（2013 年 11 月，党的十八届三中全会审议通过的《中共中央关于全面深化改革若干重大问题的决定》提出，启动实施一方是独生子女的夫妇可生育两个孩子的政策。），2015 年 12 月 31 日"全面两孩政策"（《中共中央 国务院关于实施全面两孩政策改革完善计划生育服务管理的决定》颁发，2016 年开始全面实行一对夫妻可以生育二孩政策）表明计划生育转入面上放松局面。中国计划生育政策呈现逐步放开趋势。

第九，抑制性计划生育实质放开时期（2021 年至今）。

2021 年 6 月 26 日，《中共中央 国务院关于优化生育政策促进人口长期均衡发展的决定》颁发，提出优化生育政策，实施一对夫妻可以生育三个子女政策，并取消社会抚养费等制约措施、清理和废止相关处罚规定，配套实施积极生育支持措施。中国计划生育进入"三孩生育政策及配套支持措施"时期。参考第七次全国人口普查数据反映 2020 年中国育龄妇女 1.3 的总和生育率，"三孩生育政策及配套支持措施"的实施，实质上反映了中国在面上已进入抑制性计划生育放开阶段。

计划生育政策是中国为控制人口过快增长，适应人口和经济社会发展新形势，促进人口长期均衡发展，从 20 世纪 70 年代开始在城乡全面推行的一项基本国策。40 多年来，中国实施人口与发展综合决策，不断完善计划生育政策，走出了一条中国特色统筹解决人口问题的道路，计划生育工作取得了举世瞩目的伟大成就。人口过快增长的势头得到有效控制，资源、环境压力有效缓解，妇女儿童发展状况极大改善，人口素质明显提高，促进了经济快速发展和社会进步，有力支撑了改革开放和社会主义现代化事业，为全面建成小康社会奠定了坚实基础。中国实行计划生育也为世界人口发展和减贫作出了重大贡献，树立了负责任大国的良好形象。在此过程中，亿万人民群众积极响应党和国家号召，自觉实行计划生育，作出了巨大贡献；广大人口和计划生育工作者付出了心血和汗水。实践证明，实行计划生育符合中国国情，是正确的，得到了广大人民群众的理解和支持，是强国富民安天下的伟大事业。①

有学者研究算出，利用人口动力系统的人口发展方程，通过对不同方案1972～2000年间人口变动的模拟比较，发现计划生育政策实施的28年间中国累计少出生人口在2.64亿～3.20亿人，总人口累计少增加2.31亿～2.99亿人。同时，计划生育政策对人口出生率降低的最小贡献为57.88%，对人口自然增长率的降低贡献了61.21%。计划生育政策的实施使总的劳动负担得到减轻，使20世纪末21世纪初迎来中国人口年龄结构的"黄金时期"，为社会经济发展提供最佳的机会、人力资源和条件，为实现人口可持续发展创造了可选择的良好人口环境和初始条件。②

计划生育政策在取得明显成果的同时，也出现了一些问题，如老龄化加速、出生性别比失调、劳动力结构老化等。③

第三节　促进生育的经济政策努力

从生育率及人口增长率的角度，跨国数据也揭示出了一些规律。对于那些最穷的国家而言，正如马尔萨斯（1798）所预测的，生育率会随着真实人均 GDP 的上升而上升。对于大多数国家来说，随着真实人均 GDP 的增加，生育率趋于下降。④ 人口学家的观察以及由此抽象出的人口转变理论，补充了经济学家的观点，就是说人口高速增长最初可能作为经济起飞的条件，随后的一段时期则是经济发展进入现代阶段的结果，

---

① 中共中央、国务院：《中共中央 国务院关于实施全面两孩政策改革完善计划生育服务管理的决定》，2015年12月31日。

② 王金营：《中国计划生育政策的人口效果评估》，载于《中国人口科学》2006年第5期，第23-32页。

③ 马小红、孙超：《中国人口生育政策60年》，载于《北京社会科学》2011年第2期，第46-52页。

④ ［美］罗伯特·J.巴罗、哈维尔·萨拉伊马丁：《经济增长》，何晖，刘明兴译，中国社会科学出版社2000年版，第9页。

进一步的经济发展则导致人口增长减速。[1]

人口下降在短期内会对自然资源、资本和劳动力比率发生有利影响。长期来看，不好判定资本和劳动力关系，且环境效益会更突出。但是，人口下降引发后果中的抚养负担加重、军事力量削弱和总需求下降等三个主题一直在人口学分析中占据重要地位。[2] 在技术进步越来越重要的社会发展中，人口下降可能关联创新人才数量趋少的后果也成为重要的关注议题。

因此，进入 21 世纪，已经完成人口转变的国家和地区的人口增长政策，已经由抑制生育率转向激励合法生育行为。作为一个城市国家，新加坡也面临人口增长乏力，连媒体都疾呼"还有什么法子能提高生育率？"[3]。为应对人口转变后生育率低下导致的系列问题，发达国家普遍大力鼓励生育，但总和生育率提高幅度有限甚至下降，至今仍远低于 2.1 的代际更替水平，提高生育率比想象难得多。从各国情况看，已实施政策高估了鼓励生育的效果。日本 20 世纪 90 年代以来就开始鼓励生育，推出各种天使和新天使计划，2004 年以来进一步完善生育补贴保障政策，但由于错过生育调整最佳时机，总和生育率仅从 2005 年的 1.26 提高至 2015 年的 1.45，2019 年重新回落到 1.36。韩国 1984 年跌破更替水平，1996 年取消生育限制，2019 年总和生育率只是 1.08，总和生育率水平比鼓励生育政策（2005 年）实施以来还低 - 0.09。少数发达国家总和生育率能够恢复到 2.0 以上，有移民的因素。[4]

2021 年 5 月底，中央决定实施"三孩生育积极支持政策"，颁发《中共中央 国务院关于优化生育政策促进人口长期均衡发展的决定》，

---

[1] 蔡昉：《二元经济作为一个发展阶段的形成过程》，载于《经济研究》2015 年第 7 期，第 4 - 15 页。

[2] 罗宾·巴洛：《人口下降（Declining Population）》，范家骧译，载于约翰·伊特韦尔、默里·米尔盖特、彼得·纽曼：《新帕尔格雷夫经济学大辞典·第一卷：A - D》，经济科学出版社 1996 年版，第 820 - 822 页。

[3] 社论：《还有什么法子能提高生育率？》，载于《联合早报》2022 年 10 月 14 日。

[4] 陈浩、徐瑞慧、唐滔、高宏：《关于我国人口转型的认识和应对之策》，中国人民银行工作论文，No. 2021/2，2021 年 3 月 26 日。

8 月,《中华人民共和国人口与计划生育法》完成修改。至 2021 年底,全国各地已相继完成了地方人口与计划生育条例的修改工作,纷纷增设育儿假、延长产假等生育支持措施。2022 年 7 月,国家卫生健康委等 17 个部委又联合颁发《关于进一步完善和落实积极生育支持措施的指导意见》,提出落实人口与计划生育法,进一步完善和落实积极生育支持措施意见。政策实施效果如何,还待时间检验。但是以传统文化和中国相同的新加坡为例,梳理其促进生育、应对人口下降的举措,具有比较突出的直接借鉴意义。

新加坡政府为促进生育,政府采取了多项措施。2013 年,新加坡发布《可持续的人口,朝气蓬勃的新加坡——新加坡人口政策白皮书》。白皮书指出,新加坡公民人口在 2012 年进入一个转折点。第一批婴儿潮(第二次世界大战后生育高峰期)人口步入 65 岁。从现在到 2030 年,新加坡将经历前所未有的人口结构转变。超过 90 万名婴儿潮人口(超过目前人口的 1/4),将成为银发族。从 2020 年开始,每年退休的人数将超过刚步入社会工作的人数,劳动人口将会随之减少。新加坡目前的生育率偏低(新加坡目前的总生育率是 1.20。过去 30 年来,总生育率一直低于2.1 的替代水平),如果不引进新移民,公民人口将迅速老化,并从 2025 年开始萎缩。白皮书概述有关政策的方针:确保以新加坡人为社会的核心、调控新移民与永久居民的人数。引进年轻的移民有助于填补年轻人口的不足,并缓解公民人口老龄化的问题。为了避免人口萎缩,每年将引进 15000~25000 名新公民。将根据申请者的素质、生育率以及国家的新需要,不时检讨移民的人数。永久居留权是外国人在领取公民权之前的一个过渡阶段。受考虑的对象是那些认同新加坡长远利益,并有意在此落地生根的人。相比之前,这项政策大幅收紧,谨慎控制引进移民的速度,获得永久居留权的人数,从 2008 年高峰期的 7.9 万人减至 2013 年的每年 3 万人左右,将保持目前的步伐,把永久居民的总数维持在介于50 万~60 万人,以确保拥有合适的潜在公民人选。到了 2030 年,公民人口预计将介于 360 万~380 万;加上 50 万~60 万名永久居民,将会有

420 万~440 万的居民人口（包括公民及永久居民）。当然，实际数目取决于生育率、移民情况，以及人口平均寿命等因素。到了 2030 年，从事专业人员、经理、执行人员及技师工作的国人将从目前的 85 万人增加至125 万人，增幅将近 50%。不属于专业人员、经理、执行人员及技师的人员则预计会减少超过 20%，从目前的 85 万人减至 65 万人。总的来说，到了 2030 年，将有 2/3 的新加坡人从事专业人员、经理、执行人员及技师的工作。目前只有半数的国人从事这类工作。目前的趋势是，越来越多的新加坡人掌握了更高的技能，他们所放弃的较低技能的工作由外籍员工负责。为了帮助国人达成结婚生子的愿望，新加坡政府在 2001 年推出了一项"结婚生育配套"，并于 2004 年及 2008 年加强配套的内容。2013 年，再次加强这个配套，包括：（1）协助已婚夫妇更快及更容易获得组屋分配，以鼓励国人早日结婚生子；（2）受孕及分娩费用将获得更多补助；（3）进一步资助养育子女的费用，包括医药费；（4）协助在职夫妇平衡家庭与工作的需要；（5）通过父亲陪产假及父母共用产假的计划，鼓励为人父者在育儿方面扮演更大的角色。[①] 为了鼓励结婚生育，新加坡的"结婚生育配套"从创立至今调整过多次，激励措施不断增多加强，涉及生育医疗费用、育儿教育费用、工作—生活支持三大方面。其中女性的法定产假不断延长，从最初的 8 周延长至 12 周和目前的 16 周，给职业女性的津贴也在不断增加，雇主解雇孕期女性将面临更大成本的惩罚。从 2017 年开始，更多对母亲的照顾性措施将生效，例如，父亲可享受两周的带薪陪产假，未婚妈妈生产也可以享有 16 周的带薪产假等。另外，政府还通过设立"社交发展网"，为单身者提供一站式的服务，鼓励多社交和参加活动。在托儿设施建设方面，新加坡也在不断加强。不但托儿中心的数量在增加，还有越来越多的托儿中心建在工作区域。2016 年已有 390 个托儿中心设立在工作区域，占全部托儿中心的 31%。新加坡政府铆足了劲鼓励婚育，不仅措施多，还根据时代和家庭概念的

[①] 《可持续的人口，朝气蓬勃的新加坡——新加坡人口政策白皮书》，2013 年 1 月。

变迁不断进行调整。但从目前的生育率数据来看，效果也并不理想。①

　　对此，当地学者进一步建议：（1）建立婚姻辅导机构。家庭辅导机构加强婚前婚后的辅导，让人们对结婚成家后的生活有适当的预期，两个不同家庭的人走到一起，也需要专业的教练和辅导机构引领，这样就大大提高和谐家庭的概率。幸福的家庭是生育的基石，家庭稳固才可能有更多的孩子降临。（2）降低养育孩子的长期成本，要从公平分配教育资源开始。要把资源往普通邻里学校倾斜，直至后来公平分配，各校老师之间要进行不定期轮换，这样才不会出现好的更好，大家都想去，差的更差，没有人愿意去，真正实现每所学校都是好学校。（3）改进政府的鼓励政策。现有政策，一要加强力度；二要调整，要着眼于长期帮助鼓励已婚夫妻双方，而不是短期一次性的鼓励行为，更不能偏重父亲或母亲。（4）对待新移民的政策也要更人性化，尤其是新移民在养育孩子的过程中，需要原生家庭的支援时，政府给新移民家庭成员的签证准入等方面，要灵活且是亲家庭的。②

---

① 孟羽：《中国可借鉴新加坡人口政策》，载于《联合早报》2016 年 9 月 5 日。
② 占绍香：《从根本上提高我国生育率》，载于《联合早报》2021 年 6 月 7 日。

第六章

老龄化

自 20 世纪初以来，工业化国家的人口结构开始打破多年保持的稳定状态，随后发展中国家的人口结构也发生了类似的变化，人口增长速度放慢，人口老龄化现象成为世界范围内的普遍现象。人们寿命延长和少生孩子共同作用产生了老龄化社会，消除了马尔萨斯人口增长压迫问题，没有了单纯的人口过剩及古典经济学的资本淡化影响经济增长的焦虑。但是，人口年龄结构老年化带来的挑战，不仅全新，而且影响可能更加深远。

第一节　老龄化形势

人口老化是人口中老年人数的相对增加，以及随之而来的中年人口增加，表现在年龄中位数上升。老龄化包含两个含义：一是指老年人口相对增多，在总人口中所占比例不断上升的过程；二是指社会人口结构呈现老年状态，进入老龄化社会。采用联合国人口统计通用标准，即 65 岁以上人口占 7％ 时为老龄化起点，达到 14％ 时为老龄社会，达到 20％

时为超老龄社会。

进入 21 世纪，老龄化已成为全球不可逆转的动态过程。《世界人口展望 2022》报告数据显示，全球人口预期寿命在 2019 年达到 72.8 岁；预计受死亡率进一步下降影响，2050 年时预期寿命达到约 77.2 岁。预计 2050 年时，全球 65 岁及以上人口，占比将从 2022 年的 10% 上升到 16%，人口数量将是 5 岁以下婴幼儿的 2 倍多，和 12 岁以下儿童人口数量相当。

相比其他国家和地区，中国老龄化具有规模最大、速度快、经济基础弱的特点。2000 年，中国 65 岁及以上老年人口约 8827 万人，占比 7%，进入老龄化社会；2019 年，该数据分别为 1.76 亿人和占比 12.6%。中国老年人口规模长期居于世界第一。联合国数据显示，1990~2019 年，世界老年人口年平均增速为 2.7%，发达国家为 2.1%，而中国为 3.2%，预计未来二十年都将快于世界平均增速。2000~2019 年，中国 65 岁及以上老年人口占比从 7% 上升至 12.6%，预计 2022 年超过 14%，由老龄化社会进入深度老龄化社会。这一过程仅用 22 年，远快于最早进入老龄社会的法国（140 年）和瑞典（85 年），也快于美国（72 年），如表 6-1 所示。此外，发达国家老龄化通常发生在高收入阶段，其进入老龄化社会时人均 GDP 多在 2000 美元以上，进入深度老龄化社会时多在 30000 美元以上，但中国该数字分别为约 1000 美元和 10000 美元。中国是养老负担重。一方面，老年抚养比持续上升。2019 年为 17.8%，预计到 2035 年和 2050 年分别为 32.0% 和 43.6%。如果按 60 岁退休需抚养算（即不延迟退休），这一比例分别升至 49.8% 和 67.6%，这意味着届时一个劳动力需抚养 0.5 个和 0.7 个老人。另一方面，政府养老金支出占 GDP 比重快速上升。2019 年为 5.3%，较 1990 年上升 4.5 个百分点。未来随着老年抚养比上升，如表 6-2 所示。这一支出将继续增加。①

---

① 陈浩、徐瑞慧、唐滔、高宏：《关于我国人口转型的认识和应对之策》，中国人民银行工作论文，No.2021/2，2021 年 3 月 26 日。

表6-1　　　部分国家进入老龄化社会和深度老龄化社会的时间和经济水平

国家	进入老龄化社会		进入深度老龄化社会		时间间隔（年）
	年份	人均GDP（美元现值）	年份	人均GDP（美元现值）	
法国	1850☆	–	1990	21794	140
德国	1922☆	–	1972	3810	50
英国	1930☆	–	1975	4300	45
美国	1942☆	14870	2014	55033	72
俄罗斯	1967	7943	2017	10751	50
日本	1971	2272	1995	43440	24
韩国	2000	12257	2018	31367	18
中国	2000	959	2022	10276※（2019）	22
新加坡	2003	23730	2021	65233※（2019）	18

注：☆按照1982年维也纳老龄问题世界大会界定的60岁及以上人口占比超10%；※为2019年数据。

资料来源：陈浩、徐瑞慧、唐滔、高宏，《关于我国人口转型的认识和应对之策》，中国人民银行工作论文，No.2021字，2021年3月26日。

表6-2　　　　　　　　中国人口老龄化趋势

年份	总人口（亿人）	60岁及以上		65岁及以上		80岁及以上	
		人口（亿人）	占比（%）	人口（亿人）	占比（%）	人口（亿人）	占比（%）
2010	13.76（13.40）	1.73	12.57	1.15（1.19）	8.36（8.88）	0.21（0.21）	1.53（1.57）
2020	14.72（14.12）	2.45	16.64	1.74（1.91）	11.82（13.52）	0.30（0.358）	2.04（2.54）
2030	15.24	3.55	23.29	2.44	16.01	0.43	2.82
2040	15.43	4.09	26.51	3.24	21.00	0.64	4.15
2050	15.21	4.38	28.80	3.32	21.83	1.00	6.57

注：括号中数据为国家统计局网站2022年公布的对应年份统计数据。

资料来源：黄毅、佟晓光，《中国人口老龄化现状分析》，载于《中国老年学杂志》2012年第21期，第4853-4855页。

陆杰华等学者也指出，进入21世纪以来，中国人口老龄化进程逐渐加速且程度逐渐加深。呈现出老年人口规模大、增长速度快、城乡不均衡、老龄进程与经济发展不同步、未富先老等阶段性鲜明特点。从时间节点上来看，中国人口老龄化进程将划分为快速发展、急速发展、缓速发展和高峰平台四个阶段。第一阶段：人口老龄化快速发展阶段（2010～2022 年）。在此阶段，老年人口将迎来第一个增长高峰，年均净增加 840 万人，达到 2.68 亿人，人口老龄化水平提升至 18.5%，但仍属于轻度老龄化阶段。第二阶段：人口老龄化急速发展阶段（2023～2035 年）。这一阶段老年人口规模增长最快，老龄问题集中爆发，是中国应对人口老龄化最艰难的阶段。与此同时，老年人口将迎来第二个增长高峰，年均净增加约 1200 万人，2035 年达到 4.18 亿人，人口老龄化水平攀升至 29%，进入中度老龄化阶段，与目前人口老龄化程度最严峻的日本旗鼓相当。在 2023 年前后，中国老龄人口抚养比将首次超过少儿抚养比，标志着中国进入一个以抚养老年人为主的时代。第三阶段：人口老龄化缓速发展阶段（2036～2053 年）。这一阶段，人口老龄化速度有所放缓，但总人口负增长加速，高龄化特征十分突出。老年人口年均净增加 380 万，2046～2050 年将迎来老年人口第三个增长高峰，年均净增加 650 万人，2053 年达到 4.87 亿人的峰值，人口老龄化水平接近 35%，处于重度老龄化阶段，并超过届时发达国家的平均水平。第四阶段：人口老龄化高峰平台阶段（2054～2100 年）。人口老龄化势头逐步减弱，人口年龄结构进入相对稳定状态。伴随总人口规模的缩减，少儿、劳动年龄人口和老年人口共同减少，到 21 世纪末分别为 1.66 亿人、5.82 亿人和 3.83 亿人。整个 21 世纪后半叶，少儿、劳动年龄和老年人口的比重高度稳定在 15%、51% 和 34% 左右，形成一个稳态的老龄化高峰平台期。为积极应对日益严峻的人口老龄化新形势，确保社会经济发展及国家长治久安的需要，应从新基本国策的高度确定未来积极应对人口老龄化的战略构想，这也是实现"两个一百年"战略目标的重要保证。[1]

据 2006 年的《中国人口老龄化发展趋势预测研究报告》，从 2008 年开始，中国老龄化进入快速发展阶段，老年人口将以年均 800 万～900 万

---

[1] 陆杰华、郭冉：《从新国情到新国策：积极应对人口老龄化的战略思考》，载于《国家行政学院学报》2016 年第 5 期，第 27-34 页。

人的速度增加。[①]

第二节　老龄化问题及对策

人口老龄化会对一个国家和社会的经济运行全领域、社会建设各环节、社会文化多方面产生深远影响。党的十九届五中全会提出，实施积极应对人口老龄化国家战略，把应对人口老龄化作为当前和今后一个时期关系全局的重大战略任务进行统筹谋划、系统施策。

人口老龄化社会的主要人口问题：一是生育率低下产生的婴幼儿比例低下的问题；二是老龄问题，包括老年人问题与老龄化问题，而老年人问题与老龄化问题相联系，但又不完全相同，一般把有关老年人的社会保障和权益保护看作"老年人问题"，把有关老年人增加对社会经济发展的影响称为"老龄化问题"，这是从人类社会经济发展的范畴来认识老龄问题。人口老龄化对经济的影响是弊大于利，主要体现在：一是消费总量相对增加，储蓄总量相对减少，社会投资相应减少；二是劳动力出现弱化和短缺现象，劳动生产率可能下降；三是社会养老保障问题突出，公共医疗服务加大，政府财政收支平衡受到冲击；四是老年抚养比加大等。

另外，人口老龄化还对一个国家和社会整体创新水平有负面影响。一般来说，强调抽象/推演贡献的年龄 – 创造力研究倾向于年轻时完成。在老龄化社会中，年轻人口占比下降，创新性研究人口比例也就下降，社会活力水平相对也会下降。

不考虑人口迁移情况下，老龄化产生的根源有两个：出生率下降和寿命延长。这两者既是人们生活水平和保健水平提高的必然结果，是民富国强的标志；也孕育着危险的隐患。要解决的问题，不是如何防止老

---

① 黄毅、佟晓光：《中国人口老龄化现状分析》，载于《中国老年学杂志》2012 年第 21 期，第 4853 – 4855 页。

龄化,而是如何应对由此造成老龄化后所带来的养老金不足和养老服务不足的问题。

一、制定循序递升的延迟退休法定年龄

20 世纪 70 年代至 90 年代早期,提前退休是 OECD 国家的普遍趋势。但是,人口老龄化造成了劳动力供给的不足和养老保险体制的不可持续,成为欧洲各国政府出台积极老龄化政策的根本原因。以英国、德国两国为例,均经历了提前退休到延迟退休的转变。20 世纪 90 年代后期英国政府开始改变其鼓励老龄人口提前退休的政策,为了促进老年人延长工作时间,政府采取了一系列措施,包括更严格地审查获得伤残抚恤金的资格,针对 50 岁以上人员的在职福利和培训激励机制,消除强制提前退休和年龄歧视等。2010 年联合政府颁布了《平等法案》(Equality Act),将女性的退休年龄改为与男性一致,推迟到 65 岁。男女的法定退休年龄将从 2024 ~ 2026 年进一步推迟至 66 岁,2034 ~ 2036 年推至 67 岁,2044 ~ 2046 年推迟至 68 岁,由此,英国将成为发达国家中领取退休金年龄最高的国家。德国政府在 2005 年推出《67 岁退休》(Rentemit 67)方案,决定在 2012 ~ 2029 年逐步将领取养老金的最低年龄由 65 岁提高到 67 岁,同时执行旨在提高老年就业的《动议 50 +》(50 Plus Initiative)。之后,为了减少来自民众的压力,德国政府采取了许多过渡性措施,并设定了长达近 20 年的过渡期,从 2012 年开始每年推迟退休一个月,2024 年之后每年推迟 2 个月,直到 2030 年退休年龄延长到 67 岁(Die Zeit Online,2010)。[①]

二、积极促进老龄人群就业

欧洲各国的积极老龄化政策虽然包括提高领取退休金最低年龄和促

---

① 刘文、焦佩:《国际视野中的延迟退休演进》,载于《中山大学学报》(社会科学版)2016 年第 1 期,第 182 – 196 页。

进老龄人群就业两个方面，但领取退休金最低年龄在逐步提高，老龄人口的就业问题却无根本性改善。2013 年，欧盟 55～64 岁人口的就业率为 49.5%，英国、德国虽高出平均水平但也分别仅为 59.7% 和 63.5%；65～69 岁人群的就业率更低，欧盟 65～69 岁人群的就业率为 11.2%，英国为 20.4%，德国为 12.6%。并且，55～64 岁就业的人群中还有相当一部分是非全日制、临时工作或自我雇佣者，正规全职就业的比例被大大拉低。受到良好教育的人一般能获得令人满意的工作，愿意延迟退休，低技能的老龄员工经济负担重，却难以找到合适的工作，延迟退休提高了社会不平等程度。相比之下，日本和韩国对老龄员工退休时间和退休工资的灵活调整，达成的老龄人群就业状况要好许多。2013 年，日本和韩国 55～64 岁人口的就业率分别为 66.8%、64.3%，高于英国、德国，也高于欧盟和 OECD 的 49.5%、54.9%。日本和韩国 65～69 岁人群的就业率分别为 38.7% 和 43.8%，远高于英国德国，亦高于欧盟和 OECD 的 11.2%、19.6%。[1]

三、积极推行阶段性退休

阶段性退休是一种工作安排，通过这种安排令员工减少自己的工作量，用过渡性工作来代替完全退出劳动力市场从而实现弹性延长工作时间。大量研究表明，退休的时机与性质受到国家或私人养老金的影响，其他可用的补助也为人们退休提供了多种选择方式。阶段性退休在大部分国家被用作延迟退休的手段，也同时解决老龄化带来的员工队伍结构的不断变化和合格劳动力短缺问题。对劳动者来说，阶段性退休提供了一种避免从全职工作到完全依赖养老金而对养老金制度引起的冲击，并可以减少精神压力和提高工作满意度。对雇主而言，阶段性退休提供了比较缓和的减少人员方式，以及保留具有高级专业技术和宝贵技能的人

---

① 刘文、焦佩：《国际视野中的延迟退休演进》，载于《中山大学学报》（社会科学版）2016 年第 1 期，第 182－196 页。

才。雇主可以利用阶段性退休来减少调整成本，提高劳动生产率。从政策角度看，从事兼职工作从而实现阶段性退休可以减缓劳动力供给短缺和财政压力。①

四、提高老年人口就业能力

提高老年人口就业能力也就是降低长期失业的标准和保障范围，强化针对老年失业人群的就业分析，将老年失业人群设定为公共就业服务的特别对象，增加老年就业培训方法，协调了健康保险和退休保险的关系，健全为终身工作服务的医疗保健体系等。②

五、改革养老金制度及建成老龄雇佣政策

养老金改革是美国应对人口老龄化的成功方案。与日本和欧洲国家相比，由大量移民支撑的美国，人口老龄化现象并不明显。然而，与相对滞后的老龄化水平相比，美国政府在应对方面却走在了欧洲之前，其应对人口老龄化的成功方案体现在养老金改革和老龄雇佣政策两个方面。美国从 1935 年开始建立养老保险制度，经过多次修订，覆盖范围逐渐扩大，形成了社会养老保险、企业养老保险和个人养老保险构成的相对完善的养老保险体系。美国的养老制度自始就对老龄人口的提前退休没有经济激励，老龄人口更可能在他们自己定义的福利退休金权限最大的年龄点上退休，而不是更早地离开，或者选择工作更长时间。为了鼓励老龄人口继续工作，社会养老保险规定满 62 岁提前领取退休金时，只能领取正常退休（65 岁）养老金的 80%，每延迟一个月，养老金增加0.56%，63 岁时能领取 86%，64 岁能领取 93%，同时配偶获得的收入也

①② 刘文、焦佩：《国际视野中的延迟退休演进》，载于《中山大学学报》（社会科学版）2016 年第 1 期，第 182－196 页。

相应递增。① 美国的老龄雇佣政策围绕消除年龄歧视展开。规定雇佣时禁止对 40～65 岁的劳动者年龄歧视，除警察、消防员、飞行员等对身体条件要求严格的职业以外，任何国家机关和企业不得以年龄为由在雇用、晋升、培训、解雇等方面对员工区别对待。1978 年，修改后的《雇用年龄歧视法案》将禁止年龄歧视的范围扩大为 40～70 岁。1986 年，《雇用年龄歧视法案》再次修改，直接废除了强制退休制度（US，1978）。各州在联邦政府之前选择增加或废除禁止强迫退休年龄。研究表明，废除强制退休年龄提高了老年工作者的就业率。美国提前积极应对人口老龄化的做法取得了很好的效果，既避免了欧洲国家先提前退休后延迟退休带来的社会后遗症，又避免了日、韩同步提高退休年龄和领取退休金最低年龄时受到的双向压力，其老龄就业状况较好，无论是 55～64 岁的就业率，还是 65～69 岁的就业率，美国都高出欧盟和 OECD 的平均水平，甚至在高龄就业的性别平等上也同样优于欧盟和 OECD 的平均水平。另外，55～64 岁的就业质量，美国高龄劳动者的兼职比和临时工比也低于同期欧盟和 OECD 的平均水平。②

就加强养老服务而言，设立老年人长期护理制度是一项政策共识。德国和日本是较早实施该项制度的国家。韩国随后的同类制度，也具有较好的参考价值。

1994 年，德国通过了长期护理保险立法，当时 65 岁及以上人口比例达到 15.8%。日本通过类似立法的时间是 1997 年，其时 65 岁及以上人口比重是 15.7%。在美国只有大约 4.5% 的 65 岁及以上人群接受了公共出资的长期护理，在德国这一比例是 10.5%，日本是 13.5%。2005 年，不包括慢性病医疗支出，以购买力平价汇率核算，三个国家老年人公共长期护理上的人均最小支出分别是，美国 1605 美元，德国 1185 美元，日

————————

① 张梦旭：《美国养老危机背后的制度根源（环球走笔）》，载于《人民日报》2022 年 7 月 7 日。

② 刘文、焦佩：《国际视野中的延迟退休演进》，载于《中山大学学报》（社会科学版）2016 年第 1 期，第 182－196 页。

本 1751 美元。[①]

　　尽管 2005 年韩国老年人（65 岁及以上）的人口占比仅为 9%，但据预测，该比例到 2026 年将达到 20%，2050 年将达到 38%，届时老年人口抚养系数将达到 70%。因此，早在 2000 年，韩国政府就设立了老年人长期护理计划委员会。2008 年 7 月，韩国设立了长期护理社会保险，唯一付款组织是韩国国家医疗保险公司。长期护理保险的保费是按医疗保险保费的固定比例（目前是 4.05%）征收的。整体看其资金来源为：20% 政府补贴，20%（机构护理）或 15%（家庭护理）自付，还有 60%~65% 为保险费，贫困户不用自付。长期护理保险不覆盖餐饮等费用。相比之下，德国由基本基金提供长期护理保险，保险完全由投保人提供资金。日本长期护理保险由政府提供，资金来源包括45% 税收、45% 保险费和 10% 自付。在覆盖面上，德国不论年龄向所有需要长期护理的人提供服务，日本只提供与年龄相关的长期护理服务。[②]

　　总体而言，老龄化问题影响深远，解决难度巨大。以日本为例，20世纪 70 年就提出科技立国，很早就意识到要通过教育和科技进步应对老龄化；研发支出占 GDP 比例持续超过 3%，平均高于美国 0.5 个百分点；至今已有 22 位本土科学家获得了诺贝尔奖（庞大科研队伍的冰山一角），而这只有在其开展基础和应用研究时间足够久、力度足够大、人员足够多时才可能出现……。但即便如此，日本 1990~2010 年平均受教育年限仅提高 2.6 年，全要素生产率从美国的 74.5% 下滑到 70.3%，1990~2018 的 29 年间 GDP 增速平均仅为 1.1%。这表明在老龄化和少子化面前，教育和科技依然单薄。[③]

　　① ［美］约翰·坎贝尔、池上直己、玛丽·吉布森：《德国和日本公共长期护理保险的经验》，章晶晶译，载于《比较》2010 年第 5 期（总第 50 辑），第 88－97 页。
　　② ［韩］权纯晚：《韩国的人口老龄化和长期护理保险》，张思成译，载于《比较》2010年第 5 期（总第 50 辑），第 81－87 页。
　　③ 陈浩、徐瑞慧、唐滔、高宏：《关于我国人口转型的认识和应对之策》，中国人民银行工作论文，No. 2021/2，2021 年 3 月 26 日。

　　另外，相关研究以迭代的生命周期模型并考虑强制性的社会保险制度，考察了人口结构的变化对社会平均福利和代际收入差距的影响。结果表明，年轻一代的人口增长速度下降会导致平均福利的下降和代际收入差距的扩大。同时，劳动生产率的提高虽然可以缓解人口结构变动对福利的不利影响，政府的再分配政策也有助于缩小代际收入差距，但在人口增长率下降，而劳动生产率未能提高时，政府的收入分配政策使用的空间十分有限。[①] 也就是说，少生子基础上的老龄化社会中，政府以财政转移保障和提升老龄人口生活福利水平的空间也是十分有限的。

---

　　① 封进：《人口结构变动的福利效应———一个包含社会保险的模型及解释》，载于《经济科学》2004 年第 1 期，第 35－44、64 页。

第七章

马克思恩格斯人口经济思想

马克思主义者一直对人口经济关系进行着全方位的研究和探讨。受篇幅限制，本章只能简要地归纳性简述马克思恩格斯的几个十分重要的、代表性的人口经济理论。读者可在此基础上，阅读马克思恩格斯著述，更加全面、系统地了解和学习马克思主义人口经济思想。

第一节 "两种生产"理论

马克思和恩格斯是在自然科学唯物论的基础上，提出了物的生产与人的生产这"两种生产"理论，建立起科学的马克思主义人口理论。恩格斯在《家庭、私有制和国家的起源》（1884 年）的第一版序言中，比较精确地概括了"两种生产"："根据唯物主义观点，历史中的决定性因素，归根结底是直接生活的生产和再生产。但是，生产本身又有两种。一方面是生活资料即食物、衣服、住房以及为此所必需的工具的生产；另一方面是人类自身的生产，即种的繁衍。"[①]

---

① 中共中央马克思恩格斯列宁斯大林著作编译局：《马克思恩格斯全集》（第 21 卷），人民出版社 1965 年版，第 29－30 页。

马克思和恩格斯把人们开始生产另外一些人即增殖，称为"历史发展过程的第三种关系"，这就是夫妻之间的关系，父母和子女之间的关系，也就是家庭。马克思指出：家庭不过是生产的"特殊的方式，并且受生产的普遍规律的支配"①。可以看出，这个观点后来被贝克尔的新家庭经济学理论吸收应用。

人类自身生产必须与物质资料生产相适应是马克思主义人口经济思想的核心，马克思和恩格斯在《德意志意识形态》《政治经济学批判导论》《资本论》《家庭、私有制和国家的起源》等著述中都有两种生产理论思想的论述。社会生产不仅包括物质资料生产，还应当包括人类自身生产。人口生产表现出双重关系：自然关系和社会关系。二者构成了社会生产内部的矛盾对立体，社会生产正是在互相依存、互相联系、互相制约、互相渗透中发展。这两者的之间的紧密联系，要求两种生产在客观上要有一定的比例，这种比例也是国民经济最基本的比例。② 两种生产的比例，是物质资料生产内部各种比例关系赖以建立的基础和前提。人口的数量、构成、消费水平。对积累和消费的比例，从而对扩大物质资料再生产的规模和方向也具有重要的影响。③ 两种生产如果比例失调，表现为"生产力压迫人口"④。在资本主义社会的体现就是相对过剩人口问题。两种生产的比例是第一层次的比例，它制约着国民经济其他重大比例关系变动的实质、方向和程度。⑤ 在物质资料生产中，又有第一部类生产（生产资料生产）和第二部类生产（消费资料生产）的比例关系，这是第二层次比例。2020 年新型冠状病毒感染防控影响下，"陶瓷 GDP"概念的出现，就是对第一部类生产和第二部类生产比例及以下层次生产比例失调的刻画。所谓"陶瓷 GDP"，是因为这些国内生产总值表面上看

---

① 中共中央马克思恩格斯列宁斯大林著作编译局：《马克思恩格斯全集》（第 42 卷），人民出版社 2017 年版，第 121 页。

② 张文贤：《人口经济学》，上海人民出版社 1987 年版，第 96 页。

③ 张文贤：《人口经济学》，上海人民出版社 1987 年版，第 101 页。

④ 张文贤：《人口经济学》，上海人民出版社 1987 年版，第 97 页。

⑤ 张文贤：《人口经济学》，上海人民出版社 1987 年版，第 98 页。

起来能够在极短时间之内将一个国家 GDP 拉高，但实际上在面对一些突发事件的时候，并没有什么用处。陶瓷 GDP 的代表作就是服务业，除此之外还有游戏产业等。①

"两种生产"观点是马克思主义人口经济理论的基石，两种生产的关系实际上是经济发展和人口变动的关系。② 两种生产的对立统一是人类社会存在和发展的前提。人口思想也是毛泽东思想的重要组成部分。毛泽东在总结中国社会主义建设时期人口发展和经济发展正反两方面经验的基础上所提出的"人类要控制自己，做到有计划增长"的论断，以及"两种生产"都要有计划地协调发展的主张，是对马克思主义"两种生产"原理和经济与人口相互关系学说的继承与发展。③

马克思主义的两种生产理论也是中国开展计划生育工作的重要理论基础，学术界在这一点上的意见是一致的。总之，两种生产理论给予中国的社会经济发展以重要的启示，它是制定中国经济政策和人口政策的指导思想；它要求我们在积极发展经济的同时，还要注重有计划地调节生育，这便是人们俗称的"两种生产一起抓"。系统地总结和论述马克思主义的两种生产理论是中国人口学界对人口科学体系的最重要贡献，它奠定了具有中国特色人口理论的理论基础和指导思想。同时，对两种生产理论的辩论也坚定了中国政府严格控制人口增长的信心和决心，在理论上澄清了一些人对人口控制的模糊认识。更为重要的是，科学和客观地应用两种生产理论来解释中国人口与经济的内在关系问题，这是中国人口学界一个重要的理论突破，它的实际意义已远远超出了对人口学本身的特殊贡献，它的提出对中国经济发展目标的制定以及其他重要决策发挥了不可低估的作用。④

---

① 《美国为何能雄踞全球第一？盖茨一句话道出秘密，全场叹服起立鼓掌》，载于《瞭望新视界》2020 年 4 月 13 日。

② 吴忠观：《人口经济学概说》，四川人民出版社 1985 年版，第 29 - 30 页。

③ 吴忠观：《人口经济学概说》，四川人民出版社 1985 年版，第 26 - 27 页。

④ 陆杰华：《改革开放以来中国人口与经济关系问题研究的回顾与展望》，载于《人口与经济》1999 年第 6 期，第 3 - 10 页。

第二节 "相对过剩人口"理论

马克思对人口经济理论的最大贡献，是在无产阶级政治经济学的伟大著作《资本论》中，这部著作分析和研究了资本主义的人口与经济的相互关系，论述了资本主义相对过剩人口规律，揭示了资本主义扩大再生产过程中资本积累必然导致工人阶级的失业。[①]

马克思在写作《剩余价值学说史》（1861～1863）前后，分析批判了马尔萨斯以《经济学原理》为中心的全部经济学说，其中首次阐述了他自己的人口思想片段，初步形成了关于"机器排斥工人"的"相对过剩人口"的理论。[②] 马克思主义的"人口过剩"观点是同生产力与生产关系原理联系在一起，提出人口过剩归根结底是人口与生活资料再生产条件相比的过剩。马克思认为："马尔萨斯愚蠢地把一定数量的人同一定数量的生活资料硬联系在一起"。其实，过剩人口"同并不存在的生存资料绝对量根本没有关系，而是同再生产的条件，同这些生存资料的生产条件有关"。[③] 马克思明确指出："人口是按照极不相同的比例增加的，过剩人口同样是一种由历史决定的关系"，所以不能把"经济发展的不同历史阶段上的过剩人口看成是一样的"，而应该"了解它特有的差别"。[④]

马克思认为，在资本主义以前的社会，生产力十分低下，过剩人口是生产力不足造成的，这些过剩人口又妨碍生产力的发展，所以是"人口压迫生产力"。而在资本主义社会，"人口的过剩完全不是由于生产力的不足而造成的；相反，正是生产力的增长要求减少人口，借助于饥饿

---

① 吴忠观：《人口经济学概说》，四川人民出版社 1985 年版，第 25 页。

② 张文贤：《人口经济学》，上海人民出版社 1987 年版，第 5 页。

③ 《马克思恩格斯全集》（第 46 卷下）（资本论：第三卷），人民出版社 2003 年第 2 版，第 108 页。

④ 《马克思恩格斯全集》（第 46 卷下）（资本论：第三卷），人民出版社 2003 年第 2 版，第 106 页。

或移民来消除过剩的人口。现在，不是人口压迫生产力，而是生产力压迫人口"[1]。马克思指出："过剩的工人人口是积累或资本主义基础上的财富发展的必然产物，但是这种过剩人口反过来又成为资本主义积累的杠杆，甚至成为资本主义生产方式存在的一个条件。"[2] 马克思认为，资本主义生产过程的生产和招收工人是由资本家而不是工人决定的。显然，就业人数的多少是由生产者根据市场需求决定的，而不取决于每个人能提供多少劳动。因此，马克思视失业为资本主义必然现象，并首先提出工业化经济发展中经常存在非自愿失业。[3]

此后，他在《资本论》第一卷中进一步把相对过剩人口归纳为三种形式，即流动的过剩人口、潜在的过剩人口和停滞的过剩人口[4]。流动的过剩人口存在于大工业中心；潜在的过剩人口是资本主义向农村发展引发的破产农民；停滞的过剩人口是现役劳动大军中没有固定职业，只是做些临时工作，生活状况比较低于工人阶级平均水平的那一部分[5]。马克思在《资本论》中指出，资本主义人口规律的实质是：工人人口的相对过剩[6]。马克思说："工人人口本身在生产出资本积累的同时，也以日益扩大的规模生产出使他们自身成为相对过剩人口的手段。这就是资本主义生产方式所特有的人口规律。"[7]

过剩人口其实只是不被资本所需要的人口，是超过资本增殖需要的相对过剩人口。这些相对过剩人口形成一支失业大军，他们没有其他出路，只有等待着资本家扩大营业时雇佣他们。所以，他们也是一支可供

---

[1] 《马克思恩格斯全集》（第8卷），人民出版社1961年版，第619页。

[2] 中共中央马克思恩格斯列宁斯大林著作编译局：《马克思恩格斯全集》（第23卷）（《资本论》第一卷），人民出版社1972年版，第692页。

[3] R. M. 古德温：《增长与周期（Growth and Cycles）》，阎长乐译，载于约翰·伊特韦尔、默里·米尔盖特、彼得·纽曼：《新帕尔格雷夫经济学大辞典·第二卷：E-J》，经济科学出版社1996年版，第618-620页.

[4] 张文贤：《人口经济学》，上海人民出版社1987年版，第5页。

[5] 南方十六所大学《政治经济学教材》编写组：《政治经济学（资本主义部分）》，四川人民出版社1980年版，第178-179页。

[6] 张文贤：《人口经济学》，上海人民出版社1987年版，第16页。

[7] 中共中央马克思恩格斯列宁斯大林著作编译局：《马克思恩格斯全集》（第23卷）（《资本论》第一卷），人民出版社1972年版，第692页。

资本支配的产业后备军，好像是资本家出钱养大的一样，绝对地隶属于资本。[①] 马克思指出："相对过剩人口的产生，是和表现为利润率下降的劳动生产力的发展分不开的，并且由于这种发展而加速。一个国家的资本主义生产方式越发展，这个国家的相对人口就会表现得越明显。"[②] 马克思把资本主义经济的发展分为三个状态，即社会财富衰落状态、社会财富增进状态和社会财富停滞状态（社会财富达到可能的顶点）。他写道："在社会的衰落状态中，工人的贫困日益加剧；在财富增进的状态中，工人的贫困具有错综复杂的形式；在达到繁荣顶点的状态中，工人的贫困持续不变。"[③]

马克思关于"劳动后备军"，或者是"相对剩余人口的规律"[④]，就是指明使工资率保持在最低限度的生活水平，不需要全部的劳动供给进行生产，存在一定数量的失业，是资本家的目标。这个论点也被一百多年后的刘易斯在二元结构论中以劳动力无限供给的情形进行了描述。

第三节 生产力与生产关系

马克思和恩格斯在《德意志意识形态》中首先提出了"需要"这个概念，并在初步界定了它的性质的基础上，勾勒出了生产力与生产关系互动的基本的世界观框架。在书中马克思这样写道："……我们首先应当确定一切人类生存的第一个前提也就是一切历史的第一个前提，这个前提就是：人们为了能够'创造历史'，必须能够生活。但是为了生活，首

---

① 南方十六所大学《政治经济学教材》编写组：《政治经济学（资本主义部分）》，四川人民出版社 1980 年版，第 175 页。

② 中共中央马克思恩格斯列宁斯大林著作编译局：《马克思恩格斯全集》（第 25 卷上）（《资本论》第三卷），人民出版社 1974 年版，第 263 页。

③ 中共中央马克思恩格斯列宁斯大林著作编译局：《马克思恩格斯全集》（第 42 卷），人民出版社 2017 年版，第 53 页。

④ 中共中央马克思恩格斯列宁斯大林著作编译局：《马克思恩格斯全集》（第 23 卷）（《资本论》第一卷），人民出版社 1972 年版，第 689－702 页。

先就需要衣、食、住以及其他东西。""……已经得到满足的第一个需要本身，满足需要的活动和已经获得的为满足需要'的工具又引起新的需要'。"① 也就是说，人的需要的相对满足是人与社会存在的先决条件；人的需要是一个开放的有机体系，其横向可以无限开拓，纵向可以无限创生。这个开放的体系是由三个相互依赖的层次构成的：基本的生理需要即第一需要，在第一需要基础上衍生出来的社会需要和其本身反映了前两种需要，同时又以前两者需要为基础的文化（精神）需要。人类社会结构的分化系是由这种需要的分化导致的。为满足第一需要即简单的生理需要，人类必须进行劳动生产，从而人类社会便拥有了生产力系统（主要是技术系统）。人类的生产不同于动物的本能活动，它本身需要组织起来进行，这便是人类的社会需要，从而人类拥有了交往系统，有了生产关系、社会关系、交往形式等。交往系统的良性运行需要一定的沟通和规则，这便是文化需要，而人类社会的文化系统便由此而产生，人类又有了价值观、哲学、宗教等。生理需要—社会需要—文化需要这三个层次创生了生产力—生产关系（经济基础）—上层建筑这三个亚体系。原始社会里简单的生理需要，简单的生产力导致了人类社会需要和文化需要的缺乏与社会、文化系统的不分化。现代社会生理需要与生产力系统的发达导致了社会需要、文化需要的发达与社会、文化结构的高度分化。这三个层次、三个系统间的相互作用过程便是马克思所说的生产力与生产关系、上层建筑与经济基础两对社会基本矛盾的矛盾运动过程。②

马克思创立的历史唯物主义理论认为，没有社会组织，人类就无法生存。社会组织以社会劳动和社会交流为基础。社会劳动总是产生在由历史形成的某一特定的社会生产关系结构之中，这些社会关系最终决定所有其他的社会关系，包括社会交流中的社会关系。生产关系是社会关系的总和，社会关系是人类在物质生活的生产中相互建立的。以某些主

---

① 中共中央马克思恩格斯列宁斯大林著作编译局：《马克思恩格斯全集》（第3卷），北京：人民出版社1960年版，第31－32页。

② 范艾：《回到马克思——〈读德意志意识形态〉手记》，载于《读书》1990年第3期，第39－44页。

导生产关系为中心的生产方式都具体表现在特定的阶级关系中，这些阶级关系最终支配人与人之间的关系。这是一场分配社会产品的斗争关系，一方是直接生产者（即被剥削的生产阶级），另一方则是社会剩余产品占为己有的人，也就是统治阶级。统治阶级占有了社会剩余产品，就有资源维持符合他们利益的特定的社会结构以及特定的生产方式。统治阶级的意识形态也就成为占统治地位的社会意识形态。历史唯物主义断定，已经稳定并能再生的生产关系是一些无法再逐步加以局部改变的结构，他们是生产方式。只有通过一场全面的社会动乱（一场革命或反革命），他们才能发生质变。也就是说，阶级斗争有其直接的经济和物质目的。人类历史是阶级斗争的历史。体现阶级斗争的社会变革以及社会革命和反革命的发生，都被限定在一定的物质条件之内，也就是生产力发展水平限制着制度变革的可能性。这就是生产力决定生产关系。改善生产关系的阶级斗争（社会变革）能使生产力进一步得到发展，并在人类活动的许多领域中大力促进社会的进步。因此，历史唯物主义提供了衡量人类进步的尺度。人类进步就是指能够通过平均劳动生产率的增长来加以测算的生产力增长以及人类的总数、寿命和技能。人类进步的最终目标是人类自由。衡量人类财富真正的尺度不是"生产劳动"，"生产劳动"只不过创造了自由的物质先决条件。真正的衡量尺度是空闲时间，即指除了为谋生而从事物质的生产和再生产之外的时间。一旦生产力得到充分的发展，人类每个个体一生中只要花小部分时间进行"生产劳动"就足以满足基本的需求。这时，社会阶级分化的必要性就随之消失，社会上部分人垄断管理以及阻止别人获得信息、知识和脑力劳动的现象也就失去了存在的客观基础。每个人都能支配自己的这种空闲时间，全面地自由地发挥自己的才能，实现自己的愿望，并发挥自己的能力和潜力①。后来的马斯洛个人需求心理层次也将自我实现列为终极层次的需求，这

---

① 欧内斯特·曼德尔（Ernest Mandel）：《马克思，卡尔·海因里希（Marx, Karl Heinrich）》，吴延迪译，载于约翰·伊特韦尔、默里·米尔盖特、彼得·纽曼：《新帕尔格雷夫经济学大辞典·第三卷：K－P》，经济科学出版社1996年版，第395－412页。

种需求内涵层次界定应该是借鉴了马克思的观点。马克思关于人类进步和人类财富的衡量应该是绝对意义上的。和马尔萨斯得出人口零增长均衡的自然绝对性衡量相比,具有积极的、符合历史规律的意义。马克思关于人类财富的衡量尺度也区分于古典经济学以物质主义思想衡量财富的论点,突出人类发展只会受制于自身的能动性。

马克思恩格斯的人口经济学思想具有鲜明的阶级批判性,通过"劳动阶级""无产阶级"等人口群体刻画"阶级"的丰富内涵,深刻地揭示了资本主义社会的人口经济规律,在古典经济学和新古典经济学着眼于经济增长推动社会发展以外,提出了阶级斗争是人类历史动力的思想观点。

在马克思恩格斯人口经济学思想基础上,毛泽东坚持与中国实际相结合的原则,针对新中国成立以后,阶级已经消灭,中国人民大众需要摆脱历史形成的积弱积贫的发展任务,通过一些有关人口问题的论述,以及主导推动的全民教育普及与全民医疗的"赤脚医生"制度和"爱国卫生"运动等政策,形成了毛泽东思想中反映无产阶级执政党"以人为本"的基本原则以及"为人民服务"的革命宗旨的人口观和人口经济学思想。

参考文献

［1］［俄］C. 涅菲奥多夫：《历史的经济规律》，张广翔、回云崎译，载于《北方论丛》2014 年第 6 期，第 50－56 页。

［2］［法］阿尔弗雷德·索维：《人口通论·上册》，查瑞传等译，商务印书馆 1983 年版。

［3］［法］魁奈：《魁奈经济著作选集》，吴斐丹、张草纫选译，商务印书馆 1979 年版。

［4］［韩］权纯晚：《韩国的人口老龄化和长期护理保险》，张思成译，载于《比较》2010 年第 5 期（总第 50 辑），第 81－87 页。

［5］［加］达雷尔·布里克、约翰·伊比特森：《空荡荡的地球：全球人口下降的冲击》，闾佳译，机械工业出版社 2019 年版。

［6］［美］J. B. 克拉克：《财富的分配》（1938 年版），陈福生、陈振骅译，商务印书馆 1983 年第 2 版。

［7］［美］J. O. 赫茨勒：《世界人口的危机》（1956 年版），何新译，商务印书馆 1963 年版。

［8］［美］W. W. 罗斯托：《经济增长理论史：从大卫·休谟至今》，陈春良等译，浙江大学出版社 2016 年版。

［9］［美］保罗·R. 埃利希、安尼·H. 埃利希（1990）：《为什么不是每个人都和我们一样震惊》，引自赫尔曼·E. 戴利、肯尼思·N. 汤森：《珍惜地球——经济学、生态学、伦理学》，马杰等译，商务印书馆 2001 年版，第 65－80 页。

［10］［美］保罗·艾里奇、安妮·艾里奇：《人口爆炸》（1991 年

版），张建中、钱力译，新华出版社 2000 年版。

[11]［美］查尔斯·琼斯、保罗·罗默：《新卡尔多事实：创意、制度、人口和人力资本》，马少强译，载于《比较》2009 年第 6 期（第45 辑），第 47 - 64 页。

[12]［美］蒂莫西·吉内恩：《生育率的历史性转变：给经济学家的指导》，王旭译，载于《比较》2012 年第 4 期（第 61 辑），第 129 -152 页。

[13]［美］加里·S. 贝克尔：《人力资本》，梁小民译，北京大学出版社 1987 年版。

[14]［美］加里·汉森、爱德华·普雷斯科特：《从马尔萨斯到索洛》，载于《比较》2012 年第 2 期，第 26 - 43 页。

[15]［美］库兹涅茨：《现代经济增长》，戴睿、易诚译，北京经济学院出版社 1989 年版。

[16]［美］罗伯特·J. 巴罗、哈维尔·萨拉伊马丁：《经济增长》，何晖、刘明兴译，中国社会科学出版社 2000 年版。

[17]［美］罗伯特·M. 索洛等：《经济增长因素分析》，史清琪等选译，商务印书馆 1991 年版。

[18]［美］威廉·福格特：《生存之路》，张子美译，商务印书馆1981 年版。

[19]［美］西奥多·W. 舒尔茨：《论人力资本投资》（1971 年版），吴珠华等译，北京经济学院出版社 1990 年版。

[20]［美］夏威尔·萨拉 - 伊 - 马丁：《15 年来的新经济增长理论：我们学到了什么?》，黄少卿译，载于《比较》2005 年第 19 辑，第 127 -142 页。

[21]［美］约翰·坎贝尔、池上直己、玛丽·吉布森：《德国和日本公共长期护理保险的经验》，章晶晶译，载于《比较》2010 年第 5 期（总第 50 辑），第 88 - 97 页。

[22]［美］朱利安·L. 西蒙：《人口增长经济学》（1977 年版），彭

松建等译，北京大学出版社 1984 年版。

　　[23][美] R. R. 纳尔逊：《发展中国家经济中的一种低级均衡陷阱理论》，载于《美国经济评论》1956 年第 46 期，第 894 - 908 页。

　　[24][美] 赫茨勒：《世界人口的危机》（1956 年英文版），何新译，商务印书馆 1963 年版。

　　[25][美] 库兹涅茨：《现代经济增长》，戴睿、易诚译，北京经济学院出版社 1989 年版，第 15 - 16 页。

　　[26][日] 大渊宽：《人口经济学的现状》，曹南译，载于《人口与经济》1980 年第 1 期，第 63 - 67 页。

　　[27][日] 青木昌彦：《经济发展的五个阶段及中日制度演化》，王旭译，载于《比较》2011 年第 5 期（第 56 辑），第 1 - 24 页。

　　[28][日] 青木昌彦：《从比较经济学视角探究中国经济 "新常态"》，载于《21 世纪经济报道》2015 年 4 月 15 日。

　　[29][瑞士] 西斯蒙第：《政治经济学新原理：或论财富同人口的关系》（1951 - 1953 年版），何钦译，商务印书馆 2011 年版。

　　[30][意] 罗马俱乐部：《增长的极限》，李宝恒译，四川人民出版社 1984 年第二版。

　　[31][意] 马西姆·利维巴茨：《繁衍：世界人口简史》，郭峰、庄瑾译，北京大学出版社 2005 年版。

　　[32][英] 阿弗里德·马歇尔：《经济学原理》（1938 年第 8 版），廉运杰译，华夏出版社 2005 年版。

　　[33][英] 阿马蒂亚·森：《以自由看待发展》，任赜、于真译，中国人民大学出版社 2002 年版。

　　[34][英] 阿瑟·刘易斯：《经济增长理论》（1955 年版），周师铭、沈丙杰、沈伯根译，商务印书馆 2011 年版。

　　[35][英] 大卫·李嘉图：《政治经济学及赋税原理》，郭大力、王亚南译，北京联合出版公司 2013 年版。

　　[36][英] 罗伊·哈罗德：《动态经济学》（1973 年版），黄范章

译，商务印书馆 2013 年版。

［37］［英］马尔萨斯：《人口原理》（1798 年版），朱泱、胡企林、朱和中译，商务印书馆 1992 年版。

［38］［英］配第：《配第经济著作选集》（1899 年版），陈冬野、马清槐、周锦如译，商务印书馆 1981 年版。

［39］［英］托马斯·孟：《英国得自对外贸易的财富》，袁南宁译，商务印书馆 1959 年版。

［40］［英］威廉·阿瑟·刘易斯：《二元经济论》，施炜、谢兵、苏玉宏译，北京经济学院出版社 1989 年版。

［41］［英］亚·莫·卡尔－桑德斯：《人口问题——人类进化研究》（1922 年版），宁嘉风译，商务印书馆 2011 年版。

［42］［英］亚当·斯密：《国民财富的性质和原因的研究·上卷》（1880 年版），郭大力、王亚南译，商务印书馆 1972 年版。

［43］［英］亚当·斯密：《国民财富的性质和原因的研究·下卷》（1880 年版），郭大力、王亚南译，商务印书馆出版 1974 年版。

［44］［英］约翰·伊特韦尔、默里·米尔盖特、彼得·纽曼：《新帕尔格雷夫经济学大辞典·第二卷：E－J》，经济科学出版社 1996 年版。

［45］［英］约翰·伊特韦尔、默里·米尔盖特、彼得·纽曼：《新帕尔格雷夫经济学大辞典·第三卷：K－P》，经济科学出版社 1996 年版。

［46］［英］约翰·伊特韦尔、默里·米尔盖特、彼得·纽曼：《新帕尔格雷夫经济学大辞典·第四卷：Q－Z》，经济科学出版社 1996 年版。

［47］［英］约翰·伊特韦尔、默里·米尔盖特、彼得·纽曼：《新帕尔格雷夫经济学大辞典·第一卷：A－D》，经济科学出版社 1996 年版。

［48］［英］K. R. 波珀：《科学发现的逻辑》，查汝强、邱仁宗译，沈阳出版社 1999 年版。

［49］［英］阿弗里德·马歇尔：《经济学原理》（1938 年第 8 版），廉运杰译，华夏出版社 2005 年版。

［50］［英］阿马蒂亚·森：《以自由看待发展》，任赜、于真译，北

京：中国人民大学出版社 2002 年版。

[51]［英］马尔萨斯：《人口原理》（1798 年版），朱泱、胡企林、朱和中译，商务印书馆 1992 年版。

[52]《马克思恩格斯全集》（第 1 卷），人民出版社 1956 年版。

[53]《社论：还有什么法子能提高生育率?》，载于《联合早报》2022 年 10 月 14 日。

[54] 本刊编辑部：《百年回眸：马尔萨斯人口论的再评价》，载于《人口研究》1998 年第 1 期。

[55] 蔡昉：《二元经济作为一个发展阶段的形成过程》，载于《经济研究》2015 年第 7 期。

[56] 蔡昉：《年轻人越来越少，中国怎么办?》，载于中国金融四十人论坛，2018 年 5 月 25 日。

[57] 蔡昉：《人口转变、人口红利与刘易斯转折点》，载于《经济研究》2010 年第 4 期。

[58] 蔡昉：《中国如何通过经济改革兑现人口红利》，载于《经济学动态》2018 年第 6 期。

[59] 陈浩、徐瑞慧、唐滔、高宏：《关于我国人口转型的认识和应对之策》，中国人民银行工作论文，No. 2021/2，2021 年 3 月 26 日。

[60] 陈华罗：《人口出生率创 43 年新低，是什么影响了年轻人的生育意愿?》，载于《新京报》，2021 年 12 月 31 日。

[61] 陈宣：《人口大爆炸》，载于《小学时代》2003 年第 6 期。

[62] 丁守海：《中国城镇发展中的就业问题》，载于《中国社会科学》2014 年第 1 期。

[63] 杜亚军：《索维的适度人口及其人口生态理论体系》，载于《人口学刊》1988 年第 4 期。

[64] 范艾：《回到马克思——读〈德意志意识形态〉手记》，载于《读书》1990 年第 3 期。

[65] 方福前、祝灵敏：《人口结构、人力资本结构与经济增长》，载

于《经济理论与经济管理》2013 年第 8 期。

[66] 封进：《人口结构变动的福利效应——一个包含社会保险的模型及解释》，载于《经济科学》2004 年第 1 期。

[67] 葛剑雄主编，侯杨方：《中国人口史（第六卷，1910—1953年)》，复旦大学出版社 2005 年版。

[68] 国家统计局：《新型城镇化建设扎实推进 城市发展质量稳步提升——党的十八大以来经济社会发展成就系列报告之十二》，2022 年 9 月 29 日。

[69] 国务院新闻办公室：《国新办举行第七次全国人口普查主要数据结果发布会图文实录》，2021 年 5 月 11 日。

[70] 侯佳伟、黄四林、辛自强等：《中国人口生育意愿变迁：1980 - 2011》，载于《中国社会科学》2014 年第 4 期。

[71] 胡鞍钢：《人口与发展：中国人口经济问题的系统研究》，浙江人民出版社 1989 年版。

[72] 胡乃武、金碚主编：《国外经济增长理论比较研究》，中国人民大学出版社 1990 年版。

[73] 黄乾：《试论西方学者关于人口与经济关系认识的演变》，载于《广东社会科学》1999 年第 2 期。

[74] 黄毅、佟晓光：《中国人口老龄化现状分析》，载于《中国老年学杂志》2012 年 11 月第 32 卷。

[75] 黄勇：《魁奈人口经济学说述评》，载于《经济评论》1997 年第 2 期。

[76] 简新华、黄锟：《中国城镇化水平和速度的实证分析与前景预测》，载于《经济研究》2010 年第 3 期。

[77] 孔令锋：《人口与经济：从历史到现实的认识》，载于《人口与经济》2001 年第 3 期。

[78] 李桂杰：《延长产假增设育儿假能否缓解生育焦虑》，载于《中国青年报》2021 年 12 月 7 日第 3 版。

［79］李建民：《论社会生育成本及其补偿》，载于《广东社会科学》2000 年第 1 期。

［80］李建民：《生育理性和生育决策与我国低生育水平稳定机制的转变》，载于《人口研究》2004 年第 6 期。

［81］李建民：《中国的生育革命》，载于《人口研究》2009 年第 1 期。

［82］李通屏、朱雅丽、邵红梅：《人口经济学（第二版）》，清华大学出版社 2014 年版。

［83］李小宁：《经济收敛的逻辑》，北京航空航天大学出版社 2006 年版。

［84］李仲生：《古典经济学派的人口经济理论》，载于《首都经济贸易大学学报》2005 年第 2 期。

［85］李仲生：《人口经济学》（第 3 版），清华大学出版社 2013 年版。

［86］李竞能：《人口经济理论研究》，南开大学出版社 2000 年版。

［87］李通屏等：《人口经济学》（第 2 版），清华大学出版社 2014 年版。

［88］联合国专家组：《"生态系统与人类福祉：评估框架"》（千年生态系统评估报告集（三）），张永民译，中国环境科学出版社 2007 年版。

［89］林小昭；《去年各省份人口变化：山东最敢生二孩》，载于宏观经济第一财经网，2017 年 6 月 12 日。

［90］刘栋：《从美国人口增长放缓看全球：出生率下降是好还是坏?》，载于澎湃新闻，2021 年 5 月 11 日。

［91］刘文、焦佩：《国际视野中的延迟退休演进》，载于《中山大学学报》（社会科学版）2016 年第 1 期。

［92］刘家强：《人口经济学新论》，西南财经大学出版社 2004 年版。

［93］陆杰华、郭冉：《从新国情到新国策：积极应对人口老龄化的

战略思考》，载于《国家行政学院学报》2016 年第 5 期。

[94] 陆杰华：《改革开放以来中国人口与经济关系问题研究的回顾与展望》，载于《人口与经济》1999 年第 6 期。

[95] 马小红、孙超：《中国人口生育政策 60 年》，载于《北京社会科学》2011 年第 2 期。

[96] 马寅初：《人口论——马寅初在第一届全国人民代表大会第四次会议上的书面发言》，载于《人民日报》1957 年 7 月 5 日。

[97] 马寅初：《新人口论》，北京出版社 1979 年版。

[98] 门可佩、曾卫：《中国未来 50 年人口发展预测研究》，载于《数量经济技术经济研究》2004 年第 3 期。

[99] 孟羽：《中国可借鉴新加坡人口政策》，载于《联合早报》2016 年 9 月 5 日。

[100] 穆光宗：《"适度人口思想"的反思和评论》，载于《开放时代》2000 年第 3 期。

[101] 南方十六所大学《政治经济学教材》编写组：《政治经济学（资本主义部分）》，四川人民出版社 1980 年版。

[102] 彭松建：《现代西方人口经济学教程》，北京大学出版社 2014 年版。

[103] 彭希哲、胡湛：《当代中国家庭变迁与家庭政策重构》，载于《中国社会科学》2015 年第 12 期。

[104] 戚伟、刘盛和、刘振：《基于"七普"的"胡焕庸线"两侧人口集疏新态势及影响因素》，载于《地理学报》2022 年第 12 期。

[105] 钱恺：《试论坎南的适度人口理论及其对我国的借鉴意义》，载于《劳动保障世界》2012 年第 4 期。

[106] 青木昌彦：《经济发展的五个阶段及中日制度演化》，王旭译，载于《比较》2011 年第 5 期（第 56 辑）。

[107] 任远：《历史的经验：中国人口发展报告（1949 – 2018）》，经济管理出版社 2019 年版。

［108］沈益民、童乘珠：《15 亿人口的挑战》，中国大地出版社 2002 年版。

［109］石智雷：《超低生育率与未来生育政策导向》，武汉大学出版社 2016 年版。

［110］世界环境与发展委员会：《我们共同的未来》，国家环保局外事办公室译，世界知识出版社 1989 年版。

［111］宋健、于景元、孔德涌：《人口控制论》，载于《软科学研究》1989 年第 1 期。

［112］宋健、于景元：《人口控制论》，科学出版社 1985 年版。

［113］谭琳、李建民：《现代人口学辞典》，天津大学出版社 1994 年版。

［114］唐志军、王玉霞：《证伪主义及经济学的使命》，载于《哈尔滨工业大学学报》（社会科学版）2009 年第 1 期。

［115］田雪原编：《马寅初人口文集》，浙江人民出版社 1997 年版。

［116］王金营：《中国计划生育政策的人口效果评估》，载于《中国人口科学》2006 年第 5 期。

［117］王思北、胡浩：《关于"生孩子"的那些政策——中国人口政策演变"编年史"》，载于中国政府网（www. gov. cn），2015 年 2 月 9 日。

［118］王学义：《关于西方人口与经济发展的经典理论及其启示》，载于《四川行政学院学报》2003 年第 1 期。

［119］温勇、尹勤：《人口统计学》，东南大学出版社 2006 年版。

［120］文明：《我们离后病毒时代还有多远?》，载于《中国经营报》2003 年 4 月 28 日 G4 版。

［121］邬沧萍：《对人口学学科体系的重新认识》，载于《人口学刊》2002 年第 5 期。

［122］吴科英：《家庭内部决策理论的发展和应用：文献综述》，载于《世界经济文汇》2002 年第 2 期。

［123］吴思：《人口大增长》，载于《走向世界》（周刊）2011 年第 33 期。

［124］吴忠观：《人口经济学概说》，四川人民出版社 1985 年版。

［125］席春慧、袁昊绪、马昊楠：《北京市老年病医院扫描》，载于《首都医药》2014 年第 11 期。

［126］谢飞：《人口大爆炸——地球能住多少人?》，载于《科学大众》（小学版）2014 年第 10 期。

［127］谢宇、胡婧炜、张春泥：《中国家庭追踪调查：理念与实践》，载于《社会》2014 年第 2 期。

［128］杨学通：《管子人口思想》，载于《人口研究》1978 年第 1 期。

［129］杨燕绥：《中国如何应对中度、重度老龄化?》，载于《中国新闻周刊》总第 1063 期，2022 年 10 月 3 日。

［130］杨云彦：《中国人口迁移与城市化问题研究》，载于《人口研究》2001 年第 4 期。

［131］尹豪、徐剑：《"大连市生育成本调查"结果分析》，载于《人口学刊》2008 年第 1 期。

［132］于学军、黄琳：《当代美国人口经济界关于人口与经济关系的论争》，载于《人口与经济》1993 年第 3 期。

［133］于学军、解振明：《中国人口发展评论：回顾与展望》，人民出版社 2000 年版。

［134］于学军：《中国人口转变与"战略机遇期"》，载于《中国人口科学》2003 年第 1 期。

［135］约翰·梅纳德·凯恩斯：《就业利息和货币通论（英文珍藏版)》，陕西人民出版社 2005 年版。

［136］占绍香：《从根本上提高我国生育率》，载于《联合早报》2021 年 6 月 7 日。

［137］张爱婷：《西方经济学的主要人口理论评述》，载于《生产力

研究》2006 年第 2 期。

[138] 张纯元主编，李竞能、吴忠观、温应乾：《人口经济学》，北京大学出版社 1983 年版。

[139] 张轲风：《历史情境中的"胡焕庸线"》，载于《读书》2021 年第 1 期。

[140] 张梦旭：《美国养老危机背后的制度根源（环球走笔）》，载于《人民日报》2022 年 7 月 7 日。

[141] 张善余、曾明星：《少数民族人口分布变动与人口迁移形势——2000 年第五次人口普查数据分析》，载于《民族研究》2005 年第 1 期。

[142] 张顺燕：《数学的思想、方法和应用》（修订版），北京大学 2003 年版。

[143] 张文贤：《人口经济学》，上海人民出版社 1987 年版。

[144] 郑晓瑛：《马寅初与中国人口科学》，载于《市场与人口分析》2005 年第 1 期。

[145] 郑真真、李玉柱、廖少宏：《低生育水平下的生育成本收益研究——来自江苏省的调查》，载于《中国人口科学》2009 年第 2 期。

[146] 中共国家卫生健康委党组：《谱写新时代人口工作新篇章》，载于《求是》2022 年第 15 期。

[147] 中共中央党校教务部、国家计划生育委员会宣教司：《人口理论概要》，中共中央党校出版社 2001 年版。

[148] 中共中央马克思恩格斯列宁斯大林著作编译局：《马克思恩格斯全集》（第 21 卷），人民出版社 1965 年版。

[149] 中共中央马克思恩格斯列宁斯大林著作编译局：《马克思恩格斯全集》（第 3 卷），人民出版社 1960 年版。

[150] 中共中央马克思恩格斯列宁斯大林著作编译局：《马克思恩格斯全集》（第 42 卷），人民出版社 2017 年第 2 版。

[151] 中共中央马克思恩格斯列宁斯大林著作编译局：《马克思恩格

斯全集》（第 46 卷下）（资本论：第三卷），人民出版社 2003 年第 2 版。

［152］中共中央马克思恩格斯列宁斯大林著作编译局：《马克思恩格斯全集》（第 8 卷），人民出版社 1961 年版。

［153］中共中央马克思恩格斯列宁斯大林著作编译局：《马克思恩格斯选集》（第 1 卷），人民出版社 2012 年第 3 版。

［154］中共中央马克思恩格斯列宁斯大林著作编译局：《马克思恩格斯全集》（第 23 卷），人民出版社 1972 年版。

［155］中共中央马克思恩格斯列宁斯大林著作编译局：《马克思恩格斯全集》（第 25 卷上）（《资本论》第 3 卷），人民出版社 1974 年版。

［156］中国社会科学院人口与劳动经济研究所：《人口与劳动绿皮书：中国人口与劳动问题报告》，社会科学文献出版社 2015 年版。

［157］周天勇、胡谍、郭姗姗：《再论生育管制与国民经济的因果影响关系》，载于《财经问题研究》2018 年第 1 期。

［158］Auerbach A. & Laurence Kotllikoff, *Dynamic Fiscal Policy*. Cambridge University Press, Cambridge, 1987.

［159］A. J. Coale and E. Hoover, *Population Growth and Economic Development in Low – Income Countries：A Case Study of India's Prospects*. Princeton University Press, 1958.

［160］Becker, G. S. , An economic analysis of fertility In Demographic and Economic Change in Developed Countries. *Universities National Bureau Conference Series No.* 11, Princeton：Princeton University Press. 1960.

［161］Becker, G. S. A theory of the allocation of time. *Economic Journal* 75. September 1965, 493 – 517.

［162］Blanchard Olivier, Debt, Deficits and Finite Horizons. *Journal of Political Economy*, 93, 1985, pp. 223 – 247.

［163］Bloom, David E. & Williamson, Jeffrey G. , Demographic Transitions and Economic Miracles in Emerging Asia. *World Bank Economic Review*, 3, Oxford University Press, 1998, pp. 419 – 455.

［164］ Cai Fang and Dewen Wang, China's Demographic Transition: Implications for Growth, In Garnaut and Song （eds.）, *The China Boom and Its Discontents*. Canberra: Asia Pacific Press, 2005.

［165］ Caldwell, John C. , "Toward a Restatement of Demographic Transition Theory". *Population and Development Review*, 2, 1976, pp. 321 – 366.

［166］ Diamond. P. A. , National Debt in a Neoclassical Growth Model. *American Economic Review*, Volume 55, issue 5, 1965, pp. 1126 – 1150.

［167］ Domar, E. , Capital expansion, rate of growth, and employment. *Econometric*, 14, April 1946, pp. 137 – 147; Domar, E. , Expansion and employment. *American Economic Review*, 37, March 1947, pp. 34 – 55.

［168］ Domar, E. , Capital expansion, rate of growth, and employment. *Econometric* 14, April 1946, pp. 137 – 147.

［169］ Domar, E. , Expansion and employment. *American Economic Review* 37, March 1947, pp. 34 – 55.

［170］ Easterlin, R. A. , Pollak, R. A. and Wachter, M. L. Toward a more general economic model of fertility determination. In *Population and Economic Change in Developing Countries*, ed. R. A. Easterlin, Chicago: University of Chicago Press, 1980.

［171］ Falkenburg, D. R. , Optimal Control in Age – dependent Population, *proceeding of JACC*, 1973, P. 112.

［172］ Hansen, A. , Economic Progress and a Declining Population Growth. *American Economic Review* 29, March 1939, pp. 1 – 15.

［173］ Harrod, R. F. An essay in dynamic theory. *Economic Journal*, 49, March 1939, pp. 14 – 33.

［174］ Hicks, J. R. , *Capital and Growth*. Oxford: Clarendon Press, 1965.

［175］ Keynes, M. , Some Economic Consequences of a Declining Population. *Eugenics Review*. 29, 1937, pp. 13 – 27.

［176］ Kinsley Davis, The world demographic transition. *Annals of the*

American Academy of Political and Social Science 237, January 1945, pp. 1 –
11.

[177] Kwakernaak, H. , *Application of Control Theory to Population Poli-cy*, Springer – Verlage. 1977.

[178] Langhaal, H. L. , General Population Theory in the Age – time, *Journal of the Franklin Institute*, 1973, P. 293.

[179] Leibenstein, H. , An interpretation of the economic theory of fer-tility: promising path or blind alley? *Journal of Economic Literature*, 12 (2), June 1974, pp. 457 –479.

[180] Leibenstein, H. , *Economic Backwardness and Economic Growth.* New York: John Wiley, 1957.

[181] Lewis, Arthur. "Economic Development with Unlimited Supplies of Labor", *Manchester School*, Vol. 22, No. 2, 1954, pp. 139 – 191.

[182] Northam, R. M. , *Urban geography.* New York: John Wiley & Sons, 1979.

[183] Notestein, Frank, Economic problems of population change. in *Proceedings of the Eighth International Conference of Agricultural Economics*, London: Oxford University Press, 1953.

[184] Poterba, M. , Demographic Structure and Assets Returns. *The Review of Economics and Statistics* 83 (4), 2001, pp. 565 –584.

[185] Rosenzwerg, M. R. and Schultz, T. P. The demand for and supply of births: fertility and its life – cycle consequences. *American Economic Review* 75, December 1985, pp. 992 – 1015.

[186] Samuelson, P. , The optimum growth rate of populations, *International Economic Review* 16, October 1975, pp. 531 –538.

[187] Schults, T. W. (ed.), *The Economics of Family.* Chicago: University of Chicago Press, 1974.

[188] Simon, J. , *The Ultimate Resource.* Princeton University Press,

Princeton, New Jersey, 1981.

[189] Simon, K. , Modem Economic Growth: Findings and Reflections. *American Economic Review.* 63, 1973, pp. 247 –258.

[190] Solow, Robert M. , A Contribution to the Theory of Economic Growth, *Quarterly Journal of Economics*, Vol. 70, No. 1, 1956, pp. 65 –94.

[191] Spengler, J. J. , *Facing Zero Population Growth*, Chicago: University of Chicago Press, 1974.

[192] United Nations Department of Economic and Social Affairs, Population Division, *World Population Prospects* 2022: *Summary of Results.* UN DESA/POP/2022/TR/NO. 3. , July 2022. https://www. un. org/development/desa/pd/.

[193] Warren Thompson, *Population Problems.* New York: McGraw – Hill, 1930.

[194] Williamson, Jeffrey G. , Growth, Distribution and Demography: Some Lessons from History. NBER Working Paper, No. 6244, 1997.

图书在版编目（CIP）数据

人口经济学导论／杨润高，李红梅编著. -- 北京：
经济科学出版社，2023.6
ISBN 978 - 7 - 5218 - 4788 - 8

Ⅰ. ①人⋯　Ⅱ. ①杨⋯ ②李⋯　Ⅲ. ①人口经济学
Ⅳ. ①C92 - 05

中国国家版本馆 CIP 数据核字（2023）第 090181 号

责任编辑：初少磊　杨　梅
责任校对：靳玉环
责任印制：范　艳

人口经济学导论

杨润高　李红梅　编著

经济科学出版社出版、发行　新华书店经销

社址：北京市海淀区阜成路甲 28 号　邮编：100142

总编部电话：010 - 88191217　发行部电话：010 - 88191522

网址：www. esp. com. cn

电子邮箱：esp@ esp. com. cn

天猫网店：经济科学出版社旗舰店

网址：http：//jjkxcbs. tmall. com

北京季蜂印刷有限公司印装

710 × 1000　16 开　15 印张　210000 字

2023 年 9 月第 1 版　2023 年 9 月第 1 次印刷

ISBN 978 - 7 - 5218 - 4788 - 8　定价：62.00 元

（图书出现印装问题，本社负责调换。电话：010 - 88191545）

（版权所有　侵权必究　打击盗版　举报热线：010 - 88191661

QQ：2242791300　营销中心电话：010 - 88191537

电子邮箱：dbts@ esp. com. cn）